JN123992

# 判断に迷う財産評価

法令・通達・情報・判決等の実務への応用

税理士・中小企業診断士
**渡邉正則**

税理士・不動産鑑定士補
**関口一男**

共著

一般財団法人 大蔵財務協会

# はしがき

　相続財産の評価については、法令、通達の他、国税庁から通達改正に伴う情報や質疑応答等も公表されており、以前に比較すれば、情報量としてはかなり多くなっていると思います。

　ただ、それらの情報を整理し、また、それ以外の裁決や判決内容をも確認していくとなると、相当な作業となります。一方で、詳細な情報を得ることで、財産の評価額が大きく変わることもあり得ます。

　また、申告した内容の中でも財産評価の責任は、基本的に税理士が持つようになるかと思います。よく税務調査で、名義借預金の存在が問題となり、修正申告の対象となったりしますが、これとはかなり相違する部分があります。

　最近では、相続税評価か時価評価、いわゆる総則6項の問題も話題になっています。

　財産評価について、それらの実務に携わる多くの方々が現場で疑問に感じたり、悩んだりすることは、自分も含め多々あります。

　本書は、法令、通達、国税庁からの各種情報、裁決、判決等を実務にどれだけ活かせるのかを目的として作成しました。そのため、できるだけ根拠を明確にし、判断の目安的なものを目指しました。税務調査の場面を考えれば、根拠がないとどうしても水掛け論になってします。言い方を変えれば、根拠を示せれば、課税当局も認めやすいわけです。

　なお、構成としてはイメージし易いようＱ＆Ａ方式とし、内容的に複雑なものや論点が複数あるものについては、ポイント整理として要点をまとめてありますので先に見て頂いても結構です。

　本書を執筆しつつ感じたことは、全く理論的ではありませんが、やはり節度が重要ということです。極端なものはなかなか受け入れ難いものがあり、一方では、本来できる評価（例えば過去の事例等も含め要件を満たしていると思われる評価減）をせずにそのまま処理してしまう、といったことにも頷けません。要はバランスということだと思いますが…。

　本書は、まだまだ内容的には未成熟、不備な面があるかと思いますが、

多少なりとも皆様のお役に立てれば望外の幸せです。

　末筆ながら、本書の執筆、出版にあたり大蔵財務協会の皆様には大変お世話になりました。心より感謝を申し上げます。


　令和5年4月


税理士・中小企業診断士・CFP®

渡邉　正則

税理士・不動産鑑定士補

関口　一男

# 目　　次

## 借地権・耕作権

## その他

## ■ 建物編

## ■ 株式編

〔凡　例〕

本文中に引用している法令等については、次の略称を使用しています。

(1)　法　　　令

相法 ………………………………………… 相続税法

所令 ………………………………………… 所得税法施行令

法法 ………………………………………… 法人税法

法令 ………………………………………… 法人税法施行令

措法 ………………………………………… 租税特別措置法

措令 ………………………………………… 租税特別措置法施行令

(2)　通　　　達

所基通 ……………………………………… 所得税基本通達

評基通 ……………………………………… 財産評価基本通達

法基通 ……………………………………… 法人税基本通達

＜表記例＞

法令4② ………………………… 法人税法施行令第4条第2項

※本書は、令和5年4月1日現在の法令・通達等によっています。

# 土地編

## 事例1

# 時価評価（課税庁が時価評価する場合）の事例と対応

　納税者が相続税評価で申告したものを課税当局が時価評価して処分するようなことがあるようですが、どのような場合に時価評価となるのでしょうか。また、納税者としては、どのような対応が考えられるのでしょうか。

### 回答

　例えば、非常に高齢な者が多額の借入金をして不動産を購入し、購入価額（又は時価）と相続税評価額との差額を利用して課税逃れをするような場合、時価評価となるケースもあり得ます。以下、解説を参照してください。

### 解説

## 1　時価について

### (1)　相続税法等での規定内容

#### ①　時価の意義

　　相続税法は、相続税及び贈与税の課税価格は、相続、遺贈又は贈与により取得した財産の価額によるものと規定しています。そして、相続財産等の評価について、特別の定めのあるものを除くほか、「当該財産の取得の時における時価」としています（相法22・下記参照）。

　　しかし、財産の「時価」を客観的に求めることは困難で、また、納税者間で財産の評価が異なることは課税の公平の観点からみて好ましいとはいえません。

　　そこで、国税庁では財産評価基本通達を定め、画一的な評価方法によって財産を評価することとしています（評基通1・下記参照）。

---

**相続税法**

**（評価の原則）**

**第二十二条**　この章で特別の定めのあるものを除くほか、相続、遺贈又は贈与により取得した財産の価額は、<u>当該財産の取得の時における時価</u>により、当該財産の価額から控除すべき債務の金額は、その時の現況による。

---

※この章で特別の定めのあるもの…地上権や定期金に関する権利、配偶者居住権等

---

**財産評価基本通達**

**（評価の原則）**

1　財産の評価については、次による。

（1）　評価単位

財産の価額は、第2章以下に定める評価単位ごとに評価する。

（2）　時価の意義

<u>財産の価額は、時価によるものとし</u>、時価とは、課税時期（相続、遺贈若しくは贈与により財産を取得した日若しくは相続税法の規定により相続、遺贈若しくは贈与により取得したものとみなされた財産のその取得の日又は地価税法第2条《定義》第4号に規定する課税時期をいう。以下同じ。）において、それぞれの財産の現況に応じ、不特定多数の当事者間で自由な取引が行われる場合に通常成立すると認められる価額をいい、<u>その価額は、この通達の定めによって評価した価額による。</u>

（3）　財産の評価

財産の評価に当たっては、その財産の価額に影響を及ぼすべきすべての事情を考慮する。

---

②　**財産評価基本通達の位置付け**

通達は行政内部での命令又は指示ですが、財産評価基本通達に定める評価方法を画一的に適用した場合には、適正な時価評価が求められず、その評価額が不適切なものとなり、著しく課税の公平を欠く場合も生じる可能性があり得ます。そのため、そのよう

な場合に個々の財産の態様に応じた適正な時価評価（他の合理的な方法によって通達の基準より高く、又は低く評価する）が行えるよう6項が定められているものと考えられます。

　なお、過去の判決では、「評価については、租税負担の実質的な公平を確保し、安定した課税手続きを実現させる観点から、財産評価基本通達を定め、それが評価方式として合理的なものである限り、全ての納税者に当該評価方式を適用すべきである。そして、特定の納税者あるいは特定の相続財産についてのみ財産評価基本通達の定める方式以外の評価方式によって行うことは、たとえその評価方式による評価額がそれ自体としては相続税法22条の定める時価として許容できる範囲内のものであったとしても、その財産評価基本通達が定める評価方式によった場合には、かえって実質的な租税負担の公平を害することが明らかな場合を除き、納税者間の実質的負担の公平に欠けることになり、許されないというべきである。」と判示したものがあります（東京高裁平成25年2月28日判決）。

## ○著しく不適当と認められる財産の価額

**財産評価基本通達**
**（この通達の定めにより難い場合の評価）**
**6**　この通達の定めによって評価することが著しく不適当と認められる財産の価額は、国税庁長官の指示を受けて評価する。

(2)　**裁判例等での基本的考え方**
①　**過去の裁判例等に共通する事項**
　　財産評価基本通達6項適用に係る裁判例では、主に、次の4つが判示されています。
（ⅰ）　時価とは、当該財産の客観的交換価値をいうこと
（ⅱ）　納税者間の公平等の見地から制定されている評価通達が定める画一的な評価方法による財産の評価は、その評価方法が合理性を有し、相続税法22条にいう時価を超えないものである限り

適法であること

(iii)　評価通達による評価が、時価の評価として合理性を有する限り、納税者間の公平性の見地から、原則として全ての納税者との関係で評価通達による評価を行う必要があること

(iv)　例外的に、評価通達による評価方法が正当と是認されない特別の事情がある場合には、別の合理的な評価方法によることが許されること

## (3)　財産評価基本通達 6 項に定める「著しく不適当」と「特別の事情」との関係

　上記裁判例等では、上記の判示内容の(iv)と併せて「このことは、評価通達 6 項において、同通達の定めによって評価することが著しく不適当と認められる財産の価額は、国税庁長官の指示を受けて評価するとされていることからも明らかである。」と判示しています。そのため、財産評価基本通達 6 項の「著しく不適当」と「特別の事情」とは同義であると考えられます。

## (4)　「特別の事情」がある場合

　具体的にどのような場合に「特別の事情」があると認められるかは、各事例ごとに判断されることになりますが、次のような場合に適用があると考えられています。

(1)　財産評価基本通達による評価方法を形式的に適用することの合理性が欠如していること

(2)　他の合理的な時価の評価方法が存在すること

(3)　財産評価基本通達による評価方法に従った価額と他の合理的な時価の評価方法による価額との間に著しい乖離があること
　また、上記に加え下記の内容も指摘されております。

(4)　納税者の行為が存在し、当該行為と上記(3)の「価額との間に著しい乖離が存在すること」との間に関連があること（租税回避目的）[注]

　[注]　租税回避の意図と財産評価基本通達 6 項の適用は必ずしも結びつくも

のではなく、租税回避の意図があるとすれば、それは財産評価基本通達によることの合理性が欠如しているとの解釈もあります。

## 2　事例紹介

　以下に続く各事例の判決、裁決の出典は、TAINS及び国税不服審判所のホームページです。

---

### 事例 1

**当該不動産がいわば一種の商品のような形で一時的に相続人及び被相続人の所有に帰属することとなったにすぎず、時価で評価すべきとされた事例**

平成 4 年 3 月11日東京地裁判決（控訴）

平成 5 年 1 月26日東京高裁判決（上告）

平成 5 年10月28日最高裁判決（棄却）

※昭和62年12月相続開始

---

### (1)　事案の概要

　①　相続開始直前に借入金で取得した本件マンションについて、納税者は評価通達に基づく評価額を主張、一方、課税庁は、取得価額が時価（評価額）と主張しました。結果として裁判所は課税庁の主張を認めた事案です。

　②　争いの対象となったのは下記の本件マンションです。

　　東京都江戸川区○○所在のマンション△△11戸（以下「本件マンション」という。）の価額　　7 億5,850万円

　　上記金額は、本件相続の開始した昭和62年12月に先立つ同年10月、被相続人Rが本件マンションを不動産分譲業者から購入した際の購入価額です。

　③　各当事者の主張した評価額は次のとおりです。

　　○原告が主張した評価額・・相続税評価額 1 億3,170万7,319円

　　○被告が主張した評価額・・ 7 億5,850万円（購入価額と同額）

　　※相続税評価額と購入価額との比は17.36%

## (2) 裁判所の判断（一部抜粋）

### (1) 本件マンションの価額について（通達解釈等）

…

② しかし、客観的な交換価格というものが必ずしも一義的に確定されるものではないことから、課税実務上は、相続財産評価の一般的基準が評価通達によって定められ、そこに定められた画一的な評価方式によって相続財産を評価することとされている。これは、相続財産の客観的な交換価格を個別に評価する方法をとると、その評価方式、基礎資料の選択の仕方等により異なつた評価価額が生じることを避け難く、また課税庁の事務負担が重くなり、課税事務の迅速な処理が困難となるおそれがあること等からして、あらかじめ定められた評価方式によりこれを画一的に評価する方が、納税者間の公平、納税者の便宜、徴税費用の節減という見地からみても合理的であるという理由に基づくものと解される。

③ そうすると、特に租税平等主義という観点からして、右通達に定められた評価方式が合理的なものである限り、これが形式的にすべての納税者に適用されることによって租税負担の実質的な公平をも実現することができるものと解されるから、特定の納税者あるいは特定の相続財産についてのみ右通達に定める方式以外の方法によってその評価を行うことは、たとえその方式による評価額がそれ自体としては相続税法22条の定める時価として許容できる範囲内のものであつたとしても、納税者間の実質的負担の公平を欠くことになり、許されないものというべきである。

④ しかし、他方、右通達に定められた評価方式によるべきであるとする趣旨が右のようなものであることからすれば、右の評価方式を画一的に適用するという形式的な平等を貫くことによって、かえつて実質的な租税負担の公平を著しく害することが明らかな場合には、別の評価方式によることが許されるものと解すべきで

あり、このことは、右通達において、「通達の定めによって評価することが著しく不適当と認められる財産の価額は、国税庁長官の指示を受けて評価する。」と定められていることからも明らかなものというべきである。

**(2) 本件マンションの価額について（特別の事情の有無等）**

　① …

　　vi）　原告らは、本件相続税の申告について、法定申告期限までに、評価通達の定めに基づき本件マンションの価額を<u>1億3170万7319円</u>として課税価格に算入し、本件借入金8億円を相続債務として課税価格から控除して、当初申告を行った。（この事実については、当事者間に争いがない。）

　　vii）　上記定事実によれば、Rが死亡する約2か月前の昭和62年10月に、大手不動産会社の公表していた分譲価格である7億5850万円で買い受け原告らがその翌63年に7億7400万円で他に売却した本件マンションの本件相続開始時における客観的な交換価格（時価）は、Rの取得価額である<u>7億5850万円</u>を下回るものではなかったと考えられるところである。

　　　　また、相続税の課税に当たって、本件マンションの価額を評価通達に基づき1億3170万7319円と評価して相続財産に計上し、その購入資金である本件借入金8億円をそのまま相続債務として計上すると、右借入金は本件マンションの価額から控除しきれないことから、その差額が他の積極財産の価額から控除されることとなり、その結果として、本件マンションの価額を右の取得価額である7億5850万円と評価した場合と比べると、この価額と右の評価通達に基づく評価額との差額に相当する6億2679万2681円だけ課税価格が圧縮されることとなることは明らかである。

　　　　<u>（参考）　1億3170万7319円÷7億5850万円＝17.36％</u>

② そもそも、本件の場合のように、被相続人が相続開始直前に借り入れた資金で不動産を購入し、相続開始直後に右不動産が相続人によってやはり当時の市場価格で他に売却され、その売却金によって右借入金が返済されているため、<u>相続の前後を通じて事柄の実質をみると当該不動産がいわば一種の商品のような形で一時的に相続人及び被相続人の所有に帰属することとなったに過ぎないとも考えられるような場合</u>についても、画一的に評価通達に基づいてその不動産の価額を評価すべきものとすると、他方で右のような取引の経過から客観的に明らかになっているその不動産の市場における現実の交換価格によってその価額を評価した場合に比べて相続税の課税価格に著しい差を生じ、実質的な租税負担の公平という観点からして看過し難い事態を招来することとなる場合があるものというべきであり、そのような場合には、前記の<u>評価通達によらないことが相当と認められる特別の事情がある場合に該当するものとして、右相続不動産を右の市場における現実の交換価格によって評価することが許されるとするのが相当である</u>。そして、右認定のような事実関係からすれば、本件はまさにそのような場合に該当するものといわなければならない。

---

**参考判決**

## ○ 平成 5 年 3 月15日東京高裁判決

相続開始の直前に借入金により不動産を取得し、相続開始直後に当該不動産を売却した場合に、相続開始時における当該不動産の時価を財産評価基本通達に基づいて評価すべきものとすると、他の納税者との実質的な租税負担の公平という観点からして看過し難いものといわなければならず、また、相続税法の立法趣旨からして著しく不相当なものというべきである。

※購入価額16億6,100万円　　相続税評価額 1 億2,102万円（比率7.28％）

---

**事例2**

**節税目的で取得した不動産に財産評価基本通達6項を適用した事例**
令和元年8月27日東京地裁判決（控訴）
令和3年4月27日東京高裁判決（上告）
令和4年4月19日最高裁判決（棄却）
※平成24年6月相続開始

---

(1) **事案の概要**

① 本件は、原告（納税者）が、本件各不動産について財産評価基本通達に基づき評価し申告したのに対し、被告（課税庁）は鑑定価額で更正処分をし、裁判所は同処分内容を認めた事案です。

② 原告（相続人・被相続人の子）は、本件各不動産を財産評価基本通達に基づき評価して申告を行いました。

③ 本件各不動産は下記のとおりです。

・甲不動産（平成21年1月30日購入。購入資金は銀行借入を行い購入）

・乙不動産（平成21年12月25日購入。購入資金は銀行借入及びJ及びN（配偶者）から借入を行い購入）

④ 本件不動産の相続税評価及び小規模宅地等の特例適用、その後の利用状況等は下記のとおりです。

・甲不動産（相続税評価額は購入額の23.9%、小規模宅地等の特例（貸付事業用）適用）

・乙不動産（相続税評価額は購入価額の24.3%、相続税申告後売却）

⑤ 本件各不動産の購入の目的は、相続税対策（稟議書等の確認のため銀行への調査あり。明確な対策）であり、借入をし、不動産

　購入を行ったことにより相続税の負担がゼロとなっています。

⑥　被告（課税庁）は財産評価基本通達6項該当とし、鑑定評価額を基に更正処分を行い、裁判所もその内容を認めました。

※相続税評価額と、鑑定価額との比較　（甲不動産26.53％／乙不動産25.75％）


## (2)　裁判所の判断（東京地裁判決・一部抜粋）

…

(2)　評価通達の定める評価方法によっては適正な時価を適切に算定することができないなど、評価通達の定める評価方法を形式的に全ての納税者に係る全ての財産の価額の評価において用いるという形式的な平等を貫くことによって、かえって租税負担の実質的な公平を著しく害することが明らかである特別の事情（評価通達6参照）がある場合には、他の合理的な方法によって評価することが許されるものと解すべきである。

(3)　各通達評価額は、それぞれ、各鑑定評価額の約4分の1（甲不動産につき約26.53％、乙不動産につき約25.75％）の額にとどまっている。そして、実際に被相続人又は原告Aが各不動産を売買した際の価格をみると、各通達評価額からのかい離の程度は、各鑑定評価額よりも更に大きいもの又は同程度であった。

…

(5)　B銀行からの各借入れ及び各不動産の購入がなければ、本件相続に係る課税価格は、6億円を超えるものであったにもかかわらず、各借入れ及び各不動産の購入がされたことにより、相続税の申告による課税価格は、2826万1000円にとどまるものとされ、基礎控除（1億円）により、本件相続に係る相続税は課されないこととされたものである。

(6)　上記の経緯等に加え、B銀行が各借入れに係る貸出しに際し作成した各貸出稟議書の記載や証拠にもよれば、被相続人及び原告らは、各不動産の購入及び各借入れを、被相続人及びC社の事業承継の過

程の一つと位置付けつつも、それらが近い将来発生することが予想される本件被相続人の相続において原告らの相続税の負担を減じ又は免れさせるものであることを知り、かつ、それを期待して、あえてそれらを企画して実行したと認められ、これを覆すに足りる証拠は見当たらない。

(7)　以上にみた事実関係の下では、本件相続における各不動産については、評価通達の定める評価方法を形式的に全ての納税者に係る全ての財産の価額の評価において用いるという形式的な平等を貫くと、各不動産の購入及び各借入れに相当する行為を行わなかった他の納税者との間で、かえって租税負担の実質的な公平を著しく害することが明らかというべきであり、評価通達の定める評価方法以外の評価方法によって評価することが許されるというべきである。

(8)　そして、本件全証拠によっても各鑑定評価の適正さに疑いを差し挟む点が特段見当たらないことに照らせば、各不動産の相続税法22条に規定する時価は、各鑑定評価額であると認められる。

### (3)　裁判所の判断（最高裁判決・判決文一部抜粋・一部筆者加筆（※補足部分））

…

　相続税の課税価格に算入される財産の価額について、評価通達の定める方法による画一的な評価を行うことが実質的な租税負担の公平に反するというべき事情がある場合には、合理的な理由があると認められるから、当該財産の価額を評価通達の定める方法により評価した価額を上回る価額によるものとすることが上記の平等原則に違反するものではないと解するのが相当である。

イ　これを本件各不動産についてみると、本件各通達評価額と本件各鑑定評価額との間には大きなかい離があるということができるものの、このことをもって上記事情があるということはできない。

※補足（上記**事情**があれば、評価通達によらない時価評価が許される。）

　もっとも、本件購入・借入れが行われなければ本件相続に係る課税価格の合計額は6億円を超えるものであったにもかかわらず、これが行われたことにより、本件各不動産の価額を評価通達の定める方法により評価すると、課税価格の合計額は2826万1000円にとどまり、基礎控除の結果、相続税の総額が0円になるというのであるから、上告人らの相続税の負担は著しく軽減されることになるというべきである。

　そして、被相続人及び上告人らは、本件購入・借入れが近い将来発生することが予想される被相続人からの相続において上告人らの相続税の負担を減じ又は免れさせるものであることを知り、かつ、これを期待して、あえて本件購入・借入れを企画して実行したというのであるから、租税負担の軽減をも意図してこれを行ったものといえる。

　そうすると、本件各不動産の価額について評価通達の定める方法による画一的な評価を行うことは、本件購入・借入れのような行為をせず、又はすることのできない他の納税者と上告人らとの間に看過し難い不均衡を生じさせ、実質的な租税負担の公平に反するというべきであるから、上記**事情**があるものということができる。


## 3　各事例の検討

### (1)　相続開始前に購入した不動産の売却について

　事例1の事案、及び事例2の事案の一部の不動産は、相続開始後間もなく売却されています。事例1の判決では、「被相続人が相続開始直前に借入れた資金で不動産を購入し、相続開始直後に不動産が相続人によってやはり当時の市場価格で他に売却され、その売却金によって借入金が返済されているため、相続の前後を通じて事柄の実質を見ると当該不動産がいわば一種の商品のような形で一時的に相続人及び被相続人の所有に帰属することとなったに過ぎないとも考えられる」として、相続不動産を市場における現実の交換価格

（時価）によって評価することが許されるとするのが相当であると判断しています。

　財産評価上、通常、土地であれば路線価評価額（倍率地域であれば倍率評価額）、家屋であれば固定資産税評価額となりますが、上述した商品（棚卸資産）であれば、別評価（評基通4－2）となり基本的には時価を基に算定するため判決内容にも適合します。

　この判決はその後の判決や裁決の基本的な考え方を示したものと考えられます。

### (2)　借入金の有無について

　事例1の事案、及び事例2の事案は共通して多額の借入金を基に不動産を購入しています。それにより、現金での購入では不可能な、評価差額（購入価額と相続税評価額）が発生しています。事例2の判決では、相続税の負担を減じ又は免れさせるものであることを知り、かつ、これを期待して、あえて本件購入・借入れを企画して実行したというのであるから、租税負担の軽減をも意図してこれを行ったものといえ、実質的な租税負担の公平に反し、時価評価が許容されるものと判断しています。

　なお、後述する判決（平成5年2月16日　東京地裁判決）では、現金で購入した不動産については、基本的に通常の相続税評価額とされるものと判断しています。

### (3)　被相続人の年齢について

　事例1の事案も事例2の事案も被相続人は、非常に高齢（90歳以上）です。そのような状況では、通常、高額の不動産を購入するために多額の借入をすることはできません。その意味からも、一般的に想定できない経済取引といえます。事例2の判決では、被相続人及び相続人らは、本件購入・借入れが近い将来発生することが予想される被相続人からの相続において相続人らの相続税の負担を減じ又は免れさせるものであることを知り、かつ、これを期待して、あえて本件購入・借入れを企画して実行したことを特に問題視してお

り、それが時価評価に繋がっています。

## 4 ポイント整理

上記の事例を基に時価評価と判断されるポイント及び考慮すべき点は、下記のようであると思われます。

(1) 通常考えられる経済取引であるか（超高齢者の非常に高額な借入金は、返済期間等から考えても通常な取引とは判断できない）。

(2) 相続後、購入資産を売却しているか（売却することは、基本的に必要でない資産と考えられ、税負担の軽減のみを目的としたものと判断される可能性が高い）。

(3) 時価と評価額に大きな乖離があり（その乖離だけでは問題とはならないが（前出の最高裁判決参照））、これを利用した多額の税負担の軽減かどうか。

(4) 税負担の軽減が多額か。前出の最高裁判決では、「本件各不動産の価額について評価通達の定める方法による画一的な評価を行うことは、本件購入・借入れのような行為をせず、又はすることのできない他の納税者と上告人らとの間に看過し難い不均衡を生じさせ、実質的な租税負担の公平に反するというべきである…」と判断しており、これは、多額の税負担の軽減が生じていることを背景としています。

(5) 上記(1)から(4)について注意することはもちろんですが、資産の購入から相続までの期間が短ければ短いほど、税負担の軽減が目的と判断される可能性が高いと考えられます（課税当局としてもその証明がしやすい）。資産の購入から相続までの期間が長くなればなるほど、バブル崩壊時のような下落リスクも当然あるわけで、税負担の軽減との関連性は希薄になっていくものと考えられます。

(6) 現金で資産を購入した場合については前述しましたが、参考として判決文の一部を掲げます。

**（平成5年2月16日東京地裁判決（平成5年12月21日東京高裁判決））**

評価基本通達に定められた評価方法以外の客観的な交換価格によって相続財産の評価を行うことが、実質的な税負担の公平を図るという

見地から正当として是認されることとなるのは、被相続人が敢えて銀行から資金を借り入れて債務を負担し、その借入金によって不動産を取得することにより、その債務を他の積極財産から控除されるという利益を享受することとなる場合であることを要するものである。

　したがって、銀行からの借入金によって購入されたものではなく、他の不動産を売却して得た代金を資金として取得されたため、右のような方法による相続税の節減に何ら寄与しない物件については、その相続財産としての価額を右通達以外の客観的な交換価格によって評価することを正当化する理由はなく、その評価は、通常の場合と同様に、右通達に定める方法によって行われるべきものである。…

## 事例2

### 鑑定評価額による申告等は認められるか否か

　相続した土地の価額を鑑定評価額で申告した場合、どの程度認められるのでしょうか。

### 回答

　鑑定評価額であるから認められるとは即断できません。

　鑑定評価を実施するか否かにかかわらず、現地確認をはじめ、評価対象地及びその周辺の価格形成要因に関する情報を可能な限り収集し、下記4の検討事項を精査することがポイントと考えられます。

### 解説

### 1　近時の訴訟状況

(1)　近時の裁判を見ると、概ね次のように、"一般的合理性を有する評価通達の定める評価方法に従って評価された課税価格（不動産の価額）（以下、評価通達の定める評価方法に従った評価額を「通達評価額」と略称します。）は、原則として、適正な時価を上回らないと推認される"旨判示されています【事例3掲載の判決一覧1（P29）】。

　イ　評価通達の定める評価方法が適正な時価を算定する方法として一般的な合理性を有する[(注1)]ものであり、

　　　(注1)①　評価通達の定める評価方法が一般的合理性を有するか否かについては、例えば、札幌地裁平成31年3月8日棄却判決（札幌高裁令和2年12月11日判決で確定）、東京地裁平成30年9月27日棄却判決（東京高裁平成31年3月19日却下等判決/最高裁令和元年9月5日第一小法廷不受理決定）などを参照してください。

　　　　　　②　固定資産税事件においては、東京地裁平成8年9月11日判決（東京高裁平成10年5月27日判決で修正等なし。最高裁平成15年6月26日第一小法廷判決で納税者勝訴〈一部取消し〉確定）が詳細です。

　　　かつ、

ロ　当該不動産の相続税の課税価格がその評価方法に従って決定された場合には、

その課税価格は、

ハ　その評価方法によっては適正な時価を適切に算定することのできない特別の事情の存しない限り<sup>(注2)</sup>、

（注2）　次のように判示するものもあります。
① その評価方法によるべきでない特別の事情がない限り、
② 同通達に規定する評価方法を画一的に適用することによって、当該財産の時価を超える価額となり、適正な時価を求めることができない結果となるなど、同通達に規定する評価方法によるべきではない特別な事情がない限り、

ニ　相続開始時における当該不動産の客観的交換価値としての適正な時価を上回るものではないと推認するのが相当である<sup>(注3)</sup>（つまり、適法性が推認されます。）。

（注3）　次のように判示するものもあります。
① 時価であると事実上推認することができる
② 時価であるといえる
③ 時価すなわち客観的交換価値を適正に評価したものと事実上推認される

## (2)　この適法性の推認について、

イ　納税者には、「財産評価の基礎となる事実関係の認定に不合理な点があることを指摘して上記推認を妨げるか、あるいは、不動産鑑定士による不動産鑑定評価等に基づいて、本件通達等の定めに従った評価が、当該事案の具体的な事情の下における当該相続財産の時価を適切に反映したものではなく、客観的交換価値を上回るものであることを主張、立証するなどして、上記推認を覆」すことが説かれているところですが、多くの鑑定評価がその内容に不備がある等を指摘され、その鑑定評価額をもって「特別の事情があるとは認められない」と判示されています。

ロ　更に、地裁判決には、「相続税法の趣旨からすれば、納税者が鑑定意見書等に基づいて財産の時価を算出した場合に、仮に、当該鑑定意見書等による評価方法が一般に是認できるものであり、

それにより算出された価格が財産の客観的な交換価値と評価し得るものであったとしても、当該算出価格が評価通達の定める評価方法に従って決定した評価額を下回っているというのみでは、評価通達の定める評価方法に従って算出された価額が相続税法22条に規定する時価を超えるものということはできないから、…鑑定の評価額をもって、…土地について評価通達の定める評価方法によるべきではない特別の事情があるということはできない」旨判示するものも見受けられるところです【事例３の判決一覧１の№3（P31）】。

ハ　また、固定資産税事件においては、

　(イ)　国税の裁判においても引用・参照される最高裁（二）平成25年７月12日判決（破棄差戻し）【事例３の判決一覧３の№1（P51）】は、要旨次のとおり判示しています。

　　　地方税法は固定資産税の課税標準に係る適正な時価を算定するための技術的かつ細目的な基準の定めを総務大臣の告示に係る評価基準に委任したものであること等からすると、評価対象の土地に適用される評価基準の定める評価方法が適正な時価を算定する方法として一般的な合理性を有するものであり、かつ、当該土地の基準年度に係る賦課期日における登録価格がその評価方法に従って決定された価格を上回るものでない場合には、その登録価格は、その評価方法によっては適正な時価を適切に算定することのできない特別の事情の存しない限り、同期日における当該土地の客観的な交換価値としての適正な時価を上回るものではないと推認するのが相当である。

　(ロ)　また、上記判決には、要旨次のとおりの裁判長裁判官の補足意見（P53）があります。

　　Ａ　鑑定意見書等によっていきなり登録価格より低い価格をそれが適正な時価であると摘示された場合、その鑑定意見書等による評価の方法が一般に是認できるもので、それにより算出された価格が上記の客観的な交換価値として評価し得るものと見ることができるときであったとしても、当該算出価格

を上回る登録価格が当然に適正な時価を超えるものとして違法になるということにはならない。当該登録価格が、評価基準の定める評価方法に従ってされたものである限り、特別の事情がない限り（又はその評価方法自体が一般的な合理性を欠くものでない限り）、適正な時価であるとの推認が働き、これが客観的な交換価値であることが否定されることにならないからである。

B　土地の所有名義人が独自の鑑定意見書等の提出により適正な時価を直接主張立証し登録価格の決定を違法とするためには、やはり、その前提として、評価基準の定める評価方法によることができない特別の事情（又はその評価方法自体の一般的な合理性の欠如）を主張立証すべきであり、最高裁平成15年7月18日第二小法廷判決もこの考えを前提にしているものと解される。

## 2　司法の判断

ここで、裁判所が行政処分の適否をどのように判断するのか門外漢ながら概観します。

### (1)　裁量権とは

行政機関がある決定を行う際に一定の判断の余地が認められ、その判断が裁判所によっても尊重される場合に、行政機関は裁量権をもつと言われます。裁量権が認められる趣旨は、立法府があらかじめ画一的に規律し尽くさず、専門知識のある行政機関が個々の事例の特性に応じて判断することが適当であろうという法律の授権に基づくものであると言われ、裁量権の存否及び範囲は、各法律の解釈問題とされます。

### (2)　裁量権の踰越（逸脱）・濫用がある場合

イ　行政庁の裁量処分については、裁量権の範囲をこえ（踰越・逸脱）又はその濫用があった場合に限り、裁判所は、その処分を取

り消すことができる旨規定されています（行政事件訴訟法30）。

ロ　司法審査の基準等

　　社会観念審査(イ)から判断過程審査(ロ)、更に両者の併用(ハ)も見られるようです。

(イ)　社会観念審査（最小限審査）

　　行政庁の判断が全く事実の基礎を欠き、又は社会観念上著しく妥当を欠く場合に限って処分を違法とする方法。

　　その基準としては、①事実誤認（要件事実が全く欠けている場合等）、②目的違反（根拠法規の予定しない目的のための場合等）、③動機の不正（不正な動機に基づく場合等）、④平等原則・比例原則・信義則違反があるようです。

〔判決01〕　最高裁（三）昭和52年12月20日判決

　　公務員に対する懲戒処分の適否を審査するにあたっては、懲戒権者と同一の立場に立って懲戒処分をすべきであつたかどうか又はいかなる処分を選択すべきであったかについて判断し、その結果と右処分とを比較してその軽重を論ずべきものではなく、それが社会観念上著しく妥当を欠き裁量権を濫用したと認められる場合に限り違法と判断すべきものである旨判示。

〔判決02〕　最高裁大法廷昭和53年10月4日判決

　　判断が法務大臣の裁量権の行使としてされたものであることを前提として、その判断の基礎とされた重要な事実に誤認があること等により右判断が全く事実の基礎を欠くかどうか、又は事実に対する評価が明白に合理性を欠くこと等により右判断が社会通念に照らし著しく妥当性を欠くことが明らかであるかどうかについて審理し、それが認められる場合に限り、右判断が裁量権の範囲を超え又はその濫用があったものとして違法であるとすることができる旨判示。

(ロ)　判断過程審査

　　行政庁の判断過程に不合理な点がないかを審査する方法。

　　その基準として、他事考慮（考慮すべきでない事項を考慮に入れる等）、要考慮事項の考慮不尽（考慮すべき事項を考慮し

ていない等）があるようです。

(ハ)　両者の併用として、次の判決が挙げられています。

〔判決03〕　最高裁（二）平成8年3月8日判決

　　信仰上の理由…を正当な理由のない履修拒否と区別すること
なく、代替措置が不可能というわけでもないのに代替措置について何ら検討することもなく、…原級留置処分をし、さらに、
不認定の主たる理由及び全体成績について勘案することなく、
二年続けて原級留置となったため進級等規程及び退学内規に
従って学則にいう「学力劣等で成業の見込みがないと認められ
る者」に当たるとし退学処分をした…措置は、考慮すべき事項
を考慮しておらず、又は考慮された事実に対する評価が明白に
合理性を欠き、その結果、社会観念上著しく妥当を欠く処分を
したものと評するほかはなく、本件各処分は、裁量権の範囲を
超える違法なものといわざるを得ない旨判示。

〔判決04〕　最高裁（三）平成18年2月7日判決

　　管理者の判断の適否に関する司法審査は、その判断が裁量権
の行使としてされたことを前提とした上で、その判断要素の選
択や判断過程に合理性を欠くところがないかを検討し、その判
断が、重要な事実の基礎を欠くか、又は社会通念に照らし著し
く妥当性を欠くものと認められる場合に限って、裁量権の逸脱
又は濫用として違法となるとすべきものである旨判示。

### (3)　課税処分の場合

　　上記審査基準は課税処分についても基本的に当てはまるものと考
えられます。

　　相続税・贈与税（申告納税方式）における更正等処分も固定資産
税の賦課課税処分も各行政機関が定めた（内部）基準[注4]による
ものです。相続税法は評価方法等について委任規定を定めていない
のに対して、地方税法388条は固定資産の評価の基準並びに評価の
実施の方法及び手続を総務大臣に委任している等の違い[注5]があ
りますが、司法にとって、委任規定の有無は大きな違いではなさそ

うです。

　なお、通常適用している基準によらない処分を行うこととするのも行政庁の判断<sup>(注6)</sup>であり、その場合も上記審査基準により、当該判断（処分）が適法か否かが判断されるものと考えられます。

（注4）　昭和38年12月25日付自治省告示第58号「固定遺産評価基準」（自治大臣）

　　　　昭和39年4月25日付直資56、直審（資）17「財産評価基本通達」（国税庁長官）

（注5）　固定資産税は土地や家屋の単一財産を課税対象とし、同一市町村内の評価バランスに配意するのに対して、相続税は、多様な財産の様々な構成割合によって成り立つ遺産を課税対象とするので、課税標準を貨幣額で表示するに当たり、構成内容の相異が極力捨象され公平な課税が実現されるよう財産相互の評価バランスにも配意しているものと考えられます。

（注6）　これは、仮に評価通達6《この通達の定めにより難い場合の評価》が定められていなくとも行われ得る判断と考えられます。

　　　　なお、課税当局が「著しく不適当」と認められるか否かを検討するのは、具体的な事情の下における適正な時価を通達評価額が下回る場合が多いものと思われますが、通達評価額が当該時価を上回る場合にも同様の検討がなされる余地はあるものと考えられます。「評価通達に定める評価方法を画一的に適用することによって、当該財産の『時価』を超える評価額となり、適正な時価を求めることができない結果となるなど、評価通達に定める評価方法によっては財産の時価を適切に評価することのできない特別の事情がある場合には、不動産鑑定士による不動産鑑定評価によるなどの他の合理的な評価方法により『時価』を評価するのを相当とする場合があると解される」と判示するものもあります【事例3の判決一覧1の№6　（P37）】。

## 3　評価通達の定めにより難い場合等

(1)　司法の判断においては、上記のとおり、評価通達の定める評価方法には一般的合理性が認められ、通達評価額には適法性が推認されるとされているところです。

(2)　他方、評価通達は、様々な財産について通常の状態における一般的な特徴（特質）を捉え、類型的に整理し、画一的な評価方法（基準）が定められたものですので、その当然の帰結として、特殊な状態にある財産についてそのまま適用することはその財産の実態に即さない場合等が考えられます。

　　評価通達5《評価方法の定めのない財産の評価》、同6《この通達の定めにより難い場合の評価》のほか同20－4《間口が狭小な宅地等の評価》中には「この場合において、地積が大きいもの等にあっては、近傍の宅地の価額との均衡を考慮し、それぞれの補正率表に定める補正率を適宜修正することができる」旨定められていることにもみられるように、評価通達は、"基準"という性格上の限界を自認し、現行の定めを準用又は修正することを認める柔軟性を有しており、更には、評価通達から離れた時価解釈のあり得ることまで想定しているものと考えられます。

(3)　したがって、評価対象地について、評価通達に定める評価方法によっては適正な時価を適切に算定することのできない特別の事情の認められる物件か否か、或いは、そのような特別の事情には当たらない<sup>(注7)</sup>までも、周辺の一般的・標準的状態の土地に比して利用上の制約等の減価要因が認められ、評価通達に定める評価方法を形式的に適用した評価額では適正・公平な課税（評価）の要請に応え難いと認められる物件か否かを精査することはなお有用であり、次のような検討事項が考えられます。

（注7）　この場合は、通達評価額に適法性の推認が働き、課税当局は、評価上の更なる斟酌の必要を認めないことも予想されるところです。
　　　　しかしながら、行政機関の保有する情報の公開に関する法律（平成11年5月14日公布）の平成13年4月1日施行後、これまで評価通達の適切な適用を図る等のために執務参考資料として職員に示されていた回答事例等について、評価通達に定める評価方法の具体的な計算例のほか、「利用価値が著しく低下している宅地の評価」や「側方路線に宅地の一部が接している場合の評価」のように、評価通達には定められていない減価調整の方法が、質疑応答事例集などの情報として積極的に公表されています。

## 4　検討事項
### (1)　評価対象地周辺に著しい地価下落は認められるか。

　　これについては、資産税事務提要に、「土地評価基準を適用すべき年の中途において、評定基準日の地価に比べて、次<sup>(注8)</sup>のいずれにも該当するような地価の変動があり、その土地評価基準による

と著しく課税の公平を失すると認められるときは、局長に連絡の上、その指示を受けて、地価の変動があった日以後に適用する土地評価基準の改正を行うことができる」と定められています（第9章財産評価事務＿第2節土地評価事務＿第1総則＿3土地評価基準の改正）。したがって、相応の改正等が行われている場合には、地価下落単独で特別の事情の存在を主張立証することは困難となります。

（注8）　①　評定基準日の地価に比べその後の地価の変動が著しいこと。
　　　　　②　地価変動の要因が、公共事業の施行、都市計画の変更など具体的に把握できるものであること。
　　　　　③　地価変動の生じている地域が、市区町村の区域又は市区町村の区域内の町、丁目、大字、小字程度の広がりを持っていること。

(2)　**評価対象地周辺の路線価の評定バランス等は適正と認められるか。**

　イ　地価公示価格や基準地価格、固定資産税路線価との比較検討を行います。

　　　評価基準の一般的合理性にかかわることですから、ケアレスミスでもない限り、通常はあり得ないことと考えられます。

　　〔判決05〕　東京地裁平成29年1月30日判決（一部認容／固定資産税事件）は、客観的に道路と認められる形態を有しないのに路線価を付設して評価していた事案です。

　　〔判決06〕　大阪高裁令和元年7月18日判決（差戻審、一部認容／固定資産税事件）は、幅員を誤ったことで、接面街路を3号道路と誤判定した事案です。

　ロ　条例等により定められている面的広がりのある土地利用上の制限等の地域要因は、路線価の評定に適切に反映されているか。

　ハ　評価方法の合理性を争点とする訴訟もありました。

　　〔判決07〕　借地権の評価方法【事例3の判決一覧1のNo.6（P37）】

　　〔判決08〕　家屋の評価方法【事例3の判決一覧1のNo.9（P42）】

　　〔判決09〕　立木の評価方法【事例3の判決一覧1のNo.10（P43）】

### (3) 評価対象地の個別的要因等の前提事実についての認定等は適切と認められるか。

イ　相続税の課税時期は過去時点です。したがって、当時の状況を確認し得る公的資料は限られているのが通常で、むしろ、物件に最も近い相続人等の保有する資料が貴重なものとなります。なお、取引事例に関する情報は、課税当局の収集力・収集量が勝ることは否めません。

〔判決10〕　名古屋高裁令和2年3月12日判決（差戻審、一部認容/固定資産税事件）は、商業施設に係る調整池地の地目は、宅地（商業施設が適法に開発許可を受け、同施設が有事のための洪水調整を維持して安全に運営を継続するために必要な土地）でなく、その現況から、池沼又は雑種地と認定することが相当とされた事案です。

これより先に、最高裁（第三）平成29年2月28日判決（破棄差戻し）は、歩道状空地（各共同住宅を建築する際、都市計画法所定の開発行為の許可を受けるために、市の指導要綱等を踏まえた行政指導によって私道の用に供されるに至ったもの）「の評価における減額の要否及び程度は、私道としての利用に関する建築基準法等の法令上の制約の有無のみならず、当該宅地の位置関係、形状等や道路としての利用状況、これらを踏まえた道路以外の用途への転用の難易等に照らし、当該宅地の客観的交換価値に低下が認められるか否か、また、その低下がどの程度かを考慮して決定する必要がある」ところ、この点について「具体的に検討することなく減額をする必要がないとした原審の判断には相続税法22条の解釈適用を誤った違法がある」と判示しました。

〔判決11〕　東京高裁平成30年2月28日判決（控訴棄却/固定資産税事件）は、特例容積率（建築基準法第57条の2の特例）[注9]の限度の指定の性質や法的効果に照らし、当該指定がされたことを評価基準において考慮することが合理的で、評価の過程で指定事実を適切に考慮すべきところ、何ら考慮されていなかった事案です。

（注9） 評価通達は、23《余剰容積率の移転がある場合の宅地の評価》と23－2《余剰容積率を移転している宅地又は余剰容積率の移転を受けている宅地》を定めていますが、総合設定制度（建築基準法第59の2）等を活用した容積率の割増しに対応する増価の定めはありません。

ロ　地積又は形状等により宅地としての通常の用法が不可能である土地については、宅地としての単独の正常価格成立を想定できない場合もあります（注10）。評価通達においては、そのような土地の地目は宅地でなく雑種地に相当すると考えられます。

（注10） 不動産鑑定評価基準の「限定価格」を求める場合に該当すると考えられます。

ハ　なお、固定資産税事件では、小規模住宅用地特例（地方税法349の3の2）に該当するか否かの事実認定如何を争点とするものもありました。

〔判決12〕 東京高裁平成29年8月24日判決（認容/納税者勝訴）は、介護付有料老人ホーム等付属駐車場の敷地も住宅用地に該当するとされた事案です。

〔判決13〕 東京高裁平成29年8月24日判決（一部認容/納税者勝訴）は、認知症高齢者グループホームの敷地の調査・認定に当たり通常の注意義務を尽くしていなかった事案です。

## (4)　評価対象地の特異な個別的要因による所定の補正率を上回る減価は認められるか。

イ　全国一律に適用される画地調整率は大きめの減価率となっていることが想定されますが、土地価格比準表や固定資産評価の画地補正率表（注11）等と比較検討することから始めます。上記のとおり評価通達20－4には「補正率表に定める補正率を適宜修正することができる」旨定められています。

　　また、一局一律の宅地造成費（注12）についても検討の余地があると考えられます。

（注11） 評価通達所定の画地調整率（付表）にない要因についての補正率もあります。

　　　なお、評価通達20《不整形地の評価》所定の補正率に、想定整形
　　　地内のかげ地の〝位置〟が考慮されているか否かは定かでありませ
　　　ん。
　(注12)　宅地転用の可否（難易）を地積、傾斜度、前面道路幅員等の観点
　　　から検討することが必須です。

ロ　　納税者の鑑定評価額が認められた事件【事例3の判決一覧2
　　（P 48）】があります。

### (5)　評価対象地に評価通達に定めのない減価要因は認められるか。

## 5　ポイント整理
### (1)　近時の訴訟状況
①　一般的な合理性の認められる評価方法による評価額は、
②　当該評価方法によることができない特別の事情がない限り、適
　　法（時価を上回らない）と推認される。

### (2)　司法の判断
　　行政庁の判断やその専門的基準は基本的に尊重されるが、事実誤
認、目的違反、動機の不正、平等原則・比例原則・信義則違反が認
められること、考慮事項の取捨選択や判断過程に合理性を欠いてい
ること等により、社会通念に照らし著しく妥当性を欠くと認められ
る場合に限り、その判断（処分）は違法とされる。

### (3)　検討事項
①　評価対象地周辺の著しい地価下落
②　評価対象地周辺の路線価の評定バランス等の適正さ
③　評価対象地の個別的要因等の前提事実についての認定等の適切
　　さ
④　評価対象地の特異な個別的要因による所定の補正率を上回る減
　　価
⑤　評価対象地に評価通達に定めのない減価要因

## 事例3

## 通達評価額による課税庁の処分が認められた事例、納税者の鑑定評価額が認められた事例

> 納税者が鑑定評価額で申告等した場合に、課税当局と争いになった事例があると聞きますが、参考になるものを紹介してください。

### 回答

納税者と課税当局との間で土地の価額（鑑定評価額か通達評価額か）について争いになった事案は幾つもあります。

課税庁が通達評価額で更正処分等したものが認められるケースと納税者の鑑定評価額が認められるケースなどについて、以下、解説の各事案をご参照願います。

### 解説

#### 判決一覧1　通達評価額による処分が認められた事案

1　鑑定評価額による申告等に対する通達評価額による更正処分等の取消を求めた事案
　札幌高裁 令和2年12月11日判決（棄却/確定）
　札幌地裁 平成31年3月8日判決（棄却/控訴）

> 相続税法においても課税の対象となる財産の統一的評価を行うことを当然としており、その評価のために評価通達が定められた趣旨に鑑みると、評価対象となる財産に適用される評価通達の定める評価方法が適正な時価を算定する方法として一般的な合理性を有するものであり、かつ、当該財産の相続税の課税価格が、その評価方法に従って算定された場合には、上記課税価格は、その評価方法によっては適正な時価を適切に算定することのできない特別の事情の存しない限り、相続時における当該財産の客観的な交換価値としての適正な時価を上回

るものではないと推認するのが相当である（固定資産税の事例であるが、最高裁平成25年7月12日第二小法廷判決・民集67巻6号1255頁参照。なお、上記と同旨の説示をするものとして、東京高裁平成27年12月17日判決・判例時報2282号22頁参照）。

## 2 鑑定評価報告書を基にする申告に対する通達評価額による更正処分の取消を求めた事案

**最高裁（一）令和元年9月5日決定（不受理）**
**東京高裁 平成31年3月19日判決（却下・棄却/上告受理申立て）**
**東京地裁 平成30年9月27日判決（棄却/控訴）**

(1) 相続税法22条は、相続、遺贈又は贈与により取得した財産の価額は、当該財産の取得の時における時価によると定めるところ、ここにいう「時価」とは、相続の場合についていえば、相続開始時の当該財産の客観的交換価値をいうものと解すべきである〔最高裁平成29年2月28日第三小法廷判決・民集71巻2号296頁〕。

　そして、財産の客観的交換価値は、必ずしも一義的に確定されるものではなく、個別に評価する方法を採ると、その評価方式、基礎資料の選択の仕方等により異なった評価額が生じることが避け難く、また、課税庁の事務負担が重くなり、課税事務の迅速な処理が困難となるおそれがあることなどから、課税実務においては、各種財産の評価方法に共通する原則や各種財産の評価単位ごとの評価方法を具体的に定めた評価通達によって、画一的な評価方法により財産を評価することとされている。このような扱いは、適用される評価通達が合理的なものである限りにおいて、納税者間の公平、納税者の便宜、徴税費用の節減という観点からみて相当であり、かつ、租税負担の実質的な公平も実現することができるものである。

　そうすると、評価対象の不動産に適用される評価通達の定める評価方法が適正な時価を算定する方法として一般的な合理性を有するものであり、かつ、当該不動産の相続税の課税価格がその評価方法に従って決定された場合には、その課税価格は、その評価方法に

よっては適正な時価を適切に算定することのできない特別の事情の存しない限り、相続開始時における当該不動産の客観的交換価値としての適正な時価を上回るものではないと推認するのが相当である〔なお、固定資産評価基準に関する最高裁平成25年判決（最高裁平成25年7月12日第二小法廷判決・民集67巻6号1255頁）参照〕。

(2) 不動産鑑定評価基準は、…比準価格並びに土地残余法による収益価格を関連づけて決定し、…積算価格をも関連づけて決定すべきであり、当該更地の面積が近隣地域の標準的な土地の面積に比べて大きい場合等においては、開発法による価格を比較考量して決定するものとしており…、開発法はあくまで比較考量するための評価手法にすぎず、開発法のみによって決定した鑑定評価額は、不動産鑑定評価基準にのっとったものとはいえない。

不動産鑑定評価基準と評価通達は、それぞれ異なった理論に基づく算定方法であり、…不動産鑑定評価基準と評価通達を組み合わせて算出された鑑定評価額に合理性及び信用性はない。

(3) 本件報告書（不動産評価報告書）の鑑定評価額に合理性及び信用性はなく、その他の証拠を検討しても、…評価通達の定める評価方法によっては適正な時価を適切に算定することのできない特別の事情があるとは認められず、…通達評価額…は、…客観的な交換価値としての適正な時価を上回るものではないと推認される。

## 3 鑑定評価額による申告に対する通達評価額による更正処分の取消を求めた事案
### 東京地裁 平成31年1月18日判決（棄却/確定）

(1) 相続税法22条は、同法3章において特別の定めのあるものを除くほか、相続、遺贈又は贈与により取得した財産の価額は、当該財産の取得の時における時価による旨を定め…、…時価とは、相続開始時における当該財産の客観的交換価値をいうものと解される〔最高裁平成20年（行ヒ）第241号同22年7月16日第二小法廷判決・裁判集民事234号263頁〕。

　この点、相続税法は、地上権及び永小作権の評価（同法23条）、定期金に関する権利の評価（同法24条、25条）及び立木の評価（同法26条）を除き、財産の評価方法について定めを置いていないが、これは、財産が多種多様であり、時価の評価が必ずしも容易なことではなく、評価に関与する者次第で個人差があり得るため、納税者間の公平の確保、納税者及び課税庁双方の便宜、経費の節減等の観点から、評価に関する全国一律の統一的な評価の方法を定めることを予定し、これにより財産の評価がされることを当然の前提とする趣旨であると解される。

　そして、課税実務においては、各種財産の評価方法に共通する原則や各種財産の評価単位ごとの評価方法を具体的に定めた評価通達によって、画一的な評価方法により財産を評価することとされている。このような取扱いは、適用される評価通達が合理的なものである限りにおいて、納税者間の公平、納税者の便宜、徴税費用の節減という観点からみて相当であり、かつ、租税負担の実質的な公平も実現することができるものである。

　そうすると、評価対象の財産に適用される評価通達の定める評価方法が適正な時価を算定する方法として一般的な合理性を有するものであり、かつ、当該財産の相続税の課税価格がその評価方法に従って決定された場合には、その課税価格は、その評価方法によるべきではない特別の事情がない限り、相続開始時における当該財産の客観的交換価値としての時価を上回るものではないと推認するのが相当である。

(2)　前記…説示した相続税法の趣旨からすれば、納税者が鑑定意見書等に基づいて財産の時価を算出した場合に、仮に、当該鑑定意見書等による評価方法が一般に是認できるものであり、それにより算出された価格が財産の客観的な交換価値と評価し得るものであったとしても、当該算出価格が評価通達の定める評価方法に従って決定した評価額を下回っているというのみでは、評価通達の定める評価方法に従って算出された価額が相続税法22条に規定する時価を超えるものということはできないから、…鑑定の評価額をもって、…土地

について評価通達の定める評価方法によるべきではない特別の事情があるということはできない。

## 4　鑑定評価額による申告に対する通達評価額による更正処分の取消を求めた事案
### 東京地裁 平成30年10月30日判決（棄却/確定）

(1)　上記相続税法の趣旨〔上記№3と同旨〕からすれば、評価対象の財産に適用される通達に規定する評価方法が適正な「時価」を算定する方法として一般的な合理性を有するものであり、かつ、当該財産の相続税の課税価格がその評価方法に従って決定された場合には、相続財産の価額は、同通達に規定する評価方法を画一的に適用することによって、当該財産の「時価」を超える評価額となり、適正な時価を求めることができない結果となるなど、同通達に規定する評価方法によるべきではない特別な事情がない限り、同通達に規定する評価方法によって評価するのが相当であり、同通達に規定する評価方法に従い算定された評価額をもって「時価」であると事実上推認することができるものというべきである〔最高裁平成25年判決（最高裁平成25年7月12日第二小法廷判決・民集67巻6号1255頁）参照〕。

(2)　土地区画整理事業の施行地区内にある宅地について、…評価通達14に定める路線価について個別評価を行っているところ、…個別評価を行う地区以外の路線価等の評定と同様に、①標準地を選定し、②不動産鑑定士等から当該標準地に係る不動産鑑定評価又は意見の提出を受け、③当該標準地の仲値（…）を把握し、④当該標準地の仲値を基に、⑤路線価の案をあらかじめ評定し、…個別評価申出書が提出された場合には、あらかじめ評定した路線価の案を基に、必要に応じて現地調査及び隣接地域とのバランスの検討等を行い、個別評価を回答するとされているのであり、個別評価における路線価の評定手順もそれ以外の路線価に係る評定手順とほとんど同様であることからすれば、…上記個別評価は合理的なものであると認める

のが相当である。

(3) そもそも、前記…趣旨からすれば、納税者が鑑定意見書等に基づいて財産の時価を算出した場合、仮に当該鑑定意見書等による評価方法が一般に是認できるもので、それにより算出された価格が財産の客観的な交換価値として評価し得るものであったとしても、当該算出価格が評価通達の定める評価方法に従って決定した評価額を下回っているだけでは、評価通達の定める評価方法に従って決定した価額が当然に時価を超えるものとして違法になることはないといえる。この点、原告らは、…評価通達を正しく適用したとしても本件各土地の時価を適切に算定することができないことを基礎付ける事情について何ら具体的に主張立証してない。

(4) その点を措くとしても、…いかなる理由に基づいて上記割合の減算したのかについて合理的な説明がされるべきであるところ、M鑑定書では何ら説明がされていない。…以上のとおり、…問題点を指摘することができるから、M鑑定書における評価額が本件各土地の時価であるとはいえず、M鑑定書における評価額をもって、本件各土地について、評価通達に規定する評価方法によるべきではない「特別の事情」があるとは認められない。

【参考】納税者の主張（相続税課税における土地評価の在り方について）

　最高裁平成25年判決は、飽くまで、固定資産税の課税標準に係るものであり、地方税法388条1項が固定資産税の課税標準に係る適正な時価を算定するための技術的かつ細目的な基準の定めを総務大臣の告示に係る評価基準に委任していることからしても、全国一律の統一的な評価基準を遵守するべき必要性が高い。これに対し、相続税法は、例外を除き、法律において特段の評価方法を規定しておらず、評価の基準等について大臣の告示に委ねる旨の法律上の規定もない。相続税法上の土地評価においても、納税者間の公平や徴税の便宜のため、可能な限り、全国一律の統一的な評価基準を尊重すべきことには合理性があるが、地方税法における固定資産評価の方法等と、相続税の土地評価の方法等は法律構造が異なるのであり、前者に係る最高裁平成25

年判決を、相続税法上の土地評価の方法にそのまま当てはめるのは無理がある。

　以上のことからすると、相続税評価に当たって、最高裁平成25年判決の枠組みを参照するとしても、例外を認めるべき要件である「特別な事情」の該当性の判断においては、固定資産税評価ほどの厳格性が求められるわけではない。そして、最高裁平成25年判決においても、納税者側が当該財産の「時価」を主張立証し、当該時価が評価通達による評価額を超える場合には、「特別な事情」に該当することが当然の前提とされていると解される。

## 5　鑑定評価額による申告に対する通達評価額による更正処分の取消を求めた事案
### 東京地裁 平成30年3月13日判決（棄却/確定）

(1)　相続税法22条は、相続により取得した財産の価額を当該財産の取得の時における時価によるとするが、ここにいう時価とは当該財産の客観的な交換価値をいうものと解され、本件各土地の価額についても、この観点から評価されるべきである。

　相続財産の客観的交換価値は、必ずしも一義的に確定されるものではなく、これを個別に評価する方法を採ると、その評価方法、基礎資料の選択の仕方等によって異なる評価額が生じることは避け難く、また、課税庁の事務負担が重くなり、回帰的かつ大量に発生する課税事務の迅速な処理が困難となるおそれがあることなどから、課税実務においては、…、相続財産評価の一般的基準が評価通達（…）によって定められ、…当該財産の評価をすることとされている…扱いは、税負担の公平、納税者の便宜、徴税費用の節減といった観点からみて合理的であり、これを形式的に全ての納税者に適用して財産の評価を行うことは、通常、税負担の実質的な公平を実現し、租税平等主義にかなうものであるということができる。そして、…本件各土地の評価に関する評価通達の定めはいずれも合理的であるといえるから、その評価方法によっては当該土地を適切に評価す

ることができない特別の事情の存しない限り、これによってその土地を評価することには合理性があるというべきである。

(2) （原処分庁は申告評価額が時価の範囲内にないことを評価通達から離れて別途主張立証しなければならない旨の納税者の主張について）評価通達に定められた評価方法を画一的に適用することによって、本件各土地の時価を超える評価額となる場合であれば格別、そうでなければ評価通達の定める評価方法に従い算定された評価額は時価であると事実上推認することができるから、同評価額が申告に係る評価額を上回るのであれば、基本的には申告に係る評価額は時価を下回る額であるということができる。…評価通達の定める評価方法に従い算定される評価額は、…5,621万…円、…5,695万…円であるところ、…申告においては、…2,512万円、…2,700万円とされており（…）、時価にある程度の幅があるとしても、上記金額の差は時価の幅として説明することができるものとは解されない。

(3) 本件鑑定評価書においては、地価公示価格等による規準価格について…両者の比較が困難であることから適用しないこととされている。しかし、…近隣には、主な用途を工業地とする基準地…が存在しており…上記の説明は了解し難い（…基準地価格は…とされており、本件取引事例…価額はこれと比べて著しく低廉…）。…5000㎡を超える超広大地であり、規準とすることができる標準地がないとも主張するが、上記基準地の地積は2351㎡…であるのに対し、本件取引事例…の地積は500㎡ないし1191㎡であり、本件取引事例…方が参照するのに適切であると認めることはできない。また、本件取引事例…は競売によるものであること、…適切な取引事例として参照された事例の1件は売り急ぎの事例であることが認められるが、…事情補正はされておらず…合理的な説明もされていない。…以上のとおり…問題点を指摘することができ、本件鑑定評価額が時価であるとか、本件鑑定評価額をもって上記…特別の事情があると認めることはできない。

## 6　鑑定評価額による申告に対する通達評価額による更正処分の取消を求めた事案
最高裁（一）平成30年11月15日決定（棄却・不受理）
東京高裁 平成29年12月20日判決（棄却/上告・上告受理申立て）
東京地裁 平成29年 3 月 3 日判決（棄却/控訴）

(1)　財産の客観的交換価値は、必ずしも一義的に確定されるものではなく、これを個別に評価すると、その評価方法及び基礎資料の選択の仕方等によっては異なる評価額が生じることが避け難いし、また、課税庁の事務負担が重くなり、課税事務の迅速な処理が困難となるおそれがある。そこで、課税実務上は、法に特別の定めのあるものを除き、財産評価の一般的基準が評価通達によって定められ、原則としてこれに定められた画一的な評価方法によって、当該財産の評価を行うこととされている。このような扱いは、税負担の公平、納税者の便宜、徴税費用の節減といった観点からみて合理的であり、これを形式的にすべての納税者に適用して財産の評価を行うことは、通常、税負担の実質的な公平を実現し、租税平等主義にかなうものである。そして、評価通達の内容自体が財産の「時価」を算定する上での一般的な合理性を有していると認められる限りは、評価通達の定める評価方法に従って算定された財産の評価額をもって、相続税法上の「時価」であると事実上推認することができるものと解される。

(2)　評価通達の上記のような趣旨からすれば、評価通達に定める評価方法を画一的に適用することによって、当該財産の「時価」を超える評価額となり、適正な時価を求めることができない結果となるなど、評価通達に定める評価方法によっては財産の時価を適切に評価することのできない特別の事情がある場合には、不動産鑑定士による不動産鑑定評価によるなどの他の合理的な評価方法により「時価」を評価するのを相当とする場合があると解されるものであり、このことは、評価通達 6 が、「この通達の定めによって評価することが著しく不適当と認められる財産の価額は、国税庁長官の指示を

受けて評価する。」と定め、評価通達自らが例外的に評価通達に定める評価方法以外の方法をとり得るものとしていることからも明らかである。

(3)　以上によれば、評価通達に定める方法によっては財産の時価を適切に評価することのできない特別の事情のない限り、評価通達に定める方法によって相続財産を評価することには合理性があるというべきである〔最高裁平成20年（行ヒ）第241号同22年7月16日第二小法廷判決・集民234号263頁参照〕

(4)　借地権価額控除方式の一般的合理性について検討するに、…、評価通達25の定める借地権価額控除方式は、底地の価額をその地域の借地権取引の状況等を踏まえて定められた借地権割合を乗じて算定される当該土地の借地権価額との相関関係において捉え、自用地としての価額から借地権価額を控除して残余の土地の経済的価値を把握しようとするものであり、①このような考え方は、底地の客観的交換価値に接近する方法として相応の合理性を有すること、他方で、…、②低廉な地代を基準とした収益価格による算定を標準として底地の時価とみる原告主張の方法は相当ではないというべきことに加え、③底地の価額や借地権価額の算定の前提である自用地としての価額の基礎となる路線価の付設に当たっては、評価の安全性を考慮して各年1月1日時点の公示価格と同水準の価格のおおむね80％程度を目途として評定するという控え目な運用が行われており、借地権価額控除方式により算出された底地の価額が直ちに時価を超えることとなるわけではないと考えられること、④およそ完全所有権への復帰の可能性があるとは考え難い場合など、評価通達に定める評価方法によっては財産の時価を適切に評価することのできない特別の事情がある場合には、借地権価額控除方式によらずに時価を算定することが可能であること（評価通達6）をも考慮すると、評価通達25の定める借地権価額控除方式は、底地の客観的交換価値を算定する上での一般的な合理性を有していると認められる。

(5)　借地権価額控除方式を定める評価通達25は本件各土地の時価を算定する上での一般的な合理性を有しており、…、本件各土地につい

て、借地権価額控除方式によっては適正な時価を適切に算定することのできない特別の事情があるとは認められないから、借地権価額控除方式によって本件各土地を評価することには合理性があるというべきである。

## 7 鑑定評価額による更正請求への更正すべき理由がない旨の通知処分の取消を求めた事案
### 東京地裁 平成28年7月15日判決（棄却/確定）

(1) 路線価は、一般に、土地取引が相当程度見込まれる公示区域内の土地について、自由な取引が行われる場合に通常成立すると認められる価格（地価公示法上の「正常な価格」であり、土地取引が相当程度見込まれる公示区域内の土地についてのものである以上、不特定多数の当事者間で自由な取引が行われる場合に通常成立すると認められる相続税法上の「時価」でもあるといえる。）を反映したものとして合理的に定められるのに十分な制度上の仕組みの下に成立しているということができるところ、これに加え、路線価は、評価上の安全性に配慮して、地価公示価格と同水準の価格の80％程度を目途に定められるものであることも勘案すると、公示区域内で宅地の価額がおおむね同一と認められる一連の宅地が面する路線ごとに、①その路線のほぼ中央部にあり、②その一連の宅地に共通している地勢にあり、③その路線だけに接し、④その路線に面している宅地の標準的な間口距離及び奥行距離を有するく形又は正方形のものであることのすべての事項に該当する宅地について、1㎡当たりの時価を評定する方法として、一般的な合理性を有しているといえる。その上で、路線価方式は、上記の4要件に該当しない公示区域内の宅地について、この路線価に、上記の4要件から外れる程度を加味した評価通達15から20－5までに定める画地調整を施して1㎡当たりの時価を評価しようとするものであると考えられるから、その内容は、公示区域内の宅地全般について、相続税法上の「時価」を算定する上での一般的な合理性を有していると認められるというべき

である。

(2) 不動産鑑定評価基準においても…地価公示法上の準則と同旨の定めがあるところ、…、丙鑑定はこれに準拠したものであるとはいえないから、丙鑑定が不動産鑑定評価基準に準拠して行われた鑑定評価であることを前提に、これが存在することから路線価方式によっては本件土地の時価を適切に評価することのできない特別の事情があるとする…原告の主張は、その前提において失当である。

(3) 評価通達に定める評価方法である路線価方式は、公示区域内の宅地の時価を算定する方法として一般的な合理性を有していると認められ、これによって本件土地の時価を適切に評価することのできない特別の事情があるとは認めるに足りないから、路線価方式により算定した本件相続時における本件土地の相続税評価額は相続税法上の「時価」であるといえる。

## 8 鑑定評価額による申告に対する通達評価額による更正処分の取消を求めた事案
最高裁（一）平成29年3月2日決定（棄却・不受理）
東京高裁 平成27年12月17日判決（棄却/上告・上告受理申立て）
東京地裁 平成25年12月13日判決（棄却/控訴）

(1) 相続税法は、地上権及び永小作権の評価（同法23条）、定期金に関する権利の評価（同法24条、25条）及び立木の評価（同法26条）については評価の方法を自ら直接定めるほかは、財産の評価の方法について直接定めていない。同法は、財産が多種多様であり、時価の評価が必ずしも容易なことではなく、評価に関与する者次第で個人差があり得るため、納税者間の公平の確保、納税者及び課税庁双方の便宜、経費の節減等の観点から、評価に関する通達により全国一律の統一的な評価の方法を定めることを予定し、これにより財産の評価がされることを当然の前提とする趣旨であると解するのが相当である。そして、同法26条の2は、各国税局に土地評価審議会を置き、同審議会が土地の評価に関する事項で国税局長から意見を求

められたものについて調査審議し、当該意見を踏まえて土地評価を
することによって土地評価の一層の適正化を図るものである。同条
も、多種多様であり時価の評価が必ずしも容易なことではない土地
評価につき、その意見を土地評価審議会に委ねるものであり、同法
の上記趣旨に沿う規定であると解される。

(2)　同法の上記趣旨を受けて、国税庁長官は財産評価基本通達を定め、
この通達に従って実際の評価が行われている。

　　同法の上記趣旨に鑑みれば、評価対象の不動産に適用される評価
通達の定める評価方法が適正な時価を算定する方法として一般的な
合理性を有するものであり、かつ、当該不動産の贈与税の課税価格
がその評価方法に従って決定された場合には、上記課税価格は、そ
の評価方法によっては適正な時価を適切に算定することのできない
特別の事情の存しない限り、贈与時における当該不動産の客観的な
交換価値としての適正な時価を上回るものではないと推認するのが
相当である〔最高裁平成24年（行ヒ）第79号同25年7月12日第二小
法廷判決・民集67巻6号1255頁参照〕。

(3)　本件各贈与時にはAの建替えが実現する蓋然性が高かったという
べきであるから、本件各贈与時においてAの建替えの実現性に不透
明な部分があったということはできず、評価通達が定める評価方法
によっては適正な時価を適切に算定することができない特別の事情
が存在したということはできない。したがって、上記建替えを前提
として評価通達が定める評価方法に従って本件各不動産を評価して
決定された課税価格は、贈与時における本件各不動産の客観的な交
換価値としての適正な時価を上回るものではないと推認される。そ
うすると、本件各贈与時においてAの建替えの実現性に不透明な部
分があるとして上記建替え前の客観的な交換価値を算定する本件各
鑑定評価額は、その前提を欠くというべきであるから、本件各鑑定
評価額に基づく原告らの主張は、本件各不動産につき評価通達によ
る評価方法によっては適正な時価を適切に算定することのできない
特別の事情をいうに足りないことは明らかである。

## 9　建物通達評価額（固定資産税評価額×倍率1.0）による更正処分の取消を求めた事案
東京高裁 平成27年4月17日判決（棄却/確定）
東京地裁 平成26年10月31日判決（棄却/控訴）

(1)　固定資産評価基準は、固定資産評価制度調査会の答申を受けて、家屋の評価方法について、…、いわゆる再建築価格基準法を採用しているところ、同評価方法は、家屋の資産としての客観的価格を算出するための基本的なものであり、固定資産税が固定資産の資産価値に着目し、その所有という事実に担税力を認めて課する一種の財産税であって、個々の固定資産の収益性の有無かかわらずその所有者に対して課する税であることと整合するものである。また、固定資産評価基準は、木造家屋について、一定期間経過後の経年減点補正率（最終残価率）を一律20％としているが、これは、一定年数に達してなお使用される家屋について、通常の維持補修を加えた状態において、家屋の効用を発揮し得る最低限の状態を捉えるとした場合に、建物が劣化していても、人が所有している限り何らかの効用が期待され、価値が生じているという考え方に基づくものと解され（…）、この残価率に関する考え方は、家屋の特質を踏まえたものとして合理性を有するというべきであるし、最終残価率が20％であることについては、木造家屋の再建築価額全体に占める主要構造部の割合がおおむね20％であることに基づくものであり、当該木造家屋の状況からみて経年減点補正率によることが適当でないと認められる場合の損耗減点補正率が規定されていることをも考慮すると、木造家屋について一定年数経過後の経年減点補正率を20％とすることについても合理性が認められるというべきである。したがって、固定資産評価基準は、資産価値の把握方法としての一般的な合理性を有するものということができる。

(2)　固定資産評価基準に従って算出された家屋の固定資産税評価額は、その評価方法によっては適正な時価を適切に算定することのできない特別の事情の存しない限り、適正な時価であって当該家屋の客観

的交換価値を上回るものではないと推認することができ〔なお、最高裁平成24年（行ヒ）第79号同25年7月12日第二小法廷判決における補足意見参照〕、家屋の価額について、固定資産税評価額に倍率1.0を乗じて計算した金額によって評価すると定める評価通達89についても、その一般的な合理性を肯定することができる。

## 10 「山林」及び「立木」に係る通達評価額による更正処分の取消を求めた事案
最高裁（二）平成24年10月12日決定（棄却・不受理）
東京高裁 平成24年4月20日判決（棄却/上告・上告受理申立て）
東京地裁 平成23年9月2日判決（棄却/控訴）

(1) 相続税法22条は、相続により取得した財産の価額は、同法第3章の特別の定めのあるものを除き、当該財産の取得の時における「時価」により評価する旨規定しているところ、上記「時価」とは、相続開始時における当該財産の客観的交換価値、すなわち、それぞれの財産の状況に応じ、不特定多数の当事者間で自由な取引が行われる場合に通常成立すると認められる価額をいうものと解される。しかし、財産の時価を客観的に評価することは必ずしも容易なことではなく、また、納税者の間で財産の評価が区々となることは、公平の観点からみて許容できるものでない。

(2) 課税実務上は、相続税法に特別の定めのあるものを除き、当該評価に関して、相続財産の評価の一般基準である本件通達…及び毎年各国税局長が定める財産評価基準…に定められた画一的な評価方式によって相続財産を評価することとされているところ、この方法は、相続税法22条が規定する財産の時価を評価算定する方法として、一定の合理性を有するというべきである。したがって、相続税に係る課税処分の取消訴訟においては、本件のように課税庁側が、当該課税処分が本件通達等の定めに従って相続財産の価格を評価して行ったものであることを主張、立証した場合には、その課税処分における相続財産の価額は時価すなわち客観的交換価値を適正に評価した

ものと事実上推認され、納税者は、財産評価の基礎となる事実関係の認定に不合理な点があることを指摘して上記推認を妨げるか、あるいは、不動産鑑定士による不動産鑑定評価等に基づいて、本件通達等の定めに従った評価が、当該事案の具体的な事情の下における当該相続財産の時価を適切に反映したものではなく、客観的交換価値を上回るものであることを主張、立証するなどして、上記推認を覆さない限り、当該課税処分は適法とされる。

(3) 本件通達等の定める評価方法に従って算出された山林及び立木の価額は、時価すなわち客観的交換価値を適正に評価したものと事実上推認され、納税者は、財産評価の基礎となる事実関係の認定に不合理な点があることを指摘して上記推認を妨げるか、あるいは、不動産鑑定士による不動産鑑定評価等に基づいて、本件通達等の定めに従った評価が、当該事案の具体的な事情の下における当該相続財産の時価を適切に反映したものではなく、客観的交換価値を上回るものであることを主張、立証するなどして、上記推認を覆さない限り、当該課税処分は適法とされる。他方、課税庁側は、本件通達等に定められた評価方法とは異なる評価方法、例えば、不動産鑑定士による合理性を有する不動産鑑定評価等の証拠資料に基づいて算定した当該相続財産の価額が具体的な事情の下における適正な時価であることを主張、立証することにより、当該更正処分に課税価格ないし税額の過大認定の違法がないことを主張、立証できるものと解される（東京高裁平成17年1月12日判決参照）。

(4) 本件鑑定は、裁判所が選任した鑑定人の中立の立場に基づくものであるものの、以上のとおり、判断過程に種々の問題があるといわざるを得ないから、本件鑑定に基づく価額をもって、本件山林の価額であるとすることはできないというべきであり、本件通達等の定めに従った被控訴人の評価の適正を覆すものではない。

(5) 被控訴人鑑定書は、不動産鑑定評価基準に準拠した極めて合理的な手法によって鑑定評価額を決定しており、その鑑定評価額は本件通達等に基づく評価額を上回っているところ、本件山林の本件通達等に基づく評価額は少なくとも時価を上回ることはないから、本件

山林にかかる本件課税処分は、適法である。

(6)　本件立木については、標準価額比準方式（標準価額を基として評価する方式）による評価が行われており、その方式は相続税法26条の2に規定する「時価」を算定する方法として合理的であり、また、その価額が不合理かつ違法となるような特別な事情も認められない。

(7)　その他の証拠を検討しても、上記価額が不合理かつ違法となるような特別な事情があるとはいえないから、本件立木の価額は、被告主張のとおりと認めるのが相当である。

## 11　鑑定評価額による申告に対する通達評価額による更正処分の取消を求めた事案
### 東京高裁 平成17年1月12日判決（棄却/確定）
### 横浜地裁 平成16年8月10日判決（棄却/控訴）

(1)　相続税等に係る課税実務上は、従来から、国税庁において、納税者間の公平、納税者の便宜、徴税費用の節減等の観点から、財産評価基本通達等を定め、各税務署長が、これに定められた評価方法に従って統一的に相続財産の評価を行ってきたところであり、このような財産評価基本通達等に基づく相続財産の評価の方法は、時価すなわち「客観的交換価値」の評価の方法として一定の合理性を有するものと一般に認められ、相続税の納税申告や課税処分について準拠すべき指針として通用してきているところである。

(2)　相続税に係る課税処分の取消訴訟において、被告税務署長が、当該課税処分が財産評価基本通達等の定めに従って相続財産の価額を評価してしたものであることを主張・立証した場合は、その課税処分における相続財産の評価額は時価すなわち「客観的交換価値」を適正に評価したものと事実上推認することができるというべきである。

(3)　原告納税者において、たとえば、財産評価基本通達等の定めに従ってしたという財産の評価の基礎となる事実関係の認定に誤りがある等、上記の評価方法に基づく相続財産の価額の算定過程自体に

不合理な点があることを指摘して、上記推認を妨げ、あるいは、不動産鑑定士による不動産鑑定評価等に基づいて、上記財産評価基本通達等の定めに従った評価が、当該事案の具体的な事情の下における当該相続財産の時価を適切に反映したものではなく、「客観的交換価値」を上回るものであることを主張立証するなどして上記推認を覆さない限り、当該課税処分は適法であると認めるのが相当である。

(4) 上記(1)のように通用してきていることに鑑みれば、税務署長において、財産評価基本通達等に定められた評価方法と異なる他の方法によって相続財産の価額を算定し、これに基づいて相続税に係る課税処分をするのは、財産評価基本通達等に定められた評価方法を画一的に適用して形式的な平等を貫くことが当該納税者に対し適正な時価と著しく相違する財産評価額に基づく相続税を課することになり、かえって、納税者間の実質的な租税負担の公平を害する結果となるなど、財産評価基本通達等の定めに従った財産評価の方法によらない方が当該相続財産の適正な時価を算定することができ、課税公平原則に適うことになる特段の事情がある場合に限られると解される。

(5) このようにいうことは、財産評価基本通達等に定められた評価方法とは異なる他の評価方法に基づいて相続財産の価額を評価、算定してした相続税に係る課税処分の取消訴訟において、原告納税者が上記公平原則違背の違法を主張した場合には、被告税務署長が上記「特段の事情」の存在について主張・立証することを要することとなるということを意味するにとどまるのであって、一般に、相続税に係る課税処分の取消訴訟における当該課税処分の適法性に関する主張・立証という場面において、被告税務署長が、財産評価基本通達等に定められた評価方法とは異なる他の評価方法、たとえば不動産鑑定士による不動産鑑定評価等に依拠し、その方法に基づいて算定した当該相続財産の価額が適正な時価であることを主張・立証することにより、当該課税処分に課税標準ないし税額の過大認定の違法がないことを主張・立証しようとすることを何ら妨げるものでな

いことはいうまでもない。

## ○　医療法人の出資持分に係る相続税法 9 条適用による決定処分の取消を求めた事案

最高裁（二）平成22年 7 月16日判決（破棄自判）
最高裁（二）平成22年 4 月16日決定（受理）
東京高裁　平成20年 3 月27日判決（原判決取消し/上告受理申立て）
【納税者勝訴】
横浜地裁 平成18年 2 月22日判決（棄却/控訴）

(1)　評価通達194－ 2 は、…持分の定めのある社団医療法人及びその出資に係る事情を踏まえつつ、出資の客観的交換価値の評価を取引相場のない株式の評価に準じて行うこととしたものと解される…、その方法によっては当該法人の出資を適切に評価することができない特別の事情の存しない限り、これによってその出資を評価することには合理性があるというべきである。

(2)　本件法人は、…退社時の払戻しや解散時の残余財産分配の対象となる財産を…、新定款において…運用財産に限定したものである。新定款においては…払戻し等に係る定めの変更を禁止する旨の条項があるが、…法的に当該変更が不可能になるものではない…。また、…、基本財産と運用財産の範囲に係る定めは変更禁止の対象とされていないから、運用財産の範囲が固定的であるともいえない。…、本件増資時における定款の定めに基づく出資の権利内容がその後変動しないと客観的に認めるだけの事情はないといわざるを得ず、他に評価通達194－ 2 の定める方法で新定款の下における本件法人の出資を適切に評価することができない特別の事情があることもうかがわれない。したがって、…、新定款下での本件法人の出資につき、基本財産を含む本件法人の財産全体を基礎として評価通達194－ 2 の定める類似業種比準方式により評価することには、合理性があるというべきである。

## 判決一覧2　納税者の鑑定評価額が認められた事案

### 1　鑑定評価額による更正請求の一部減額更正処分につき請求超部分の取消を求めた事案
### 東京地裁 令和2年10月9日判決（全部取消し/確定）

(1)　国税庁においては、各種財産の評価方法につき評価通達を定め、これに基づいて財産の評価を行っているところ、評価対象の不動産に適用される評価通達の定める評価方法が適正な時価を算定する方法として一般的な合理性を有するものであり、かつ、当該不動産の相続税の課税価格がその評価方法に従って決定された場合には、上記課税価格は、評価通達により難い特別の事情の存しない限り、相続開始時における当該不動産の客観的な交換価値としての適正な時価を上回るものではないと推認するのが相当である（このことは当事者間にも争いがない。）。

(2)　本件土地は、市街化区域内に所在する農地であり、…（接道等諸要因は省略）…、宅地転用に当たり、評価通達40-2や24-4の定めが想定する2,052万…円程度を著しく超える、5,058万…円（評価通達ベース額である80％に引き直して4,046万…円）の宅地造成費等を要するのであるから、評価通達により難い特別の事情があると認めるのが相当である。

(3)　本件土地には評価通達により難い特別の事情が認められるのであるから、評価通達による評価額を本件土地の適正な時価と推定することはできない…。

### 2　鑑定評価額による更正請求の一部減額更正処分につき請求超部分の取消を求めた事案
### 大阪高裁 平成30年2月2日判決（棄却/確定）
### 大阪地裁 平成29年6月15日判決（一部認容・棄却/控訴）

(1)　相続税法22条は、相続等により取得した財産の価額を当該財産の

取得の時における時価によるとしているが、ここにいう時価とは当該財産の客観的な交換価値をいうものと解される（最高裁判所平成22年7月16日第二小法廷判決・裁判集民事234号263頁参照）。

　ところで、相続税法は、地上権等を除き、財産の評価の方法について直接定めてはいないが、これは、財産が多種多様であり、時価の評価が必ずしも容易なことではなく、評価に関与する者次第で個人差があり得るため、納税者間の公平の確保、納税者及び課税庁双方の便宜、経費の節減等の観点から、評価に関する通達により全国一律の統一的な評価の方法を定めることを予定し、これにより財産の評価がされることを前提とする趣旨であると解するのが相当である。そして、国税庁長官は、上記の趣旨を踏まえ、評価通達を定め、これに従って実際の評価が行われている。

(2)　相続税法の上記趣旨に鑑みれば、評価対象の不動産に適用される評価通達の定める評価方法が適正な時価を算定する方法として一般的な合理性を有するものであり、かつ、当該不動産の価額がその評価方法に従って決定された場合には、上記価額は、その評価方法によっては適正な時価を適切に算定することができない特別の事情の存しない限り、相続時における当該不動産の客観的な交換価値としての適正な時価を上回るものではないと推認するのが相当である。

　なお、評価額が不動産鑑定評価額を上回るという事実は、上記特別の事情を推認させる一つの事情となり得るが、これをもって、直ちに上記特別の事情があるということはできない。また、上記特別の事情は、評価額を争う納税者において主張立証すべきものと解される。

(3)　丙土地は、戸建住宅に囲まれた住宅街の中にある相当不整形な土地であり、建築基準法上の道路と接道していないことが認められる。

　…不整形地であることは、不整形地補正（評価通達20）によって適切に反映されていると認められるが、…無道路地であることは、無道路地補正（評価通達20－2）によっても十分に考慮できていないといわざるを得ない。…不整形地補正をした価額から100分の40の範囲内で、通路開設費用相当額を控除する方法で行うこととなっ

ているところ、計算によれば…通路開設費用相当額は912万…円で
…不整形地補正後の価格である549万…円すら上回る金額で…、そ
の100分の40をはるかに超える金額となっている。このように、丙
土地を実際に宅地として使用するためには建築基準法等で定める接
道義務を満たすために相当多額の費用を要し、現実的には雑種地と
して利用するしかないにもかかわらず、評価通達に定める無道路地
補正では評価額に十分反映することができない。評価通達上は、丙
土地が市街化区域内にある以上、宅地に比準して評価せざるを得な
いから、宅地に比準して評価したことをもって評価通達の適用を
誤ったとはいえないが、上記のとおり、評価通達では接道義務を満
たしていないことを十分に反映することができず、これは評価通達
によっては適正な時価を算定することができない特別の事情という
ことができる。

　したがって、丙土地につき、評価通達によっては適正な時価を算
定することができない特別の事情があると認められる。そして、本
件全証拠によっても、本件各処分における丙土地の評価額が、適正
な時価を上回らないと認めるに足りる証拠はない。

## 3　医療法人の出資持分に係る相続税法7条適用等による更正処分の取消を求めた事案
### 福岡高裁 平成19年2月2日判決（原判決変更、一部取消し/確定）
### 鹿児島地裁 平成18年6月7日判決（棄却/控訴）

　本件自用地（公簿面積6616.8㎡）及び本件借地（同3271.7㎡）から
なる本件土地（同9888.5㎡）は、これを1画地とみた場合、北面が県
道に約35m接し、西面が市道に約175m接する南北に長大な土地であ
ることが認められる。このように本件土地の県道からの奥行距離は約
175mであって、評価通達の奥行価格補正率表（第2節の付表1）に
定める最大奥行距離100mを大幅に超えていることにかんがみると、
適正な奥行価格補正（評価通達15）を行うことはおよそ困難といえる
から、路線価方式によるべきこと等を定めた評価通達を形式的に適用

するときには、かえって、実質的な税負担の公平を害することが明らかである。したがって、本件土地の評価については、個別的な鑑定評価によるのが相当というべきである。

## 判決一覧3　固定資産評価基準を巡る事案

## 1　固定資産課税台帳に登録された（共同住宅全体の土地）価格についての審査の申出を棄却する旨の固定資産評価審議会の決定の取消し等を求めた事案

東京高裁　平成26年 3 月27日判決（原判決変更・審査決定取消し、棄却）【納税者勝訴】
最高裁（二）平成25年 7 月12日判決（破棄差戻し）
東京高裁 平成23年10月20日判決（棄却/上告）
東京地裁 平成22年 9 月27日判決（却下・棄却/控訴）

(1)　地方税法は、土地に対して課する…固定資産税の課税標準を当該土地の基準年度に係る賦課期日における価格で土地課税台帳又は土地補充課税台帳に登録されたもの（登録価格）とし（349条 1 項）、上記の価格とは「適正な時価」をいうと定めている（341条 5 号）ところ、上記の適正な時価とは正常な条件の下に成立する当該土地の取引価格、すなわち、客観的な交換価値をいうと解される。したがって、土地の基準年度に係る賦課期日における登録価格が同期日における当該土地の客観的な交換価値を上回れば、その登録価格の決定は違法となる〔最高裁平成10年（行ヒ）第41号同15年 6 月26日第一小法廷判決・民集57巻 6 号723頁参照〕。
(2)　地方税法は、固定資産税の課税標準に係る固宁資産の評価の基準並びに評価の実施の方法及び手続を総務大臣（…）の告示に係る評価基準に委ね（388条 1 項）、市町村長は、評価基準によって、固定資産の価格を決定しなければならないと定めている（403条 1 項）。これは、全国一律の統一的な評価基準による評価によって、各市町村全体の評価の均衡を図り、評価に関与する者の個人差に基づく評

価の不均衡を解消するために、固定資産の価格は評価基準によって決定されることを要するものとする趣旨であると解され（前掲最高裁平成15年6月26日第一小法廷判決参照）、これを受けて全国一律に適用される評価基準として昭和38年自治省告示第158号が定められ…数次の改正が行われている。これらの地方税法の規定及びその趣旨等に鑑みれば、固定資産税の課税においてこのような全国一律の統一的な評価基準に従って公平な評価を受ける利益は、適正な時価との多寡の問題とは別にそれ自体が地方税法上保護されるべきものということができる。したがって、土地の基準年度に係る賦課期日における登録価格が評価基準によって決定される価格を上回る場合には、同期日における当該土地の客観的な交換価値としての適正な時価を上回るか否かにかかわらず、その登録価格の決定は違法となるものというべきである。

(3)　地方税法は固定資産税の課税標準に係る適正な時価を算定するための技術的かつ細目的な基準の定めを総務大臣の告示に係る評価基準に委任したものであること等からすると、評価対象の土地に適用される評価基準の定める評価方法が適正な時価を算定する方法として一般的な合理性を有するものであり、かつ、当該土地の基準年度に係る賦課期日における登録価格がその評価方法に従って決定された価格を上回るものでない場合には、その登録価格は、その評価方法によっては適正な時価を適切に算定することのできない特別の事情の存しない限り、同期日における当該土地の客観的な交換価値としての適正な時価を上回るものではないと推認するのが相当である〔最高裁平成11年（行ヒ）第182号同15年7月18日第二小法廷判決・裁判集民事210号283頁、最高裁平成18年（行ヒ）第179号同21年6月5日第二小法廷判決・裁判集民事231号57頁参照〕。

(4)　土地の基準年度に係る賦課期日における登録価格の決定が違法となるのは、当該登録価格が、①当該土地に適用される評価基準の定める評価方法に従って決定される価格を上回るとき（上記(2)の場合）であるか、あるいは、②これを上回るものではないが、その評価方法が適正な時価を算定する方法として一般的な合理性を有する

ものではなく、又はその評価方法によっては適正な時価を適切に算定することのできない特別の事情が存する場合（上記(3)の推認が及ばず、又はその推認が覆される場合）であって、同期日における当該土地の客観的な交換価値としての適正な時価を上回るとき（上記(1)の場合）であるということができる。

(5) 本件敷地登録価格の決定及びこれを是認した本件決定の適法性を判断するに当たっては、本件敷地登録価格につき、適正な時価との多寡についての審理判断とは別途に、上記(4)の①の場合に当たるか否か…についての審理判断をすることが必要であるところ、原審は…この点について…審理不尽の違法があるといわざるを得ず、…また、…上記(4)の②の場合に当たるか否かの判断に当たっては、…適正な時価を算定する方法として一般的な合理性を有するものであるか、…適正な時価を適切に算定することのできない特別の事情があるか等についての審理判断をすることが必要であるところ、原審は…これらの点について…も審理不尽の違法があるといわざるを得ず、…原判決の結論に影響を及ぼすことが明らかである。

更に審理を尽くさせるため、…、本件を原審に差し戻すこととする。

【補足意見】

○ 「適正な時価」とは、正常な条件の下に成立する当該土地の取引価格、すなわち、客観的な交換価値をいうと解されるが、これは評価的な概念であり、その鑑定評価は、必ずしも一義的に算出され得るものではなく、性質上、その鑑定評価には一定の幅があり得るものである。したがって、鑑定意見書等によっていきなり登録価格より低い価格をそれが適正な時価であると摘示された場合、その鑑定意見書等による評価の方法が一般に是認できるもので、それにより算出された価格が上記の客観的な交換価値として評価し得るものと見ることができるときであったとしても、当該算出価格を上回る登録価格が当然に適正な時価を超えるものとして違法になるということにはならない。当該登録価格が、評価基準の定める評価方法に従ってされたものである限り、特別の事情がない限り（又はその評

価方法自体が一般的な合理性を欠くものでない限り）、適正な時価
であるとの推認が働き（法廷意見の引用する平成15年7月18日第二
小法廷判決等参照）、これが客観的な交換価値であることが否定さ
れることにならないからである。

○　実際上、登録価格が算出価格〔土地の所有名義人が自ら独自に提
出した鑑定意見書等に基づき、その時価となるべき価格を算出した
価格〕を上回ることにより、登録価格が上記の客観的な交換価値を
上回る場合というのは、評価基準の定める評価方法によることが適
当でないような特別の事情がある場合に限られる。このような特別
の事情（又はその評価方法自体の一般的な合理性の欠如）について
の主張立証をしないまま独自の鑑定意見書等を提出したところで、
その意見書の内容自体は是認できるものであったとしても、それだ
けでは当該登録価格が適正な時価であることの推認を覆すことには
ならないのであって、登録価格の決定を違法とすることにはならな
い。

　したがって、土地の所有名義人が独自の鑑定意見書等の提出によ
り適正な時価を直接主張立証し登録価格の決定を違法とするために
は、やはり、その前提として、評価基準の定める評価方法によるこ
とができない特別の事情（又はその評価方法自体の一般的な合理性
の欠如）を主張立証すべきであり、前掲最高裁平成15年7月18日第
二小法廷判決もこの考えを前提にしているものと解される。

## 2　固定資産課税台帳に登録された（建物）価格についての審査の申出を棄却する旨の固定資産評価審議会の決定の取消し等を求めた事案
最高裁（二）平成15年7月18日判決（原判決破棄、原審差戻し）【納税者敗訴】

　市長は、本件建物について評価基準に定める総合比準評価の方法に
従って再建築費評点数を算出したところ、この評価の方法は、再建築
費の算定方法として一般的な合理性があるということができる。また、

評点1点当たりの価額1.1円は、…一般的な合理性に欠けるところはない。そして、…評価基準が定める経年減点補正率は、この種の家屋について通常の維持管理がされた場合の減価の手法として一般的な合理性を肯定することができる。

　そうすると、市長が本件建物について評価基準に従って決定した前記価格は、評価基準が定める評価の方法によっては再建築費を適切に算定することができない特別の事情又は評価基準が定める減点補正を超える減価を要する特別の事情の存しない限り、その適正な時価であると推認するのが相当である。

　鑑定書が採用した評価方法は、評価基準が定める家屋の評価方法と同様、再建築費に相当する再調達原価を基準として減価を行うものであるが、原審は、…鑑定書の算定した本件建物の1平方メートル当たりの再調達原価及び残価率を相当とする根拠を具体的に明らかにしていないため、原審の前記説示から直ちに上記特別の事情があるということはできない。そして、原審は、上記特別の事情について他に首肯するに足りる認定説示をすることなく、本件建物の適正な時価が2606万円程度を超えるものではないと判断したものであり、…本件決定の適否について更に審理を尽くさせるため、本件を原審に差し戻すこととする。

## 事例 4

## 鑑定評価の検討が馴染みやすいケース

> 過去に納税者と課税庁が争った事例等から、鑑定評価を検討しても良いようなケースを教えてください。

### 回答

土地には個別性があるため、財産評価通達では、どうしても対応仕切れないケースもあると思います。無道路地のケース、多額の造成費が掛るケース、地積が非常に大きいケース、がけ地等のケースが想定されますが、具体的には、解説を参照ください。

### 解説

### 1　東京地裁令和 2 年10月 9 日判決（前出）（多額の造成費）

評価対象地（農地）を宅地化するためには多額の造成費が掛るものとして鑑定評価が認められた事案です。

裁判所は、本件土地は、宅地転用に当たり、評価通達40－ 2 《広大な市街地農地等の評価》や24－ 4 《広大地の評価》の定めが想定する2052万6444円（減価額）程度を著しく超える、5058万5611円（評価通達ベース額である80％に引き直して4046万7488円）の宅地造成費等（道路提供土地買取価格、造成工事費、倉庫取壊費用）を要するのであるから、評価通達により難い特別の事情があると認めました。

(注)　旧広大地通達が適用されていた時期の事案です。

### 2　大阪高裁平成30年 2 月 2 日判決（前出）（無道路地）

評価対象地が無道路地であり、評価通達上の無道路地補正では十分ではないとして、鑑定評価が認められた事案です。

裁判所は、評価通達20－ 2 によれば、無道路地補正は、実際に利用している路線の路線価に基づき、不整形地補正をした価額から100分の40の範囲内で、通路開設費用相当額を控除する方法で行うこととなってい

るところ、計算によれば評価対象地は通路開設費用相当額は912万6600円であり、これは評価対象地の不整形地補正後の価格である549万8612円すら上回る金額であり、その100分の40をはるかに超える金額となっているとし、このように、評価対象地を実際に宅地として使用するためには、建築基準法等で定める接道義務を満たすために相当多額の費用を要し、現実的には雑種地として利用するしかないにもかかわらず、評価通達に定める無道路地補正では評価額に十分反映することができないと判断しました。

## 3　福岡高裁平成19年2月2日判決（奥行きが長大）

　評価対象地の奥行が非常に長く、評価通達上の奥行補正では十分ではないとして、鑑定評価が認められた事案です。

　裁判所は、評価対象地本（9888.5㎡）は、北面が県道に約35m接し、西面が市道に約175m接する南北に長大な土地であることが認められ、このように本件土地の県道からの奥行距離は約175mであって、評価通達の奥行価格補正率表に定める最大奥行距離100mを大幅に超えていることにかんがみると、適正な奥行価格補正（評価通達15）を行うことはおよそ困難といえるから、路線価方式によるべきこと等を定めた評価通達を形式的に適用するときには、かえって、実質的な税負担の公平を害することが明らかであると判断しました。

## 4　平成25年5月28日裁決（地積大、がけ地）

　評価対象地の面積が非常に広く、また、がけ地も含まれるため広大地通達では対応が不十分として鑑定評価が相当とされた事案です。

㊟　旧広大地通達が適用されていた時期の事案です。

　納税者は、評価対象地について、鑑定評価額60,000,000円で申告しました。

　課税庁は、評価対象地の評価額は、納税者の鑑定評価額ではなく、広大地通達による評価額150,452,114円によるべきであると主張しました。審判所は、本件土地の評価額を69,300,000円（審判所の採用した鑑定評価額）としました。審判所の鑑定評価額は、納税者の鑑定評価に比較し、

取引事例の選択、擁壁工事費用や道路買収費用等の見積りにも相違が認められます。

## 5 平成13年3月5日裁決（参考：鑑定評価ではなく取引事例比較法を基に算定したもの）

納税者及課税庁の行った両鑑定額とも採用できないとして、審判所において取引事例比較法による比準価格及び公示価格を基準とした価格により土地の価額を算定した事案です。

課税庁は、財産評価基本通達での評価が345,733,224円であったものの、納税者が平成9年6月24日に本件土地をＪ株式会社に譲渡した価額が284,400,000円（譲渡価額から納税者が負担する造成費相当額6,710,000円を控除した金額）であったことからこの価額で更正処分を行いました（その後、鑑定評価を基に278,000,000に変更・異議決定で一部取消し）。

一方、納税者は、本件土地について、納税者の鑑定評価額を基に230,075,000円を主張しましたが、審判所が独自に時価を算定し、その価額が納税者の主張額を下回ると判断したことから、原処分が取消されました。

審判所の時価の算定に当っては、納税者人及び課税庁の鑑定評価は主に採用した取引事例（地積過少、用途地域の相違、売り急ぎの補正等）が不適切との判断がされています。

また、納税者鑑定書での、開発法の価格について、計算過程に想定部分も多く、また、審判所の調査によっても、開発予定面積及び取付道路の買収費等の計算根拠等に不明な点があったとされました。

### (参考)

評価通達20－4（間口が狭小な宅地等の評価）では、「地積が大きいもの等にあっては、近傍の宅地の価額との均衡を考慮し、それぞれの補正率表に定める補正率を適宜修正することができる」旨定められており、状況に応じ不動産鑑定を検討することも考えられます。

**事例1**

## 被相続人の所有地と相続人の所有地が隣接して一体利用されている場合の評価単位（無道路地評価の可否含む）

　下図のように、被相続人と相続人との所有地が隣接し、一体で利用されている場合、被相続人と相続人の土地を一体評価し、単価を計算し、その後、被相続人の土地面積を乗じ算定するのでしょうか。それとも、被相続人の土地を単独で評価するのでしょうか。

　また、被相続人所有地は道路に直接面していないため無道路地の評価ができるのでしょうか。

　なお、被相続人所有地は相続人Ａが取得します。

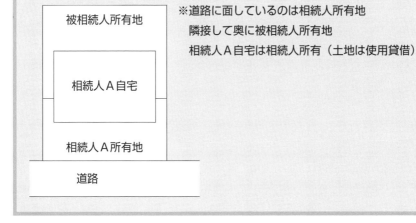

※道路に面しているのは相続人所有地
　隣接して奥に被相続人所有地
　相続人Ａ自宅は相続人所有（土地は使用貸借）

### 回答

　被相続人の土地を単独で評価し（評基通7－2(1)）、また、無道路地の評価はできないものと考えられます（昭和61年9月24日裁決）。

### 解説

#### 1　評価単位について

　財産評価基本通達7－2では、以下のように規定しています。

> **相続評価基本通達**
> **（評価単位）**
> **7－2**　土地の価額は、次に掲げる評価単位ごとに評価することとし、土地の上に存する権利についても同様とする。
> (1)　宅地
> 　宅地は、1画地の宅地（利用の単位となっている1区画の宅地をいう。以下同じ。）を評価単位とする。
> （以下略）

　同通達では、「利用の単位となっている1区画の宅地」ごとに評価するとしていますが、その前提として相続開始時点での被相続人の所有する宅地を評価するといったことがあります。そうすると、この「利用の単位となっている1区画の宅地」は被相続人所有の「利用の単位となっている1区画の宅地」と考えられます。ご相談のケースでは、使用貸借により相続人Aに貸し付けているといった利用の単位になると考えられます（自用地評価）。

> **（参考：評価方法）**
> 　被相続人所有地は、単独評価となり、原則として間口距離を2mとして計算します（東京都安全条例）（この距離を基に間口狭小補正）。被相続人所有地を囲む想定整形地を基に不整形地補正（ご相談のケースでは、相続人所有地がかげ地）の計算を行います。
> 　なお、後述するように無道路地の補正は行いません。

## 2　被相続人所有地を無道路地として評価することの可否

　ご相談のようなケースで、無道路地とは評価できないとされた裁決があります**（昭和61年9月24日裁決）**。
　裁決の概要は、以下のとおりです。

> 　相続によって取得した本件土地と県道との間には請求人※所有の土

地が存し、本件土地に直接沿接する道路は存しないが、本件土地と県道との間にある請求人所有の土地とは相続開始以前から請求人が一体として利用しており、本件土地が道路に直接接していないことによる利用価値の低下があるとは認められない。したがつて、本件土地は、無道路地として評価額を減額すべきものには当たらない。

※相続人

なお、土地の状況は下記（略図）となりますが、甲地、乙地、丙地を被相続人が所有し、ａ地、ｂ地、ｃ地を請求人（相続人）が所有しています。

（略図）
Ａ市Ｂ町３丁目
公　　　道

ａ地　42.16㎡
ｂ地　41.82㎡
ｃ地　58.90㎡

**（参考：裁決文（審判所判断部分）一部抜粋）**

○ 判　　断

(1) **更正処分について**

　　請求人が相続により取得した本件土地の評価に当たり、相続税財産評価に関する基本通達（以下「評価通達」という。）を適用することについては、請求人及び原処分庁の双方に争いはなく、当審判所においても相当と認めるところ、本件審査請求の争点は、評価通達20の(2)に基づいて、本件土地が無道路地でないとした場合の価額に無道路地補正率20パーセントを乗じて算出した金額を、当該無道路地でないとした場合の価額から控除した価額により本件土地を評価することの当否にあるので、以下この点について審理する。

　イ　当事者双方が当審判所に提出した資料、請求人の答述及び当審判所が調査したところによれば、次の事実が認められる。

　　(イ)　第2表の土地は、昭和43年6月10日、請求人がA市から譲り受け、以後引続き請求人が所有しており、その形状は、幅15メートルの県道と奥行28メートルの本件土地に挟まれた幅3メートルの狭い長方形の土地であること。

　　(ロ)　前記第1表の甲地は、請求人を主な出資者とする同族会社である有限会社C（以下「C社」という。）が、昭和47年1月17日設立以来、被相続人から賃借し、駐車場として利用しているが、駐車する自動車は、前記第2表のa地を経由して県道へ出入りしていること。

　　(ハ)　前記第1表の乙地は、請求人が、被相続人から無償で借り受けたもので、昭和54年5月9日倉庫を新築し、この倉庫をC社へ賃貸したが、C社は、更に有限会社Dへ転貸していること。

　　　有限会社Dは、請求人の了解の下に、この倉庫から県道への出入りに前記第2表のb地を利用し、また、乙地からb地にかけて事務所用建物を建築して使用しているなど、乙地とb地を一体として利用していること。

　　(ニ)　前記第1表の丙地は、請求人が、被相続人から無償で借り受けたもので、昭和50年9月4日倉庫を新築し、この倉庫をC社

へ賃貸したが、Ｃ社は、更に株式会社Ｅへ転貸していること。

　株式会社Ｅは、請求人の了解の下に、この倉庫から県道への出入りに前記第２表のｃ地を利用し、また、丙地からｃ地にかけて事務所用建物を建築して使用しているなど、丙地とｃ地を一体として利用していること。

ロ　ところで、評価通達の20の(2)によれば、無道路地の価額は、当該無道路地が無道路地でないとした場合の価額に、当該無道路地の状況に応じ相当と認められる無道路地補正率を乗じて計算した金額を、当該無道路地でないとした場合の価額から控除した価額によつて評価することとされているが、これは、無道路地と実際に利用している道路との間に他の土地があるため、通常、当該無道路地の利用価値が低下していることによるものである。

　これを本件についてみると、前記(1)のイのとおり、請求人が本件土地を被相続人から相続により取得したので、相続開始の時（相続財産を評価すべき時点）においては、本件土地と第２表の土地は、所有者が同一であり、しかも、上記イのとおり、甲地及びａ地、乙地及びｂ地並びに丙地及びｃ地は、それぞれ一体として利用されていたものであつて、第２表の土地が存在することによつて、本件土地の利用価値が低下し、その価額が低下していたとは認められないから、評価通達20の(2)を適用すべき場合には当たらない。

　したがつて、原処分庁が、本件土地の評価に当たり、無道路地としての補正を行わなかつたことは相当であり、この点に関する請求人の主張には理由がない。

## 3　ポイント整理

(1)　被相続人と相続人との所有地が隣接し、一体で利用されている場合、被相続人の所有地を単独で評価することになると考えられます。事例では、手前に相続人所有地、奥に被相続人の所有地としていますが、これが逆の場合（手前に被相続人所有地）であつても同様と考えられます。

⑵　事例では、土地上に相続人の自宅がありますが、貸家の場合でも被相続人所有地のみの評価となる点は同じです(評価は貸家建付地)。

⑶　事例では、相続人Aが被相続人の所有地を相続し、無道路地の評価はできないものとされています（上記裁決参照）が、仮に相続人Bが被相続人の所有地を相続した場合、どのようになるかといった疑問があります。

　　その場合は、不合理分割に類似したものと考えられ（P73参照）、いずれにしても無道路地の評価はできないものと考えられます。

### (参考：評価単位と遺産分割)

　宅地を評価する場合、相続開始時の利用状況（利用単位）に応じ評価しますが、一つの利用単位でも、遺産分割協議で複数の者が区分して取得した場合は、取得者ごとに評価します(注)。

(注)　財産評価基本通達7 − 2⑴注では、「分割が著しく不合理であると認められるときは、その分割**前**の画地を「1画地の宅地とする。」としており、分割が合理的であれば、分割**後**の画地で判断すると解釈できます。

　また、財産評価基本通達7 − 2⑴の解釈について、平成24年12月13日の裁決（P68・1〜5行目参照）で審判所は、「遺産分割等によって宅地の分割が行われた場合には、原則として、分割後の画地を「1画地」として評価する旨定めている。」としています。

## 事例2

## 相続後単独所有と共有地が隣接している場合

被相続人が所有する隣接する土地があり、相続後、〇〇番1は、相続人Aが単独所有とし、〇〇番2は相続人Aと相続人Bが共有としました。このような場合、土地の評価はどのようになるのでしょうか。

### 回答

上記のようなケースでは、基本的に〇〇番1と〇〇番2は個別に評価します。

### 解説

### 1　基本的な考え方（個別に評価）

財産評価基本通達7-2《評価単位》(1)では、宅地については、「1画地の宅地」（利用の単位となっている1区画の宅地）を評価単位とし、贈与、遺産分割等によって宅地の分割が行われた場合には、原則として、分割後の画地を「1画地の宅地」として評価する旨定めています。この「1画地の宅地」とは、その宅地を取得した者が、その宅地を使用、収益及び処分をすることができる利用単位又は処分単位であって、原則として、①宅地の所有者による自由な使用収益を制約する他者の権利（原則として使用貸借による使用借権を除く。）の存在の有無により区分し、②他者の権利が存在する場合には、その権利の種類及び権利者の異なるごとに区分して行うのが相当です。

また、他者と共有する土地は、その使用、収益及び処分に当該他者の同意が必要であるなど、単独所有地とは異なる法律上の制約等があるた

め、そのことをもって単独所有地と区分して評価するのが原則です（P 68の裁決文アンダーライン参照）。

## 2　例外的な考え方（一体評価）

　共有地であっても、遺産分割の前後を通じて単独所有地と同一の用途に供される蓋然性が高いと認められる状況にある場合、例えば、単独所有地と共有地とが一括して建物等の敷地として貸し付けられている場合には、当該遺産分割後に当該共有地だけを独立して別途の利用に供することは通常できないことから、このような場合においては、当該各宅地の使用等に関し、共有地であることによる法律上の制約等は実質的には認められず、単独所有地と区分して評価するのではなく、一体評価すべきと考えられます（下記裁決参照）。

---

**（参考：平成24年12月13日裁決／例外的に一体評価とした裁決）**
**（裁決要旨）**

①原処分庁は、請求人らが相続により取得した一団の雑種地（本件各雑種地）は、その一部について、共有者の有無及び共有持分の割合が異なるため、5区画に区分した評価単位により評価すべきとし、開発許可を要する面積の基準を上回る1区画のみを財産評価基本通達24－4《広大地の評価》に定める広大地として評価すべきである旨主張し、他方②請求人らは、本件各雑種地については、一部の雑種地が共有となっているものの、全体が同族法人に賃貸され、当該法人が立体駐車場の敷地として利用していた土地であることから、全体を一つの評価単位により評価すべきであり、広大地として評価すべきである旨主張する。しかしながら、①本件各雑種地は、堅固な立体駐車場の敷地として一括で貸し付けられ、一括して貸付けの用に供されていたことなどから、当該相続に係る遺産分割後も同一の用途に供される蓋然性が高いと認められる状況にあり、一部が共有地であることによる使用、収益及び処分の制約が実質的にないものと認められ、その利用状況、権利関係等から、全体を一つの評価単位により評価すべきであるが、②本件各雑種地の属する幹線道路沿いの地域における標準的使用は、

---

商業施設等の敷地であり、本件各雑種地を当該地域の標準的使用に係る敷地の地積に区分したとしても、開発行為を行うに際して公共公益的施設用地の負担が必要であるとは認められないことから、本件各雑種地は、広大地には該当しないものとして評価すべきである。

**本件Ｃ土地の位置関係（上記裁決内容に対応する土地）**

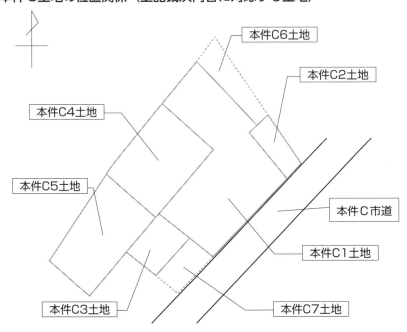

※　本件相続開始日において、本件Ｃ土地（本件Ｃ１土地ないし本件Ｃ５土地）は、本件被相続人が単独又は共有により所有していた土地、本件Ｃ６土地は、請求人Ｊほか１名が共有により所有していた土地、本件Ｃ７土地は本件会社が単独で所有していた土地である。本件会社は、本件Ｃ土地、本件Ｃ６土地及び本件Ｃ７土地の上に立体駐車場（建物ではない構築物）を設置し、事業の用に供していた。

**≪上記裁決の関連箇所（審判所判断部分）一部抜粋≫**

イ　評価単位について

　(イ)　法令解釈等

　　Ａ　宅地の評価単位

　評価基本通達７－２《評価単位》(1)は、宅地については、「１画地の宅地」（利用の単位となっている１区画の宅地）を評価単位とし、贈与、遺産分割等によって宅地の分割が行われた場合には、原則として、分割後の画地を「１画地の宅地」として評価する旨定めている。この「１画地の宅地」とは、その宅地を取得した者が、その宅地を使用、収益及び処分（以下「使用等」という。）をすることができる利用単位又は処分単位であって、原則として、①宅地の所有者による自由な使用収益を制約する他者の権利（原則として使用貸借による使用借権を除く。）の存在の有無により区分し、②他者の権利が存在する場合には、その権利の種類及び権利者の異なるごとに区分して行うのが相当である。

　もっとも、宅地の形状やその利用状況は様々であり、権利関係も、所有権、賃借権、借地権（評価基本通達９(5)に定める借地権をいう。以下同じ。）等といった権利の種類のみならず、共有であるか否か、また、共有である場合の持分割合の違いなど、千差万別である。例えば、他者と共有する土地（以下「共有地」という。）は、その使用等に当該他者の同意が必要であるなど、単独所有地とは異なる法律上の制約等があるため、そのことをもって単独所有地と区分して評価すべき場合が多いと考えられる。しかしながら、共有地であっても、遺産分割の前後を通じて単独所有地と同一の用途に供される蓋然性が高いと認められる状況にある場合、例えば、単独所有地と共有地とが一括して建物等の敷地として貸し付けられている場合には、当該遺産分割後に当該共有地だけを独立して別途の利用に供することは通常できないことから、このような場合においては、当該各宅地の使用等に関し、共有地であることによる法律上の制約等は実質的には認められず、単独所有地と区分して評価するのは相当でないと考えられる。…

(ロ)　認定事実等
　請求人ら提出資料、原処分関係資料及び当審判所の調査の結果によれば、本件相続開始日及びその前後における本件Ｃ土地の状況等

について、次の事実が認められる。

A　本件C土地は、別表2の順号4ないし16のとおり、4筆の宅地、
　　1筆の畑及び8筆の雑種地から成る土地であり、本件相続開始日
　　前には、本件C1土地の4筆及び本件C5土地（1筆）が単独所
　　有地であり、これらを除く8筆が共有地であった。

B　その後、本件C土地は、本件相続に係る遺産分割により、本件
　　C土地に係る本件被相続人の所有権又は共有持分権の全てを請求
　　人Jが取得したため、別表2の順号4ないし16のとおり、本件C
　　1土地の9筆及び本件C5土地（1筆）が請求人Jの単独所有地
　　となり、これらを除く3筆が、それぞれ請求人J、その子R、本
　　件配偶者、本件会社のいずれかによる共有地となった。

---

**（参考：同一裁決（テニスコート敷地・共有部分あり））**

**（裁決要旨）**

原処分庁は、請求人らが相続により取得した土地（本件土地）は、市
街化区域内に所在する宅地及び雑種地で、それぞれ同族法人に賃貸さ
れ、当該法人がテニスクラブのクラブハウス及びテニスコートとして
利用していたものであるところ、地目や賃貸借契約の内容・期間が異
なり、共有の部分及び遺産分割による取得者が異なる部分もあること
から、4区画に区分した評価単位により評価すべきである旨主張する。
しかしながら、本件土地は、テニスクラブ用地として一括して賃貸の
用に供されていたと認められるところ、取得者が異なる部分について
は、当該異なる部分のみでは、無道路地となり不合理な分割に該当す
るため、評価単位は当該遺産分割前の状態によるべきである。また、
共有の部分については、他の部分とともに、一括して貸付けの用に供
されていたことなどから、当該遺産分割後も同一の用途に供される蓋
然性が高い状況にあったと認められ、このような利用状況、権利関係
等からすると、一部が共有地であることによる使用等の制約が実質的
にないものと認められる。したがって、本件土地は、全体を一つの評
価単位により、一体として評価するのが相当である。

## 3 ポイント整理

単独所有地と共有地が隣接する場合は、上記の例の他、下記のようなケースも考えられます。

下記いずれのケースも、相続後に共有の土地があるため、○○番1と○○番2の土地は個別に評価するのが原則です。なお、○○番1と○○番2の土地上に建物等があり、それを貸し付けている等の場合は、前述の裁決の事案のように一体評価する場合もあり得ます。

### (1) 被相続人の所有地が共有のケース（相続後一部単独所有）

### (2) 被相続人の所有地が共有のケース（相続後も共有）

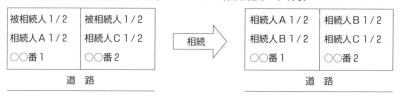

## 事例3

### 自宅、貸家の敷地及び農地が隣接している場合

被相続人は、次のような隣接した土地を所有していました。このような場合の評価はどのようになるのでしょうか。

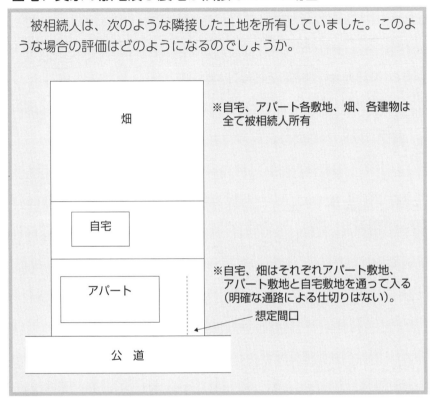

※自宅、アパート各敷地、畑、各建物は全て被相続人所有

※自宅、畑はそれぞれアパート敷地、アパート敷地と自宅敷地を通って入る（明確な通路による仕切りはない）。

### 回答

　自宅敷地は、所有者が自ら使用する他者の権利が存しない土地（宅地）ですがアパート敷地は所有者が自ら使用する一方で他人の権利（借家権）も存する土地（宅地）であり、両土地（宅地）は利用の単位が異なっているといえますから、別個の評価単位となります。また、畑も宅地とは地目が相違しますので別個に評価します。

### 解説

各土地の具体的な評価は下記のようになります。

### 1　自宅敷地について

自宅敷地については、通路部分が明確に区分されている場合には、その通路部分も含めたところで不整形地として評価しますが、ご相談のケースのように通路部分が明確に区分されていない場合には、原則として、接道義務を満たす最小の幅員の通路が設置されている土地（不整形地）として評価します。なお、この場合には、当該通路部分の面積は自宅敷地には算入しません。また、無道路地としての補正は行いません。

### 2　アパート敷地について

アパート敷地は公道に面しており、その路線価を基に奥行価格補正等を行い貸家建付地としての評価をします。

### 3　畑について

畑については、自宅敷地に準じて評価します。

（以上、国税庁ホームページ質疑応答事例参考）

(注)　自宅敷地は、上述のとおり単独評価となります。原則として間口距離を2mとして計算します（東京都安全条例）（この距離を基に間口狭小補正）。自宅敷地を囲む想定整形地を基に不整形地補正（上記例ではアパート敷地部分がかげ地）の計算を行います。畑についても同様です（上記の例では、アパート敷地及び自宅敷地部分がかげ地）。

### 4　ポイント整理

隣接している土地でも、利用の状況に応じ評価単位が分かれる場合は、別個の評価となります。また、不整形地補正（間口狭小補正含む）は可能ですが、無道路地補正はできないので注意が必要です。

### 事例 4

## 不合理分割に該当する場合、該当しない場合

次のような場合、不合理分割に該当し、一体評価となるのでしょうか。

(1)

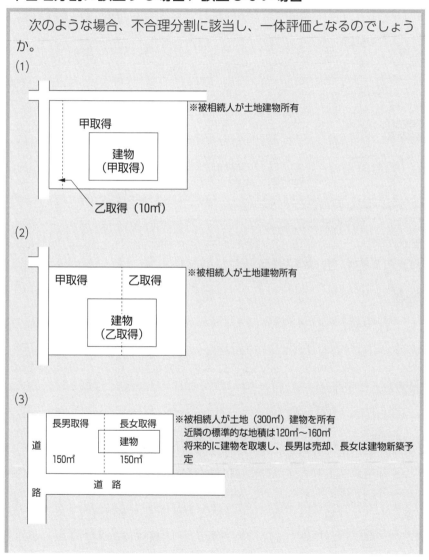

※被相続人が土地建物所有

甲取得

建物
（甲取得）

乙取得（10㎡）

(2)

甲取得　　乙取得

建物
（乙取得）

※被相続人が土地建物所有

(3)

道路

長男取得　　長女取得

建物

150㎡　　150㎡

道　路

※被相続人が土地（300㎡）建物を所有
近隣の標準的な地積は120㎡～160㎡
将来的に建物を取壊し、長男は売却、長女は建物新築予定

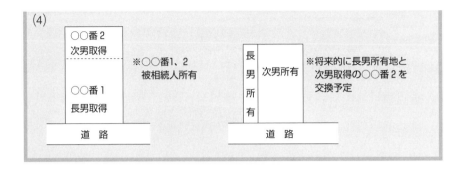

(4)

## 回答

(1)、(2)については、不合理分割に該当するものと考えられます。

(3)については不合理分割に該当しないものと考えられます。

(4)については、不合理分割に該当するものと考えられます

なお、不合理分割に該当する場合は、評価については、宅地全体を1画地の宅地として評価した価額に、各土地の価額の比を乗じた価額により評価することになると考えられます。

## 解説

### 1　(1)、(2)について

(1)、(2)については、国税庁ホームページでの質疑応答事例でも同様の例があり、そこでは、下記のように不合理分割として一体評価する旨の記載があります。

> 「(1)については現実の利用状況を無視した分割であり、(2)は無道路地を…創出する分割であり、分割時のみならず将来においても有効な土地利用が図られず通常の用途に供することができない、著しく不合理な分割と認められるため、全体を1画地の宅地としてその価額を評価した上で、個々の宅地を評価することとするのが相当です。
> 具体的には、原則として宅地全体を1画地の宅地として評価した価額に、各土地の価額の比を乗じた価額により評価します。」

また、不合理分割の解説は次のように記載されています。

> 　贈与、遺産分割等による宅地の分割が親族間等で行われ、その分割が著しく不合理であると認められる場合における宅地の価額は、所有者単位で評価するのではなくその分割前の画地を「１画地の宅地」として評価します。
>
> 　例えば、遺産分割により設例のように現実の利用状況を無視した不合理な分割が行われた場合において、仮に甲、乙それぞれが取得した部分ごとに宅地の評価を行うこととすると、無道路地としての補正や奥行が短小であることによる補正を行うことになるなど、実態に則した評価がなされないことになります。
>
> 　そのため、著しく不合理な分割が行われた場合は、実態に則した評価が行えるよう、その分割前の画地を「１画地の宅地」として評価することとしています。「その分割が著しく不合理であると認められる場合」とは、無道路地、帯状地又は著しく狭あいな画地を創出するなど分割後の画地では現在及び将来においても有効な土地利用が図られないと認められる分割をした場合が考えられます。
>
> 　なお、この取扱いは同族会社間等でこのような不合理分割が行われた場合にも適用されます。

## 2　(3)について

　上記１のとおり、「その分割が著しく不合理であると認められる場合」とは、無道路地、帯状地又は著しく狭あいな画地を創出するなど分割後の画地では現在及び将来においても有効な土地利用が図られないと認められる分割をした場合が考えられますが、(3)のケースはこれに該当しないものと考えられます。

## 3　(4)について

　将来的に交換予定とされた分割ですが、次男が取得した○○番２の土地は無道路地になってしまい、不合理分割として一体評価になるものと考えられます。

　この点については、**平成22年7月22日の裁決**が参考となります。この裁決では、論点が複数ありますが、本事例に関係する部分のみ取り上げます。

　別図の「本件B土地」について、将来的に他の土地との交換を予定して相続人の共有としましたが、審判所は「本件B土地」が無道路地になるとして、「本件A土地」と一体評価すべきと判断しました。

---

**（参考：平成22年7月22日裁決（審判所判断部分）一部抜粋）**

　しかしながら、このうち、本件B土地は、三方を本件A土地に、一方を他人の所有地に接しており、直接道路に接していない土地であり、当該土地単独で評価した場合には、実態に即した評価がされないから、その分割は評価通達7－2の(1)注書にいう不合理分割に該当するというべきであり、その評価に当たっては、その分割前の評価単位とすべきである。そうすると、本件B土地は、分割前は本件A土地と一体として本件被相続人が単独で所有していた土地であるから、分割前の画地は本件A土地と併せた本件AB土地となる。

---

(注)　本件土地は生産緑地です。遺産分割により、取得者は次のとおりとなっています。
　なお、請求人（取得者・納税者）は、全ての土地を一体評価して（旧）広大地評価をするものと主張しましたが、認められませんでした。
・本件A土地…相続人乙の単独所有地
・本件C2土地…相続人甲の単独所有地
・本件B土地、本件C1土地、本件D土地は、それぞれ異なる共有持分割合で取得

本件各土地等の位置図

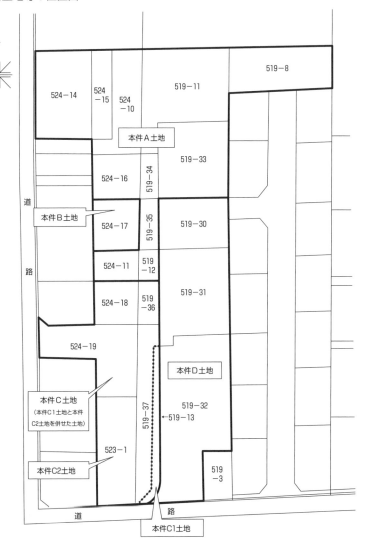

（参考：国税庁ホームページより一部抜粋）

## ○ 不合理分割の場合の評価計算例

【照会要旨】

　乙は、亡父甲から次の図のような宅地のうち、A土地を生前に贈与を受けていました。今回、甲の相続開始により、乙はB土地を相続により取得することとなりましたが、この場合のB土地はどのように評価するのでしょうか。

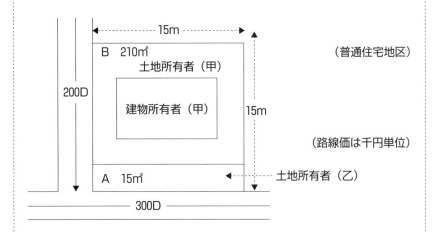

【回答要旨】

　A土地は単独では通常の宅地として利用できない宅地であり、生前の贈与における土地の分割は不合理なものと認められます。したがって、分割前の画地（A、B土地全体）を「1画地の宅地」とし、その価額を評価した上で個々の宅地を評価するのが相当ですから、原則として、A、B土地全体を1画地の宅地として評価した価額に、A、B土地を別個に評価した価額の合計額に占めるB土地の価額の比を乗じて評価します。

（計算例）

A、B土地全体を1画地として評価した価額

|  | 奥行価格 |  |  | 奥行価格 | 側方路線 |  |
|---|---|---|---|---|---|---|
| 正面路線価 | 補正率 |  | 側方路線価 | 補正率 | 影響加算率 | 地積 |

（300,000円 × 1.00 + 200,000円 × 1.00 × 0.03）× 225㎡

$$= 68,850,000円$$

Aを単独で評価した価額

|  | 奥行価格 |  |  | 奥行価格 | 側方路線 |  |
|---|---|---|---|---|---|---|
| 正面路線価 | 補正率 |  | 側方路線価 | 補正率 | 影響加算率 | 地積 |

（300,000円 × 0.90 + 200,000円 × 1.00 × 0.03）× 15㎡

$$= 4,140,000円$$

Bを単独で評価した価額

|  | 奥行価格 |  |
|---|---|---|
| 正面路線価 | 補正率 | 地積 |

200,000円 × 1.00 × 210㎡ = 42,000,000円

Bの評価額

$$68,850,000 \times \frac{42,000,000円 \text{（価額の比）}}{4,140,000円 + 42,000,000円} = 62,672,301円$$

## 4　ポイント整理

　国税庁ホームページの質疑応答事例の解説にもあるように、不合理分割に該当する場合は、分割後に各相続人が取得した部分ごとに宅地を評価する例外として、分割前の画地を1つの評価単位とされます。

　また、不合理分割とは、無道路地、帯状地又は著しく狭あいな画地を創出するなど分割後の画地では現在及び将来においても有効な土地利用が図られないと認められる分割をした場合が想定されます。つまり、分割を利用して過度な評価減を図ることを防止しているわけです。そのため、通常の遺産分割では不合理分割に該当するケースは稀かと思います。

　なお、不合理かどうかの判断上、(4)の事例のように将来の交換を予定して無道路地を取得するといったようなケースについてもその範疇に

入ってきます。一定の理由はありますが、非常に不確定（将来の交換の実現性は不透明）であり、無道路地としての評価減はできないことになります。

(注)　(1)の事例について、被相続人の生前にＡ部分を相続人に贈与し、その後、相続が発生し、Ｂ部分を相続する場合も同様に一体評価になるものと考えられます。

## 事例 5

## 市街化区域内の複数の地目の土地が隣接する場合

次のように市街化区域内の複数の地目の土地が隣接する場合、どのような評価になるのでしょうか。

(1)

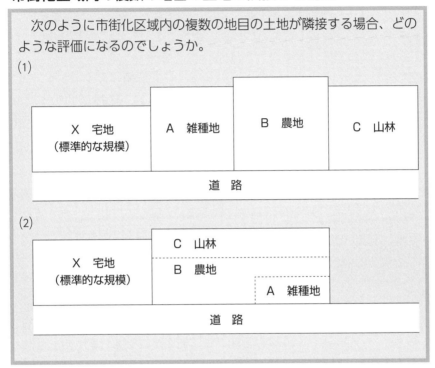

(2)

### 回答

(1)のケースでは各々別個に評価、(2)のケースではＡ、Ｂ、Ｃを一体で評価することになると考えられます。

### 解説

### 1　原則は別個に評価（(1)のケース）

土地の価額は、原則として、宅地、田、畑、山林等の地目の別に評価します（評基通7）。そのため、Ｘ、Ａ、Ｂ、Ｃは別個に評価します。

## 2　例外的に一体評価（ただし宅地は別）（(2)のケース）

　宅地化が進展している地域のうちに介在する市街地農地等及び宅地と状況が類似する雑種地が隣接している場合、その規模、形状、位置関係等からこれらが一団の土地として価格形成がなされるものがあります。このような場合には、これらの一団の土地を1つの評価単位として評価するのが相当です（評基通7なお書）。

　そのため、(2)のケースではA、B、Cを一体で評価します。

　なお、特例的に一団の土地として評価するのは、隣接する市街地農地等及び宅地と状況が類似する雑種地ですので、<u>宅地そのものは別個に評価されます。</u>

---

**財産評価基本通達 一部抜粋**
**（土地の評価上の区分）**

7　土地の価額は、次に掲げる地目の別に評価する。ただし、一体として利用されている一団の土地が2以上の地目からなる場合には、その一団の土地は、そのうちの主たる地目からなるものとして、その一団の土地ごとに評価するものとする。

　なお、市街化調整区域（都市計画法（昭和43年法律第100号）第7条《区域区分》第3項に規定する「市街化調整区域」をいう。以下同じ。）以外の都市計画区域（同法第4条《定義》第2項に規定する「都市計画区域」をいう。以下同じ。）で市街地的形態を形成する地域において、40《市街地農地の評価》の本文の定めにより評価する市街地農地（40-3《生産緑地の評価》に定める生産緑地を除く。）、49《市街地山林の評価》の本文の定めにより評価する市街地山林、58-3《市街地原野の評価》の本文の定めにより評価する市街地原野又は82《雑種地の評価》の本文の定めにより評価する宅地と状況が類似する雑種地のいずれか2以上の地目の土地が隣接しており、その形状、地積の大小、位置等からみてこれらを一団として評価することが合理的と認められる場合には、その一団の土地ごとに評価するものとする。

　地目は、課税時期の現況によって判定する。

(1) 宅地 (2) 田 (3) 畑 (4) 山林 (5) 原野 (6) 牧場
(7) 池沼 (8) 削除 (9) 鉱泉地 (10) 雑種地

## 3 ポイント整理

　上述のとおり、市街化区域内の複数の地目の土地が隣接する場合、原則的には別個の評価となり、例外的に一体評価となるケースもあります。

　この例外的に一体評価となる場合の目安ですが、<u>単独で取引単位（売買の単位）とはならないといった基準で考えると分かりやすいかと思います。</u>

　例えば、上記(2)のケースでは、雑種地（建物の建築不可）や山林（無道路地）は単独での売買は通常成立しないものと考えられます。

　別個に評価するか一体で評価するかは、後述する地積規模の大きな宅地等の評価にも影響してきますので注意願います。

## 事例6

### 市街地農地と生産緑地が隣接する場合

　被相続人は、次のように市街地農地と生産緑地が隣接する土地を所有していました。このような場合は、どのように評価するのでしょうか。

| 生産緑地 | 市街地農地 |
|---|---|
| 道　路 | |

### 回答

　市街地農地と生産緑地は別個に評価します（評基通7－2(2)）。市街地農地と生産緑地とを同一の者が相続しても別の者が相続しても同様です。

### 解説

　以下、参考となる通達及び国税庁ホームページの質疑応答事例を掲げます。

**財産評価基本通達** 一部抜粋
**（評価単位）**
**7－2**　土地の価額は、次に掲げる評価単位ごとに評価することとし、土地の上に存する権利についても同様とする。
(2)　田及び畑
　　田及び畑（以下「農地」という。）は、1枚の農地（耕作の単位となっている1区画の農地をいう。以下同じ。）を評価単位とする。
　　ただし、36－3《市街地周辺農地の範囲》に定める市街地周辺農地、40《市街地農地の評価》の本文の定めにより評価する市街地農

地及び40-3《生産緑地の評価》に定める生産緑地は、それぞれを利用の単位となっている一団の農地を評価単位とする。…

## 2 国税庁ホームページの質疑応答事例（市街地農地等の評価単位）

※アンダーラインは筆者加筆

【照会要旨】

市街地農地及び市街地周辺農地（以下、市街地農地等という。）の評価単位は、「利用の単位となっている一団の農地」とされていますが、この「利用の単位」とは、具体的にはどのように判定するのでしょうか。

【回答要旨】

市街地農地等は、利用の単位となっている一団の農地を評価単位とするのですが、具体的には、次のように判定します。

(1) 所有している農地を自ら使用している場合には、耕作の単位にかかわらず、その全体をその利用の単位となっている一団の農地とします。

(2) 所有している農地を自ら使用している場合において、その一部が生産緑地である場合には、生産緑地とそれ以外の部分をそれぞれ利用の単位となっている一団の農地とします。

(3) 所有する農地の一部について、永小作権又は耕作権を設定させ、他の部分を自ら使用している場合には、永小作権又は耕作権が設定されている部分と自ら使用している部分をそれぞれ利用の単位となっている一団の農地とします。

(4) 所有する農地を区分して複数の者に対して永小作権又は耕作権を設定させている場合には、同一人に貸し付けられている部分ごとに利用の単位となっている一団の農地とします。

なお、市街地山林及び市街地原野の評価単位についても同様の考え方により判定します。

（理由）

　市街地農地等の価額は、宅地の価額の影響を強く受けることから宅地比準方式により評価することとしており、これとの整合性を図るため、評価の単位についても宅地としての効用を果たす規模での評価を行う必要があります。したがって、市街地農地等については、１枚又は１筆ごとといった評価単位によらず、利用の単位となっている一団の農地を評価単位とすることが相当と考えられます。

　利用の単位とは、一体として利用される範囲を指し、自用の土地であれば、他人の権利による制約がないので、その全体が一体として利用されるものであり、他人の権利が存する土地とは区分されます。したがって、自用の土地は、その全体を利用の単位として評価することとなります。また、他人の権利の存する土地について、貸付先がそれぞれ異なっている場合には、利用についてもそれぞれ異なっているので、同一人に貸し付けられている部分ごとに利用の単位とします。

　なお、<u>生産緑地は農地等として管理しなければならないという制約があることから、市街地農地と隣接しているような場合であっても、それぞれを「利用の単位となっている一団の農地」としています。</u>

## 3　ポイント整理

　被相続人が所有する生産緑地と市街地農地が隣接している場合、同じ農地ですが別個に評価します。

　なお、地積規模の大きな土地の適用に当たっても、市街地農地と生産緑地の各々の地積を基に計算します。

事例7

## 農地の納税猶予を受ける部分と、売却する部分がある場合

　被相続人は、次のように農地を所有していました。遺産分割で、長男が取得したＡ部分は、農地の納税猶予を適用し、Ｂ部分は生産緑地の指定解除後に売却予定です。

　このような土地の評価はどのようになるのでしょうか。

回答

　Ａ部分とＢ部分を同一の者が相続する場合は、Ａ、Ｂ一体で評価します。納税猶予の適用の有無は影響しません。

　また、Ａ部分とＢ部分を別の者が相続する場合は取得者ごとに考えますので別個に評価します。

---

**（参考：評価単位は２段階で判断）**

　土地の評価は、第一段階で被相続人の利用状況（畑）、第二段階で取得者の状況（ご相談では長男）で判断します。そのため、納税猶予を適用するか否かや売買するか否か等は関係しません。

　また、地積規模の大きな土地の評価を適用するような場合も上述の評価単位の地積を基に計算します。

---

**事例 8**

## 貸地上に借地権者の有する複数の建物があり他に賃貸されている場合

　被相続人は、土地全体をX社に賃貸し、X社はA～Cの貸家を建築後、それぞれを第三者に賃貸していました。相続によりこの土地全体を長男が相続しました。このような場合の評価はどのようになるのでしょうか。

| 土地（被相続人所有） | 建物・借地権（X社所有） | |
|---|---|---|
| 貸家A | 貸家B | 貸家C |
| 道　路 | | |

**回答**

　その土地が、一体で貸付けられており、分割されることなく相続されていることから土地全体を1画地で評価します。

　※借地人（X社）の借地権評価上は3つに区分して評価します。

**解説**

### 1　判断に当たって参考となる裁決

　裁決では、貸宅地の評価に当たり、借地権者の所有する3棟の建物が事業の用に供されていても、その土地全体が一体として貸付けられており、かつ、分割されることなく相続されていることから、土地全体を「1画地として評価される」とされました**（平成10年6月23日裁決）**。

**（参考：裁決文一部抜粋）**

E　これを本件についてみると、次のとおりである。

　(A)　宅地の評価については、1画地の宅地ごとに評価する旨定めら

れており、そして、１画地とは、その宅地の利用の単位となっている宅地をいうものと解されているところ、本件土地は、上記(1)のイ及び(2)のイのとおり、被相続人とＪ社との間で賃貸借契約の締結はされていないものの、Ｊ社は、本件相続の開始日現在において、本件土地の全部を継続して使用しており、その賃借料は月額700,000円であることが認められる。

　また、本件土地は、上記(1)のイのとおり、Ｊ社の事業の用に供されていることが認められる。

　そして、上記(1)のハ、(2)のロ及びハのとおり、本件土地には、Ｊ社の所有する給油所及び遊技場の２棟が存在し、本件相続の開始日現在において、外形上からも登記簿上からもガソリンスタンド、パチンコ店及びボウリング場の事業の用に供されていることが認められ、上記(1)のロのとおり、本件土地は、地続きであり分割されることなく、その全部が請求人及びＧの２名により相続されていることも認められる。

(B)　そうすると、本件土地は、地続きであり、分割されることなく、その全部を請求人及びＧの２名が相続し、その全体がＪ社の事業に係る建物の敷地として一体として貸し付けられ、現実に、Ｊ社の所有する建物の敷地として、Ｊ社の事業の用に供されていることが明らかであることから、貸し付けられている全体が１利用単位、つまり１画地の貸宅地であると判断するのが相当である。

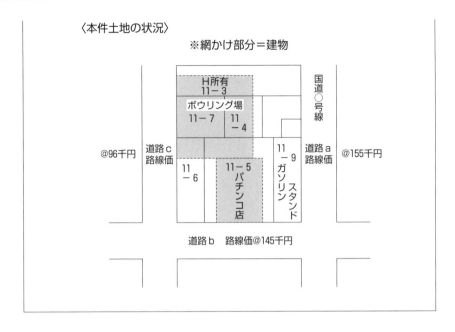

〈本件土地の状況〉

## 2　ポイント整理

　被相続人の所有する土地全体が１人の者に一体として貸し付けられており、かつ、その土地全体が分割されることなく１人の者が相続している場合は一体評価となります。

　そのため、ご相談のケースで、仮に貸家Ａの敷地（底地）を長男、貸家Ｂの敷地（底地）を次男、貸家Ｃの敷地（底地）を三男が取得するようなケースでは、別個（計３評価単位）に評価となります。

　実務的には、被相続人が同族法人等に土地を貸し付け(注)同族法人が貸家を建築し、第三者に賃貸しているようなケースが見受けられます。

(注)　一般的には、借地権の認定課税を避けるため、所轄税務署に「土地の無償返還に関する届出書」を提出していることが多いと思います。

## 事例9

### 建物を一括賃貸した場合の敷地の評価

被相続人は、一団の土地に建築した3棟のアパートを所有していましたが、5年ほど前から自己が代表を務める資産管理法人に一括して賃貸し、その資産管理法人が借家人に賃貸するようにしていました。このような場合の土地評価はどのようになるのでしょうか。

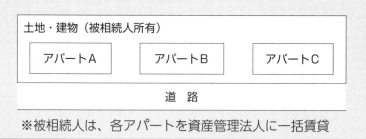

土地・建物（被相続人所有）

| アパートA | アパートB | アパートC |

道　路

※被相続人は、各アパートを資産管理法人に一括賃貸

#### 回答

基本的に、各アパートの敷地ごとに評価（3つの評価単位）することになると考えられます。

#### 解説

#### 1　判断に当たって参考となる裁決

各アパートを一括して1人の者（ご相談のケースでは資産管理法人）に賃貸している場合でも、基本的には各アパート（貸家）の敷地ごとに評価することになります。

以下に参考となる裁決を掲げます**（平成26年4月25日裁決）**。

この裁決は、A社に一括貸貸後、転貸されている5棟の共同住宅の敷地である3筆の宅地については、各宅地上に存する各共同住宅の賃借人であるA社の敷地利用権の及ぶ範囲は、各共同住宅の敷地ごとに及んでいるものと認められることから、各宅地は、共同住宅の敷地ごとに区分し、5区画の宅地として評価するのが相当であるとされた事例です。

**（参考：平成26年4月25日裁決）**

**（裁決要旨）**

　請求人らは、①本件被相続人がA社（本件賃借会社）に対して同時期に共同住宅5棟（本件各共同住宅）を一括で賃貸する建物等一括賃貸借契約（本件契約）を締結していたこと、②本件契約において敷地の使用範囲が3筆の宅地（本件各宅地）の全体に及ぶ旨が定められていることからすると、本件賃借会社の敷地利用権は本件各宅地の全体に及んでいるので、本件各宅地をそれぞれ取得した者（2名）ごとに、2画地の宅地として評価すべきである旨主張する。

　しかしながら、一般に、建物の賃借人は、建物の賃貸借契約の性質上当然に、建物の使用目的の範囲内においてその敷地の利用権を有するものと解され、所有する宅地の上に貸家が複数ある場合、各貸家の敷地に、各貸家の使用目的の範囲内において利用権がそれぞれ生じ、その利用権に基づき各貸家の敷地がそれぞれ利用されることとなるところ、①本件契約は、その実態において、本件各共同住宅の棟ごとに締結された賃貸借契約を1通の契約書としたにすぎないと認められ、

　また、②本件各共同住宅は、構造上各棟がそれぞれ独立した建物であり、各棟が一体のものとして機能していた特段の事情があるとも認められないことからすると、本件各宅地の上に存する本件各共同住宅の賃借人である本件賃借会社の敷地利用権の及ぶ範囲は、本件各共同住宅（5棟）の敷地ごとに及んでいるものと認めるのが相当である。

　そうすると、本件各宅地は、財産評価基本通達7−2《評価単位》により、遺産分割後の所有者単位に基づき、本件各宅地をそれぞれ取得した者（2名）ごとに区分し、その上で、区分した各宅地に存する本件各共同住宅の敷地ごとに区分することとなるから、本件各土地の評価単位は、5画地とすることが相当である。

## 2　ポイント整理

　上記の裁決では、各共同住宅を一括して1人の者に賃貸している場合

でも、各宅地上に存する各アパートの賃借人の敷地利用権の及ぶ範囲は、各共同住宅の敷地ごとに及んでいるものと認められるとして、各宅地は、共同住宅の敷地ごとに区分し、評価するのが相当であるとしています。

　そのため、地積規模の大きな土地の評価を適用するような場合も上述の評価単位の地積を基に計算することになります。

## 事例10

### 自宅敷地と駐車場敷地が隣接している場合

　被相続人は、自宅敷地に隣接している次のような駐車場敷地を所有していましたが、どのように評価するのでしょうか。

(1)　被相続人が月極駐車場としている場合

(2)　被相続人が同族法人に土地貸しし、同族法人が駐車場として利用している場合

### 回答

　(1)、(2)どちらのケースとも自宅敷地と駐車場敷地は別個に評価します。

### 解説

### 1　評価単位について

　自宅敷地と駐車場敷地が隣接しているような場合、地目が宅地と雑種地に分かれますので別個の評価となります（同一の者が各土地を相続する場合でも別々の者が各土地を相続する場合でも同じです）。

（参考：駐車場の利用形態による土地評価の差異）
① 被相続人が月極駐車場として賃貸している場合は自用地評価とな

ります。

② 土地を賃貸した相手先が駐車場としている場合は、貸付けられた雑種地となりますので、賃借権を控除して評価します（評基通86、87）(注)。

(注) ご相談のケースでは駐車場となっていますが、同族法人に土地貸しをして同法人が資材置場等として利用しているようなケースも同様の評価となります。

## 2 ポイント整理

　自宅敷地は宅地、駐車場敷地は雑種地となり地目が相違しますので評価単位が分かれます（評基通7）。

　また、地積規模の大きな土地の評価を適用するような場合も上述の評価単位の地積を基に計算します。

事例1

## 不整形地の評価（帯状地を含む場合の補正の判断）

評価対象地に帯状部分がある場合、その評価方法について教えてください。また、不整形地補正ができるケースとできないケースの判断はどのようにすればよいのでしょうか。

### 回答

以下の解説の事例を参照ください。

### 解説

### 1 帯状部分を含む不整形地の評価

帯状の部分を有するく形の土地については、その全体を不整形地として評価すると実態から乖離した結果となる場合も考えられます。そのため、下図のケース1では、Aとそれ以外の部分Bを2つに区分し、それぞれの土地を単独で評価した後、それらを合計し評価します。

ケース2では、ACを評価したものにBを単独で評価したものを合計し評価します。

【ケース1】

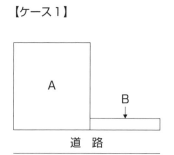

【ケース2】

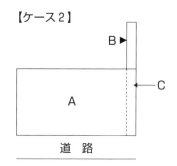

## 2　上記ケース2のB部分の評価について

① 　CとBを合わせて評価する（仮に価額を1,000万円とします）。

② 　Cを単独で評価する（仮に価額を700万円とします）。

③ 　上記①から②を控除する（仮に価額を300万円とします。）

④ 　B部分の評価

　上記③（300万円）×間口狭小補正率（B部分の間口に対応）×
奥行長大補正率（道路からB部分の先端部分までの距離に対応）

## 3　上記のケースでの不整形地補正の可否の判断基準

① 　ケース1の場合、AB一体で不整形地補正率を適用して評価した
金額が、A単独で評価したものを合計した金額より小さくなると理
論的に矛盾すると思われるため、

　AB一体評価額＜A単独評価となる場合は、不整形地補正ができ
ないものと考えられます。

② 　ケース2の場合、ABC一体で不整形地補正率を適用して評価し
た金額が、AC評価額より小さくなると理論的に矛盾すると思われ
るため、ABC一体評価額＜AC単独評価となる場合は、不整形地
補正ができないものと考えられます。

（参考：国税庁ホームページ質疑応答事例）
## 不整形地の評価——不整形地としての評価を行わない場合

【照会要旨】

　次のような帯状部分を有する宅地はどのように評価するのでしょうか。

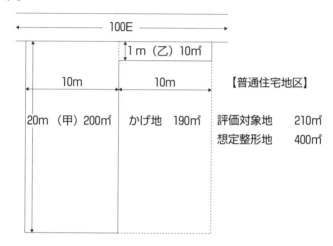

【回答要旨】

　帯状部分（乙）とその他部分（甲）に分けて評価した価額の合計額により評価し、不整形地としての評価は行いません。

（計算例）
1　甲土地の評価額

　　路線価　　　奥行価格補正率　　　地積
　　100,000円 ×　　　1.00　　　 ×　200㎡ = 20,000,000円
2　乙土地の評価額

　　路線価　　　奥行価格補正率　　　地積
　　100,000円 ×　　　0.90　　　 ×　10㎡ = 900,000円
3　評価額

　　甲土地の評価額　　乙土地の評価額
　　20,000,000円 　+　　900,000円　 = 20,900,000円

**(参考)**

評価対象地を不整形地として評価するとした場合

(甲＋乙) 土地の評価額　　不整形地補正率
　　　20,900,000円　　　×　　　　0.82

　　　　　　　　　　甲土地のみの評価額
＝ 17,138,000円 ＜　　20,000,000円


不整形地補正率0.82（普通住宅地区　地積区分Ａ　かげ地割合47.5％）

$$\left( \text{かげ地割合} = \frac{\overset{\text{想定整形地の地積}}{400㎡} - \overset{\text{不整形地の地積}}{210㎡}}{\underset{\text{想定整形地の地積}}{400㎡}} = 47.5\% \right)$$

　このように、帯状部分を有する土地について、形式的に不整形地補正を行うとかげ地割合が過大となり、帯状部分以外の部分を単独で評価した価額（20,000千円）より低い不合理な評価額となるため、不整形地としての評価は行いません。

【関係法令通達】
　財産評価基本通達20


## 4　ポイント整理

　国税庁ホームページの質疑応答事例では、「このように、帯状部分を有する土地について、形式的に不整形地補正を行うとかげ地割合が過大となり、帯状部分以外の部分を単独で評価した価額より低い不合理な評価額となるため、不整形地としての評価は行いません。」とあり、これを判断基準とする（不整形地補正の合理性の有無）ことでよいと思われます。言い方を変えれば、帯状部分を有する土地の評価が、帯状部分以外の単独評価以上の場合は、不整形地補正が可能としてもよいと思われます。

### 事例2

## 屈折路（2つの路線価）に面する不整形地の想定整形地の判断

次のような屈折路に面する不整形地についての想定整形地は、どちらの取り方が正しいのでしょうか。

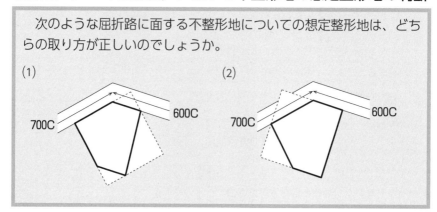

(1)　　　　　　　　　　　　　　　　　　(2)

700C　　600C　　　　　　　　700C　　600C

### 回答

正面路線価に面したく形が想定整形地となります。そのため、想定整形地の大きさは(2)の方が小さいと考えられますが、正しい想定整形地は(1)の取り方となります。

### 解説

### 1　一般的なケース（国税庁ホームページより）

屈折路に面する不整形地に係る想定整形地は、いずれかの路線からの垂線によって又は路線に接する両端を結ぶ直線によって、評価しようとする宅地の全域を囲むく形又は正方形のうち最も面積の小さいものが想定整形地とされます。

次の場合には、AからCまでのく形のうち最も面積の小さいもの、すなわちAが想定整形地となります。

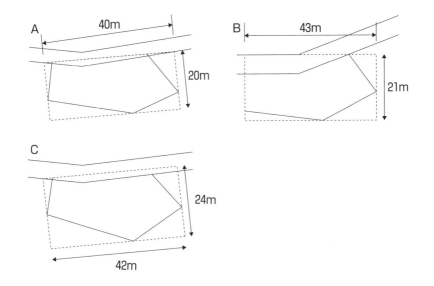

## 2　屈折部分で路線価が相違する場合

正面路線価に面する最小面積のく形となっているものが想定整形地に
なるものと考えられます（下記裁決参照）。そのため、ご質問のケース
では、(1)が想定整形地となります。

> **（参考：平成24年10月10日裁決）**
> 不整形地の評価をするに当たって原処分庁が採用した想定方法による
> 整形地は財産評価基本通達20に定める想定整形地に当たらないとした
> 事例
>
> **（裁決要旨）**
> 　本件通達に定める想定整形地とは、評価対象地の画地全域を囲む正
> 面路線に面する最小面積のく形となっているものをいうことからする
> と、請求人らの主張する想定整形地の取り方に不合理な点は認められ
> ないが、原処分庁の主張する想定整形地は、正面路線に面したく形で
> はないことから、本件通達に定める想定整形地そのものには当たらな
> い。したがって、本件土地の整形地の想定方法は、請求人らの主張す

る方法によるべきである。

**本件D土地の想定整形地**

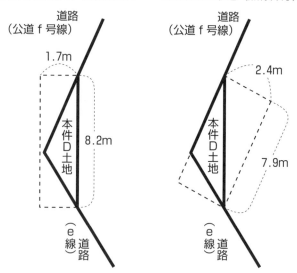

⑴　原処分庁が想定した本件
　D土地の整形地（点線部分）

⑵　請求人らが想定した本件
　D土地の整形地（点線部分）

道路
（公道f号線）

1.7m

本件D土地

8.2m

（e線）道路

道路
（公道f号線）

2.4m

本件D土地

7.9m

（e線）道路

　㊟　公道f号線とe線とでは、路線価が相違しており、公道f号線の路線価が高
　　く正面路線となります。

## 3　ポイント整理

　屈折路に面している土地が評価対象地になることもありますが、一般
的には路線価は１つかと思います。ただ、事例のように路線価が分かれ
ているケースもあり、その際は正面路線を基本に想定整形地の判断をす
ることになります。

## 事例3

### 規模格差補正の適用（容積率の要件関係）

　亡父の相続により、貸ビル敷地3か所（甲宅地、乙宅地及び丙宅地）を取得しました。財産評価基本通達20－2《地積規模の大きな宅地の評価》を適用して評価することはできますか。

〔図〕

※路線価700千円の付された道路の幅員は6m。

### 回答

1　甲宅地

　その全てが指定容積率300％の地域に所在することが明らかですので、本定めを適用することはできません。

2　乙宅地

　下記の資産評価企画官情報等により、本定めを適用することができます。

　なお、財産評価基本通達20－7《容積率の異なる2以上の地域にわたる宅地の評価》の定めによる容積率の格差による減額調整は行われません。

3　丙宅地

　乙宅地と同様、本定めを適用することができます。

　なお、財産評価基本通達20－7の定めによる容積率の格差による減額

調整も行われます。

**解説**

# 1 財産評価基本通達20-2《地積規模の大きな宅地の評価》の定め

(1) 財産評価基本通達20-2は要旨次のように定めています。

次のイの(イ)地積要件と(ロ)除外地域要件を満たす「地積規模の大きな宅地」でロの該当地区要件を満たすものの価額は、財産評価基本通達15《奥行価格補正》から同20《不整形地の評価》までの定めにより計算した価額に、その宅地の地積の規模に応じ、所定の算式（省略）により求めた規模格差補正率を乗じて計算した価額によって評価する。

イ　地積規模の大きな宅地

(イ)　次の地積の宅地であること（地積要件）

A　三大都市圏　　500㎡以上

B　A以外　　　　1,000㎡以上

(ロ)　次のいずれかの区域・地域に所在する宅地でないこと（除外地域要件）。

A　市街化調整区域（都市計画法第34条第10号又は第11号の規定に基づき宅地分譲に係る同法第4条《定義》第12項に規定する開発行為を行うことができる区域を除く。）

B　都市計画法第8条《地域地区》第1項第1号に規定する工業専用地域

C　容積率（建築基準法（昭和25年法律第201号）第52条《容積率》第1項に規定する建築物の延べ面積の敷地面積に対する割合をいう。）が400％（東京都の特別区（地方自治法（昭和22年法律第67号）第281条《特別区》第1項に規定する特別区をいう。）においては300％）以上の地域

ロ　財産評価基本通達14-2《地区》の定めにより普通商業・併用住宅地区及び普通住宅地区として定められた地域に所在する宅地であること（該当地区要件）

(2) このように、本定めは、(a)適否の判定基準に係る部分と(b)具体的な画地調整（規模格差補正率）の計算に係る部分とで構成され、前者については、地積という個別的要因と所在する地域・地区という地域要因の2つの判定基準を定めています。

## 2 各宅地の適否判定

### (1) 甲宅地

甲宅地は、上記1の(1)のイの(ロ)のCの除外地域要件（指定容積率が300％以上の地域に所在する宅地でないこと）を満たさないことが明らかですので、本定めを適用することはできません。

### (2) 乙宅地

乙宅地は指定容積率300％の地域と同200％の地域に跨って所在しています。

イ 平成29年10月3日付資産評価企画官情報第5号「『財産評価基本通達の一部改正について』通達等のあらましについて（情報）」（以下「企画官情報」といいます。）は、「1 地積規模の大きな宅地の評価」において、除外地域要件の「指定容積率」について、「指定容積率が400％（東京都の特別区においては300％）以上の地域に所在する宅地については、マンション敷地等として一体的に利用されることが標準的であり、戸建住宅用地として分割分譲が行われる蓋然性が乏しいと考えられること」を除外理由としつつ、「評価対象となる宅地が指定容積率の異なる2以上の地域にわたる場合には、建築基準法の考え方(注1)に基づき、各地域の指定容積率に、その宅地の当該地域内にある各部分の面積の敷地面積に対する割合を乗じて得たものの合計により容積率を判定する」としています。

そうすると、通達の定めぶりは、所定の区域・地域に所在する(注2)宅地を除外するものですが、容積率に関しては、用途地域ごとに都市計画で定められた（指定された）容積率でなく、評価対象地の容積率の上限値（具体的な画地調整計算レベルの数

値）により適否判定する趣旨と理解すべきものとも考えられます<sup>（注3）</sup>。

　具体的な質疑として、国税庁ホームページの質疑応答事例＞財産評価＞地積規模の大きな宅地の評価のNo.4（指定容積率の異なる2以上の地域にわたる場合の容積率の判定）及びNo.11（計算例③）は、乙宅地と同様の状況の設例地について、「各地域の指定容積率に、その宅地の当該地域内にある各部分の面積の敷地面積に対する割合を乗じて得たものの合計により容積率を判定します」としています。

(注1)　建築基準法は、各種制限の趣旨・目的に応じた判定が行われます。例えば、①複数の用途地域に跨る場合は敷地の過半の属する用途地域となり、②建ぺい率や容積率の上限はそれぞれの用途地域の面積比で上限をあん分し、③日影規制は建物の影が落ちる部分の用地地域の制限が適用され、④防火地域等は厳しい方の制限が建物全体の制限となり、⑤絶対高さ・高度地区・斜線制限はそれぞれの用途地域に属する建築の部分制限が適用されます。

(注2)　企画官情報は、工業専用地域（上記1の(1)のイの(ロ)のB）に所在するか否かについては「その過半の属する用途地域に所在するものとする」という判定方法を採用しています。
　　　　また、上記1の(1)のロの該当地区要件について、正面路線が2以上の「地区」にわたる場合には「その過半の属する地区をもって…全部が所在する地区とする」という判定方法を採用しています（これは正面路線の地区について「いずれか一の地区を判定」するという従前からある方法です。）。

(注3)　他方、質疑応答事例のNo.5（基準容積率が指定容積率を下回る場合の容積率の判定）は、「建築基準法第52条第1項に規定する」と定めているので、基準容積率（建築基準法第52条第2項）は考慮しないとしています。

ロ　したがって、乙宅地（の容積率の上限）は、次のとおり250％と判定されますので、本定めを適用することができます。

$$\frac{300\% \times 300㎡ + 200\% \times 300㎡}{600㎡} = 250\%$$

　なお、乙宅地は、その正面路線に接する部分の容積率（300％と200％）と異なる容積率の部分がありませんから、財産評価基本通達20－7の定めによる容積率の格差による減額調整は行われ

ません〔国税庁ホームページ>質疑応答事例>財産評価>容積率の異なる2以上の地域にわたる宅地の評価(2)の1〕。

### (3) 丙宅地

丙宅地も指定容積率300％の地域と同200％の地域に跨って所在しています。

乙宅地と丙宅地とは、2つの指定容積率地域への跨り様が異なる<sup>(注4)</sup>ところ、企画官情報の説明に照らすと、両宅地の判定方法を異にする理由は見当たりません。

したがって、丙宅地（の容積率の上限）は、次のとおり300％未満と判定されますので、本定めを適用することができます。

$$\frac{300\% \times 500 ㎡ + 200\% \times 100 ㎡}{600 ㎡} ≒ 283.3\%$$

なお、丙宅地は、その正面路線に接する部分の容積率（300％）と異なる容積率（200％）の部分がありますから、財産評価基本通達20-7の定めによる容積率の格差による減額調整も行われます。

(注4) 乙宅地の正面路線は、指定容積率が異なっていることが利用状況の相異や価格水準の開差として表れていない等のため、同一の路線価（容積率200％を前提と推測する400千円）、地区及び借地権割合と評定されて一の矢線で表示されているものです。甲宅地と丙宅地に共通の正面路線の路線価は、容積率300％を前提とする700千円であることは明らかです。

## 3 評価額の計算

### (1) 甲宅地の評価額

（正面路線価）　（奥行価格補正率）　（1㎡当たりの価額）
700,000　×　　1.00　　＝　　700,000

<u>評価額　420,000,000円</u>

### (2) 乙宅地の評価額

（正面路線価）　（奥行価格補正率）　（1㎡当たりの価額）
400,000　×　　1.00　　＝　　400,000　　A

（　A　）　　（規模格差補正率※）　（1㎡当たりの価額）
400,000　×　　　0.79　　　=　　　316,000

<u>評価額　189,600,000 円</u>

※規模格差補正率の計算

（地積Ⓐ）　　　（Ⓑ）　　（Ⓒ）　　（地積Ⓐ）
{（ 600.00　×　0.95　+　25 ）÷　600.00 }　×　0.8

（小数点以下2位未満切り捨て）
$= 0.79\dot{3} \to 0.79$

## (3)　丙宅地の評価額

（正面路線価）　　（奥行価格補正率）　（1㎡当たりの価額）
700,000　×　　　1.00　　　=　　　700,000　　A
（　A　）　　（規模格差補正率※）　（1㎡当たりの価額）
700,000　×　　　0.79　　　=　　　553,000　　B

※規模格差補正率の計算

（地積Ⓐ）　　　（Ⓑ）　　（Ⓒ）　　（地積Ⓐ）
{（ 600.00　×　0.95　+　25 ）÷　600.00 }　×　0.8

（小数点以下2位未満切り捨て）
$= 0.79\dot{3} \to 0.79$

（　B　）　　　　（控除割合※）　（1㎡当たりの価額）
553,000　×　（ 1　-　　0.028　）=　　　537,516

<u>評価額　322,509,600 円</u>

※控除割合の計算　㊟ 基準容積率との比較検討を忘れずに

（正面路線に面する部分）　　　（奥の部分）
$$\left( 1 - \frac{300\% \times 500.00㎡ + 200\% \times 100.00㎡}{300\% \times 600.00㎡} \right)$$
（評価対象地の地積）

（小数点以下3位未満四捨五入）
$\times \ 0.5 \ = \ 0.027\dot{7} \to 0.028$

**事例4** ━━━━━━━━━━━━

## 地積規模の大きな土地（マンションの敷地権及び評価単位）

> 地積規模の大きな土地について、例えば、マンションの敷地権の場合、持分を乗じるとわずかの地積となりますが、適用は可能でしょうか。また、地積が大きくなるほど減額も大きくなるため、評価単位が問題になることもあると聞きました。どのような点に注意が必要か教えてください。

### 回答

　地積規模の大きな土地の補正については、共有持分を乗じる前の地積で判断しますので、他の要件を満たせば、マンションの敷地権でも対象になります。

　また、評価単位の問題については、解説を参照ください。

### 解説

### 1　共有地の場合の地積規模の判断

　共有地の場合の地積規模の判断については、共有持分を乗じる前の地積で判断します。

　以下に、国税庁ホームページの質疑応答事例を掲げます。

---

**【照会要旨】**

　複数の者に共有されている宅地の場合、地積規模の要件を満たすかどうかは、共有者の持分に応じてあん分した後の地積により判定するのでしょうか。

**【回答要旨】**

　複数の者に共有されている宅地については、共有者の持分に応じてあん分する前の共有地全体の地積により地積規模を判定します（評基通2、20-2）。

---

《例》

　次の図のようなAとBに持分2分の1ずつで共有されている三大都市圏に所在する地積800平方メートルの宅地については、AとBの持分に応じてあん分した地積はそれぞれ400平方メートルずつとなりますが、持分に応じてあん分する前の共有地全体の地積は800平方メートルであることから、三大都市圏における500平方メートル以上という地積規模の要件を満たす宅地に該当します。

## 2　評価単位と地積について

　以下、評価単位と地積が問題となった事例をご紹介します。旧広大地に関するものですが、地積が大きいほど減額幅が大きくなる点からは、地積規模の大きな土地と同様で参考となります。

### (1)　事例1（令和3年11月11日裁決・旧広大地に関するもの）
#### （概要）

　被相続人が所有する月極駐車場敷地とコインパーキング敷地（第三者に賃貸し、その者がコインパーキングの事業を行っています。）が隣接しているケースで、相続人の1人が一括して相続しました。

　月極駐車場敷地とコインパーキング敷地、どちらも雑種地であるため、一体評価し（旧）広大地の評価減が可能かどうか争われた事例になります。結論としては、審判所は、区分して評価し、広大地評価はできないものと判断しました。

⑵　**事例2　（平成28年12月7日裁決・旧広大地に関するもの）**

　**（概要）**

　　被相続人が所有する青地（旧水路）により分断されている2つの土地について、その利用状況等（物理的及び法的）から1つの評価単位として取り扱うのが相当であると判断された事例です。

　　原処分庁（税務署）は、本件1土地（生産緑地）と本件2土地（生産緑地）は、市が所有する青地（旧水路）により分断されており、各土地は個別の評価単位として取り扱うべきである旨主張しました。しかし、審判所は、相続開始日において、本件1土地と本件2土地との間には青地が介在していたものの、当該青地は全て埋め立てられており、水路としての機能を失っていたこと、本件1土地及び本件2土地は、青地部分の土地を含めて一体の畑として耕作されていたこと、市は、本件1土地、本件2土地及び青地部分の土地を一体の生産緑地地区に定める都市計画を決定していたことなどの各事実が認められ、本件1土地及び本件2土地の各土地は、物理的にも法的にも分断されておらず、また、その利用も一体であったと認められるため、一団の生産緑地、すなわち1つの評価単位として取り扱うのが相当であると判断しました。

　㊟　各土地を評価するに当たっては、まず青地部分の土地を含む各土地全体の評価額を算出し、その後、当該評価額から青地部分の土地の価額（当該青地が請求人らに払い下げられたとした場合の払下げ費用相当額）を控除して評価するのが相当であると判断されています。

⑶　**事例3　（平成24年12月13日裁決・旧広大地に関するもの）**

　　評価単位に関する事例（P65）を参照願います。

　※単独所有地と共有地が隣接する場合、例外的に一体評価が可能とされた事例です。評価対象地には、堅固な構築物（同族法人が立体駐車場を建築し事業を行っています。）があり評価対象地は、上記同族法人に貸し付けられている状況です。

　　一体評価は可能とされましたが、（旧）広大地の適用は要件を満たさず不可とされています。

### 事例5

## 市街化調整区域の雑種地を評価する場合の評価減額割合について

> 市街化調整区域の雑種地については、その建築制限の内容に応じて、減額割合が変わるようですが、どのような内容なのでしょうか。

### 回答

市街化調整区域の雑種地については、その建築制限の内容に応じて、ゼロから50％の減額が可能となります。詳しくは、解説を参照願います。

### 解説

### 1　国税庁から公表されている内容（国税庁ホームページ）

雑種地（ゴルフ場用地、遊園地等用地、鉄軌道用地等を除きます。）の価額は、原則として、その雑種地の現況に応じ、その雑種地と状況が類似する付近の土地について評価した１平方メートル当たりの価額を基とし、その土地とその雑種地との位置、形状等の条件の差を考慮して評定した価額に、その雑種地の地積を乗じて計算した金額によって評価します。

ところで、市街化調整区域に存する雑種地を評価する場合に、状況が類似する土地（地目）の判定をするときには、その雑種地の周囲の状況に応じて、下表により判定することになります。

また、付近の宅地の価額を基として評価する場合（宅地比準）における法的規制等（開発行為の可否、建築制限、位置等）に係るしんしゃく割合（減価率）は、「市街化の影響度」と「雑種地の利用状況」によって個別に判定することになりますが、下表のしんしゃく割合によっても差し支えありません。

| 周囲（地域）の状況 | 比 準 地 目 | しんしゃく割合 |
|---|---|---|
| ① 純農地、純山林、純原野 | 農地比準、山林比準、原野比準（注１） | |
| ② ①と③の地域の中間（周囲の状況により判定） | 宅地比準 | しんしゃく割合50% |
| | | しんしゃく割合30% |
| ③ 店舗等の建築が可能な幹線道路沿いや市街化区域との境界付近（注２） | 宅地価格と同等の取引実態が認められる地域（郊外型店舗が建ち並ぶ地域等） | しんしゃく割合０% |

（市街化の影響度　弱→強）

（注１） 農地等の価額を基として評価する場合で、その雑種地が資材置場、駐車場等として利用されているときは、その土地の価額は、原則として、財産評価基本通達24－５《農業用施設用地の評価》に準じて、農地等の価額に造成費相当額を加算した価額により評価します（ただし、その価額は宅地の価額を基として評価した価額を上回らないことに留意してください。）。

（注２） ③の地域は、線引き後に沿道サービス施設が建設される可能性のある土地（都市計画法第34条第９号、第43条第２項）や、線引き後に日常生活に必要な物品の小売業等の店舗として開発又は建築される可能性のある土地（都市計画法第34条第１号、第43条第２項）の存する地域をいいます。

（注３） 都市計画法第34条第11号に規定する区域内については、上記の表によらず、個別に判定します。

## 2 しんしゃく割合（減額割合）について

(1) 店舗等の建築が可能な幹線道路沿いや市街化区域との境界付近である場合のしんしゃく割合はゼロとなり、評価減額はできないことになります。例えば、都市計画法第34条第11号の条例指定区域に該当し、一般住宅、共同住宅等の建築を目的とした開発行為も認められる場合です。

(2) 幹線道路沿いや市街化区域との境界付近にあって、市街化の影響度を受けるとともに、戸建住宅の建築はできない等の市街化調整区域による法的規制は受けますが、沿道サービス施設等一定の用途であれば建築が許可される場合には、減額のしんしゃく割合は30％として評価するものと考えられます。

　例えば、都市計画法第34条第１号の日用品店舗等、第９号の沿道

サービス施設（ガソリンスタンド、コンビニ、ドライブイン等）であれば開発又は建築が可能な土地となります。

(3) 市街化調整区域の土地として一般的な法規制を受ける場合には、減額のしんしゃく割合は50%として評価するものと考えられます。つまり開発行為や建築が許可されずに、駐車場や資材置場等の利用しかできない土地です。

(4) 実際には、管轄する市役所等に問い合わせ、どのような地域かを確認し判断することになるかと思います。

## 事例6

## 土地評価上、造成費の見積額（見積額の80%）の使用の可否

土地の評価上、造成費については、課税庁から公表されているもの
がありますが、その造成費では不足する場合、造成費の実際の見積額
（路線価の水準に合わせるため、見積額の80%）を使用することは可
能なのでしょうか。

### 回答

基本的に造成の実際の見積額（見積額の80%）を使用することはでき
ないものと考えられます。

実際の造成費が多額にかかり、課税庁から公表されている造成費と大
きく乖離するようなケースでは、個別対応（財産評価基本通達6項又は
それに準じた対応）になるものと考えられます。

### 解説

### 1　土壌汚染地や埋蔵文化財包蔵地の例

造成費ではありませんが、土壌汚染地の地盤改良費や埋蔵文化財包蔵
地の発掘費用については、それらの費用の見積額の80%(注)を各土地の評
価額から控除することが認められています（P212、218の事例を参照く
ださい。）。

(注)　路線価が公示地価の80%を目安に付けられていることによる調整

ただ、財産評価基本通達上、納税者が造成費の見積りを行い、その見
積額（見積額の80%）を評価対象地の価額から控除する規定はありませ
ん。

### 2　宅地転用が見込めない場合の評価

宅地転用が見込めない市街地山林については、近隣の純山林の価額に
比準して評価するとされています（評基通49）。また、同通達の逐条解
説（国税庁資産評価官編・大蔵財務協会）では、「この取扱いは、宅地

への転用が見込めないと認められる場合に限定して適用がある。したがって、宅地の形状から宅地造成が不可能と判断できない場合には、宅地比準方式により評価することになる。」と解説しています。宅地化ができるにしても、相当高額な造成費がかかる土地もあると思われますが、それらについての造成費については、特に触れず「宅地比準方式により評価」との記載となっています。

## 3　造成費の見積りについて

　上述の内容を考慮すれば、造成の実際の見積額（見積額の80％）を使用した場合、そのまま認められるものではないと考えられます。

　結局のところ、実際の造成費が多額にかかり、課税庁から公表されている造成費と大きく乖離するようなケースでは、個別対応（財産評価基本通達6項又はそれに準じた対応）になるものと考えられ、その場合、造成費そのものだけでなく、土地そのものの時価が適正か否かが問題になると考えられます。

## 事例7

## 路線価の設定されていない道路のみに接する宅地の評価

令和4年8月に、亡父から、事例図の甲土地（分譲残り）と乙土地（自宅敷地）を相続により取得しました。申告期限まであまり時間がありません。

知人は、南方の東西路の路線価を使って路地状敷地（旗竿地、敷地延長ともいいます。）として評価すれば大丈夫と話していましたが、相続税の申告に当たり、甲土地はどのように評価したらよろしいでしょうか。

なお、事例図の地域は全て第一種低層住居専用地域、容積率150％、建ぺい率60％です。

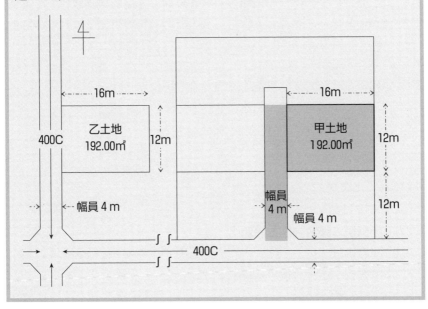

## 回答

相続税の申告のための甲土地の評価を財産評価基本通達に従って行うのであれば、特定路線価の設定を申請し、設定された特定路線価を基と

して評価することになります。

### 解説

## 1 財産評価基本通達の定める方法

### ⑴ 路線価方式と路線価

　市街地的形態を形成する地域にある宅地の評価は、原則として、路線価方式によって行うとされています（評基通11⑴）。

イ　路線価方式は、評価する宅地（以下「評価対象地」といいます。）の面する路線に付された路線価を基とし、奥行価格補正（評基通15）等の定めにより計算（以下、この計算を「画地調整」といいます。）した金額によって評価する方式とされています（評基通13）。

ロ　路線価は、宅地の価額がおおむね同一と認められる一連の宅地が面している路線（不特定多数の者の通行の用に供されている道路をいいます。）ごとに設定するもので、路線に接する宅地で4条件(注)を満たすものについて、売買実例価額、公示価格、鑑定評価額、精通者意見価格等を基として国税局長がその路線ごとに評定した1㎡当たりの価額とされています（評基通14）。

(注)(ⅰ)　その路線のほぼ中央部にあること
　　(ⅱ)　その一連の宅地に共通している地勢にあること
　　(ⅲ)　その路線だけに接していること
　　(ⅳ)　その路線に面している宅地の標準的な間口距離及び奥行距離を有するく形又は正方形のものであること

### ⑵ 不動産の鑑定評価との対比

　路線価方式は、不動産の価格を形成する要因（価格形成要因）の地域要因(注1)と個別的要因(注2)を踏まえた評価方法であることが、不動産の鑑定評価の手法の適用における次の作業に照らすことで分かっていただけると考えます。

イ　鑑定評価には、鑑定評価の対象である不動産（対象不動産）について、

①　対象不動産の存する近隣地域(注3)の範囲を判定し、

② その近隣地域の標準的画地の価格（標準価格）を求め、

③ 対象不動産の個別的要因を標準的画地の個別的要因と比較して、その優劣の格差を査定する

という作業があります。

ロ　評価通達における

(a) 「宅地の価額がおおむね同一と認められる一連の宅地が面している路線」の範囲（矢線表示）の判定は上記イの①（近隣地域の判定）に、

(b) 「路線に接する宅地で４条件を満たすものについて」の「１㎡当たりの価額（路線価）」の評定は同②（標準価格を求める）に、

(c) 「路線価を基」に行う「画地調整」は同③（格差査定）に、

おおむね照応します。

　したがって、路線価方式は、(a)矢線で表示した地域要因が同一の路線（近隣地域）の(b)路線価（標準価格）を基に、(c)画地調整（個別的要因の格差査定）した金額によって評価する方式と言い換えても差し支えないと考えます。

(注１)　その地域の街路や交通・接近、環境、行政的規制等の状況
(注２)　対象不動産の主に地積や間口距離、奥行距離、形状等の状況
(注３)　地域要因がほぼ同一で、個別的要因による個々の価格差はあるものの、一定の価格帯の中に収まるようなひとまとまりの地域

## (3) 特定路線価

イ　上記(1)ロのとおり、路線価は「不特定多数の者の通行の用に供されている道路」に設定するとされるものですから、ご相談のような、行き止まりの道路には設定されていない場合があります。評価対象地について「(c)画地調整」をしようにも、その基となる「(b)路線価」が設定されていない状態です。

ロ　そこで、財産評価基本通達14－3《特定路線価》は、相続税等の課税上、路線価の設定されていない道路（以下「対象道路」といいます。）のみに接している宅地を評価する必要がある場合には、対象道路を路線とみなして当該宅地を評価するための特定路

線価を納税義務者からの申出等に基づき、税務署長が評定した１㎡当たりの価額として設定することができる旨定めています。

ハ　この定めは「仮の路線価を設定する取扱いは、…実務上、既に定着していると考えられるものの、…評価基本通達に明記されていなかったことから、取扱いの明確化の観点から」新設されたものです（国税庁・平成12年６月29日付資産評価企画官情報第１号）。

なお、特定路線価は、本来「路線」に該当しない行き止まり道路などの対象道路を「路線」とみなした上で設定するもので、この路線は「不特定多数の者の通行の用に供されている道路」と定義され（上記(1)ロ）、その種類は特定されていません（平成25年６月６日裁決（東裁（諸）平24-225号）参照）。

また、特定路線価は「納税義務者からの申出等に基づき」設定することができますから、路地状敷地としての評価額は時価として不相当との判断の下、納税地を所轄する税務署長の要請に基づく特定路線価による評価額によって、修正申告の勧奨又は更正等が行われることもあり得ます。

## 2　甲土地の評価

以上のことから、相続税の申告のための甲土地の評価を財産評価基本通達に従って行うのであれば、特定路線価の設定を申請し、設定された特定路線価を基として評価することになります。

## 3　特定路線価の評定

(1)　資産税事務提要によれば、次の①又は②の方法により特定路線価を評定し、所定の決議書により決裁を受けることとされています（第９章財産評価事務＿第２節土地評価事務＿13特定路線価の評定＿(5)特定路線価の評定）。

①　固定資産税路線価の格差による評定方法

特定路線価を設定する道路に固定資産税路線価が設定されているときには、原則として、当該特定路線価を設定する道路と当該道路に接続する道路の固定資産税路線価の格差により評定する。

② ①以外の評定方法

特定路線価を設定する道路に固定資産税路線価が設定されていないなど上記①の評定方法により難いときには、原則として現地踏査を実施し、特定路線価を評定しようとする道路と状況が類似する付近の路線の路線価を基準として、所定の格差検討表により、道路の状況その他宅地の価格に影響を及ぼす項目の状況等を総合的に勘案して評定する。

(2) したがって、通常は、「特定路線価を設定する道路」の固定資産税路線価と「当該道路に接続する道路」の固定資産税路線価の格差により「当該道路に接続する道路」の（国税の）路線価を基礎として評定されるようです。

（路線価の表示単位と端数計算）

| 金額 | 表示単位等 | 端数計算 |
|---|---|---|
| 10万円未満 | 千円単位で千円刻み | 千円未満四捨五入 |
| 10万円以上 30万円未満 | 千円単位で5千円刻み | 3千円未満切捨て、8千円未満は5千円とし、8千円以上切上げ |
| 30万円以上 | 千円単位で1万円刻み | 1万円未満四捨五入 |

# 4 実務家の選択

申告期限まであまり時間がない時点で税務代理等を受任し、特定路線価の設定（回答）は申告期限に間に合わない蓋然性が高いときに、実務家としてどのような選択をするかの足掛りとして、次のような窮余の一策を提案します。

(1) 速やかに特定路線価の設定を申し出る（「平成・令和__年分 特定路線価設定申出書」を使用する。）。

(2) 次のいずれかの方法で試算した㎡単価を基に評価・期限内申告を行う。

イ 特定路線価の評定方法のいずれかに準じた計算

ロ 対象道路の固定資産税路線価×8÷7（評価割合の格差を利用）

　この場合においては、かかる処理に至った理由と上記(1)により設定された特定路線価により評価し直す準備のあることを、委任者にその旨を説明し了解を得た上で、書面添付制度（税理士法33の２）等を利用して課税当局に表明することが望ましいと考えます。なぜなら、上記(2)のいずれの試算単価も財産評価基本通達の定めに従ったものでなく、課税当局からすれば、国税に関する法令等に従った申告とみることはできないところ、同通達に違背する意図のないことを明確にしておくことは、適正な課税の円滑な実現を図る上で三者にとって有用と考えられるからです。

---

**(参考：特定路線価と路地状敷地としての評価との比較)**

1　特定路線価

(1)　対象道路の特定路線価を、現地等を見ずに事例図上で試算させていただくと、対象道路と状況の類似する南北方向の路線（乙土地が面し、路線価400千円）を基準とする路線と選定し、下記〔計算例１〕のとおり、370,000円となります。

(2)　甲土地と乙土地とを比較したとき、各土地の価額に影響を及ぼす要因についての事例図上でも明らかな格差は、面する道路の優劣（通り向けられるものか否か）です。

　　　この格差は両道路に面する宅地群に共通するものですから、上記1(2)ロの(a)路線の範囲の判定と(b)路線価の評定において比較検討する要因（地域要因）です。(c)画地調整における間口距離や奥行距離、形状といった個々の土地に固有の要因（個別的要因）とは要因の性質を異にするものです。

　　　なお、甲土地と乙土地に、画地調整における格差はありません。

2　路地状敷地としての評価

(1)　対象道路の接する東西方向の路線（路線価400千円）に接する路地状敷地（網かけ部分）としての１平方メートル当たりの価額を計算すると、下記〔計算例２〕のように306,520円となります。

(2)　整形地の甲土地を、宅地としての有効利用が困難な路地状部分

を含む宅地に置き換えて、実際の奥行距離より長い路地状部分等の延長距離を奥行距離とする補正、実際の間口距離より狭い道路幅員を間口距離とする補正、評価の対象でない対象道路を評価対象に含めた不整形地の補正という画地調整を行っています。

(3) この評価は、接面道路のある甲土地を路線価方式で評価するならば本来行うべき(a)路線の範囲と(b)路線価の検討（地域要因の比較検討）を省略することを補う術として、性質の異なる個別的要因で対応することを選択し、その選択故に、甲土地の現況とは異なる要因によって画地調整したものと思われます。対象道路の接する路線の路線価に基づいてはいますが、財産評価基本通達の路線価方式を逸脱したものといわざるを得ません。方法としての合理性を認め難く、したがって、相続税法22条に規定する時価の適正な評価に至るとは考えられません。

なお、対象道路、対象道路の接する路線及び基準とする路線のそれぞれの幅員等の状況や評価対象地が対象道路に接する位置（事例図では、対象道路の接する路線から2軒目）などの諸条件次第で、特定路線価による評価額と路地状敷地としての評価額とが極めて近似することもあり得るでしょう。この場合、結果としての価額が時価として許容し得る範囲内にある（納付税額に大きな誤りは認められない。）と判断され、国税当局から是正を求められずに済むことは考えられます。

〔計算例1〕特定路線価の計算等

基準とする路線との格差を認める街路条件と環境条件について、土地価格比準表の最大格差率を採用した。

（街路条件）　（交通・接近条件）　（環境条件）　（行政的条件）

$$\frac{(\ 96\ )}{100} \times \frac{(\ 100\ )}{100} \times \frac{(\ 97\ )}{100} \times \frac{(\ 100\ )}{100}$$

（その他）　　　　　（計）

$$\times \frac{(\ -\ )}{100} = \frac{(\ 93.12\ )}{100}$$

（基準路線の路線価）　　（格差率）　　　　　特定路線価

400,000　円 × $\dfrac{93.12}{100}$ ＝ 372,480円 ≒ $\boxed{370,000}$ 円

（特定路線価）　　　　（奥行価格補正率）〔奥行距離18m〕

370,000　円 ×　　　　　1.00　　　　　＝ 370,000　円

（1㎡当たりの価額）　（評価対象地の地積）　（自用地としての評価額）

370,000　円 ×　　192.00　　㎡ ＝　71,040,000　円

〔計算例2〕路地状敷地としての評価額の計算

（正面路線価）　　　（奥行価格補正率）〔奥行距離24m〕

400,000　円 ×　　　　0.97　　　　＝ 388,000　円

　　　　　　　　　（※不整形地補正率）　（1㎡当たりの価額）

388,000　円 ×　　0.79　　＝　　　306,520　円

（1㎡当たりの価額）　（評価対象地の地積）　（自用地としての評価額）

306,520　円 ×　192.00　㎡ ＝　58,851,840　円

　　※不整形地補正率の計算

（想定整形地の地積）　（不整形地の地積）　（かげ地割合）

$\dfrac{480㎡ － (192+96)㎡}{480㎡}$ ＝ 40%

（想定整形地の地積＝20m×24m）

（不整形地補正率表の補正率）　（間口狭小補正率）

0.85　　　　×　　0.94　　＝ 0.79

（奥行長大補正率）　（間口狭小補正率）

0.90　　　×　　0.94　　＝ 0.84

$\dfrac{（奥行距離）24m}{（間口距離）4m}$ ＝ 6

**事例 8**

## 特定路線価について争われた事例と公道の路線価を使用した評価の仕方

> 　評価対象地が路線価の付された道路に接しておらず、路線価の付された道路に接続する私道に接している場合、どのようなケースでも特定路線価の申請が必要なのでしょうか。それとも路線価の付されている道路から評価をしてもよいのでしょうか。

### 回答

　基本的には特定路線価の申請をすると考えられますが、状況に応じ路線価の付されている道路からの評価が許容されるケースもあるかと思います。

### 解説

　以下、過去の裁決で特定路線価を基に評価すべきとされたケースと私道が接する路線価を基に評価した場合の評価内容について説明します。

### 1　特定路線価を基に評価すべきとされたケース

　以下の事例は、路線価の設定されてない道路のみに接する宅地を評価する場合において、当該道路に特定路線価が設定されているときは、当該特定路線価の評定方法に不合理と認められる特段の事情がない限り、当該道路と接続する路線に設定されている路線価を正面路線価とし評価する方法よりも、当該特定路線価を正面路線価として評価する方法が合理的であると判断された事例です。

　なお、どちらの事例も相続人が特定路線価を申請し、税務署から特定路線価の通知がありましたが、それを使用せずに評価したものです。

### (1)　路線価の設定されていない道路のみに接している路線価地域の宅地の価額は、その道路に特定路線価が設定されている場合には、そ

**の特定路線価の評定において不合理と認められる特段の事情がない限り、特定路線価に基づく評価方法により評価すべきとされた事例（平成25年6月6日裁決）**

---

**（裁決要旨一部抜粋）**

2　路線価の設定されていない道路のみに接している路線価地域の価額は、当該道路に特定路線価が設定されている場合には、その特定路線価の評定において不合理と認められる特段の事情が認められない限り、特定路線価に基づく評価方法により評価することが合理的であるところ、本件土地（自用地66.43㎡）は、路線価地域内に存し、路線価の設定されていない本件私道（私道20.01㎡）のみに接しており、本件私道には、被相続人の配偶者からの特定路線価の設定の申出により本件特定路線価が設定されていることが認められる。

3　そこで、本件特定路線価の評定の状況をみると、本件特定路線価は、本件土地等（本件土地、本件隣接地、本件私道）及びその周辺の道路等の現地の状況を確認した上、本件私道の付近の路線である基準路線に設定されている路線価を基として、本件私道及び基準路線の状況に即した客観的な格差率に基づく格差検討により評定されており、評定において不合理であると認められる特段の事情があるとは認められない。

4　したがって、本件土地の価額は、本件特定路線価に基づき評価するのが相当である。

---

※　路線価440,000円／特定路線価360,000円（特定路線価は相続人が申請）

---

○　**土地の状況**

①　本件土地は、本件私道に1.81m接し、本件私道からの奥行距離は10.70mの不整形地。

②　本件私道は、間口距離1.60m、奥行距離12.50mで本件土地に接する幅員は1.10m

③　本件土地の面積は66.43㎡

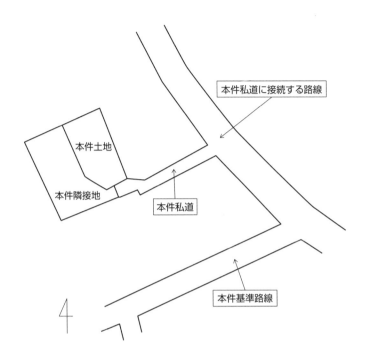

---

**（参考：裁決文（審判所判断部分）一部抜粋）**

(3)　当てはめ

ロ　そこで、本件特定路線価の評定の状況をみると、本件特定路線
価は、本件土地等及びその周辺の道路等の現地の状況を確認した
上、本件私道の付近の路線である本件基準路線に設定されている
路線価を基として、本件私道及び本件基準路線の状況に即した客
観的な格差率に基づく格差検討により評定されており、その評定
において不合理であると認められる特段の事情があるとは認めら
れない。

　　　したがって、本件土地の価額は、本件特定路線価に基づき評価
するのが相当である。

(4) 請求人らの主張について

イ　請求人らは、本件私道は、建築基準法上の道路に該当しないため、特定路線価が設定されるべき要件を満たしていないと主張する。

　　しかしながら、評価基本通達14－3における「道路」とは、特に法令等により定義されているものではなく、広く一般公衆の交通のために設けられた地上の通路をいうと解され、また、特定路線価は、土地の価格に影響を及ぼすと認められる比較項目について比較検討して評定することとされており、建築基準法上の道路であるか否かについても比較検討すべきこととなり、実際、建築基準法上の道路であるか否かについても検討が行われていることから、請求人らの主張には理由がない。

ロ　また、請求人らは、本件土地の価額を評価するために特定路線価が設定された場合に、当該特定路線価に基づき評価しなければならないとすることは、特定路線価の設定の申出をしない納税義務者が有利になることから、本件特定路線価に基づき評価するか又は本件路線価に基づき評価するかについては、請求人らの選択によるべきと主張する。

　　しかしながら、相続税等の課税価格の算定に当たり、特定路線価の設定が必要と認められる場合には、納税地の所轄税務署長は、特定路線価の設定を特定路線価評定担当署の税務署長に依頼することとされており、納税義務者からの特定路線価の設定の申出の有無のみにより特定路線価が設定されるか否かが決まるわけではなく、また、特定路線価が設定されている場合には、その特定路線価の評定において不合理であると認められる特段の事情がない限り、特定路線価に基づく評価方法により評価すべきであるから、請求人らの主張には理由がない。

## (2) 特定路線価の評定方法に不合理と認められる特段の事情がない限り、特定路線価を正面路線価として評価するのが相当とした事例（平成24年11月13日裁決）

※更正請求事案

**（裁決要旨）**

　請求人らは、相続により取得した各土地（本件各土地）は、路線価の設定されていない位置指定道路（本件位置指定道路）のみに接面しており、本件位置指定道路は、路線価の付された私道（本件市道）に接道しているところ、本件各土地の評価に当たっては、本件位置指定道路に設定された特定路線価（本件特定路線価）ではなく、本件市道に付された路線価を正面路線価とすべきである旨主張する。

　しかしながら、特定路線価を設定して評価する趣旨は、評価対象地が路線価の設定されていない道路のみに接している場合であっても、評価対象地の価額をその道路と状況が類似する付近の路線価の付された路線に接する宅地とのバランスを失することのないように評価しようとするものであって、このような趣旨からすると、特定路線価は、路線価の設定されていない道路に接道する路線及び当該道路の付近の路線に設定されている路線価を基にその道路の状況、評価しようとする宅地の所在する地区の別等を考慮して評定されるものであるから、その評定方法において不合理と認められる特段の事情がない限り、当該特定路線価に基づく評価方法は、路線価の設定されていない道路のみに接続する路線に設定された路線価を基に各地調整を行って評価する方法より合理的であると認められる。

　本件特定路線価の評定についてみると、不合理とみられる特段の事情は見当たらないから、本件各土地は、本件各特定路線価を正面路線価として評価するのが相当である。

　※　路線価195,000円／本件5A土地の特定路線価170,000円　（特定路線価は相続人が申請）

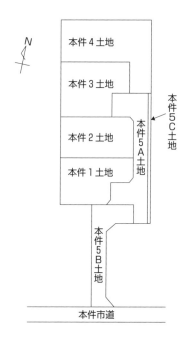

## 2　私道が接続する道路の路線価を基に評価する場合

　下記のようなケースでも特定路線価を申請して評価するのが基本ですが、30万円の路線価を基に評価するとすれば次ページのようになります[注]。

(注)　被相続人は対象地及び私道の持分1/4を所有

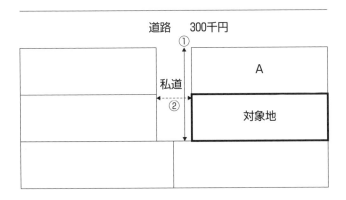

**（評価方法）**

(1) 対象地の評価は、300,000円を基に対象地と私道を併せた土地（L字型）として評価し、その単価に対象面積を乗じて算定します。

(2) 各補正等

① 奥行価格補正（上記矢印の①の距離を基に補正）

② 間口狭小補正（上記点線矢印②の距離を基に補正）

③ 不整形地補正（対象地と私道を含む想定整形地を作図・Aがかげ地となります）

④ 上記補正後の単価に対象地の地積を乗じます。

## 3 ポイント整理

1 審判所は、「特定路線価は、路線価の設定されていない道路に接道する路線及び当該道路の付近の路線に設定されている路線価を基にその道路の状況、評価しようとする宅地の所在する地区の別等を考慮して評定されるものであるから、その評定方法において不合理と認められる特段の事情が無い限り、当該路線価に基づく評価方法は、路線価の設定されていない道路のみに接続する路線に設定された路線価を基に各地調整を行って評価する方法により合理的であると認められる」としています。

2 そうすると、通常、一度特定路線価の申請を行い特定路線価が設定されると、それを使用しない場合でも、特定路線価が合理的であ

れば、それを認めるといったことになります。そのため、特定路線
価を申請した場合は、その特定路線価を基に評価するといったこと
が基本になるものと考えられます。

3　1の(1)の事例では、公道と評価対象地までの間には、標準的な宅
地が2区画ほど入るとみられます。そうすると、特定路線価を申請
し、それを使わない場合に問題になるケースの一つの目安になるか
と思います。

　一方、2の私道が接続する道路の路線価を基に評価する場合の例
のように、評価対象地と公道の間に標準的な宅地が1つ入るような
ケースについては、一般的な旗竿地の評価との比較を考えれば、大
雑把な言い方ですが許容範囲とも思われます。

　なお、評価対象地に接する私道に、P133の事例9のように固定
資産税の路線価が付されている場合は、事例9の方法で評価された
方が安全（リスクは少ない）かと思われます。

## 事例9

### 固定資産税の路線価が付いている場合

被相続人の所有する土地に面する道路には路線価が付いていませんでした。ただ、調べてみると固定資産税の路線価は付いていました。このような場合、固定資産税の路線価を利用して土地を評価することはできるのでしょうか。

### 回答

本来的には特定路線価の申請をしてその価額を基に評価するものと考えられますが、申告期限が間近に迫っている等、やむを得ない事情があるようでしたら固定資産税の路線価を基に評価することも許容範囲かと思われます。

### 解説

以下、下記のケースを基に固定資産税の路線価を基とする評価を説明します。

○ **評価対象地に14万円の固定資産税の路線価が付されているケース**
　※21万円は固定資産税の路線価（相続税の路線価は24万円）

14万円（相続税の路線価はなし）

21万円

対象地

　※固定資産税の路線価に比準して特定路線価を試算

　　評価対象地の相続税の路線価（仮）＝14万円×24万円／21万円

　　　　　　　　　　　　　　　　　＝<u>16万円</u>

　上記16万円を仮の特定路線価として評価を行う。

　⒡　固定資産税の路線価は全国地価マップ等で確認できます。

## 事例 1

# アパートの一部の部屋が空室の場合（貸家・貸家建付地の判断）

被相続人は、数棟のアパートを所有しており、その中には、相続開始前に空室になったものがあります。このような場合、貸家及び貸家建付地の評価はどのようにすればよいのでしょうか。

なお、空室になったのは、相続開始の2週間前、その後、賃借人の募集を続け相続開始後3か月後に借家人が入りました。

## 回答

アパートの一部が空室の場合の貸家・貸家建付地の評価については、議論のあるところですが、ご相談の空室期間が一般的な空室期間[注]の範囲内であれば、貸家及び貸家建付地の評価が認められるものと思われます。

[注] 被相続人のアパートが所在する地域の同様なアパートが空室となった場合に、次の借家人が入るまでの一般的な空室期間。

## 解説

### 1 貸家建付地の評価

関連する通達での規定及び通達逐条解説の内容は下記のとおりです。

### (1) 財産評価基本通達での規定（評基通26一部抜粋及び加筆）

貸家（評基通94《借家権の評価》に定める借家権の目的となっている家屋をいう。以下同じ。）の敷地の用に供されている宅地（以下「貸家建付地」という。）の価額は、次の算式により計算した価額によって評価する。

（例　　1億円　　－　　1億円　　×　　70%　　×　　30%　　×　　100%　＝　7,900万円）

　この算式における「借地権割合」及び「賃貸割合」は、それぞれ次による。

(1)　省略

(2)　「賃貸割合」は、その貸家に係る各独立部分（構造上区分された数個の部分の各部分をいう。以下同じ。）がある場合に、その各独立部分の賃貸の状況に基づいて、次の算式により計算した割合による。

$$\frac{\text{Aのうち課税時期において賃貸されている各独立部分の床面積の合計}}{\text{当該家屋の各独立部分の床面積の合計（A）}}$$

(注)1　省略
　　　2　上記算式の「賃貸されている各独立部分」には、継続的に賃貸されていた各独立部分で、課税時期において、一時的に賃貸されていなかったと認められるものを含むこととして差し支えない。

## (2)　上記アンダーライン部分についての逐条解説（国税庁資産評価官編・大蔵財務協会・一部抜粋）

　その建物の全部又は一部が、貸し付けられているかどうかについては、課税時期における現況に基づいて行うのが原則であるが、アパート等においては、課税時期にたまたま一時的に空室が生じているときもある。このような空室が一時的に生じているような場合についても、原則通り賃貸割合を算出することは、不動産の取引実態等に照らし、必ずしも実情に即したものとはいえないと考えられる。そこで、継続的に賃貸されていたアパート等の各独立部分が、例えば、次のような事実関係から、アパート等の各独立部分の一部が課税時時期において一時的に空室となっていたにすぎないと認められるものについては、課税時期においても賃貸されていたものとして取り扱って差し支えないこととしている。

イ　各独立部分が課税時期前に継続的に賃貸されていたものであること。

ロ　賃借人の退去後速やかに新たな賃借人の募集が行われ、空室の期間中、他の用途に供されていないこと。

ハ　賃貸されていない時期が、課税時期の前後例えば1か月程度であるなど一時的な期間であること。

ニ　課税時期後の賃貸が一時的なものでないこと。

※上記通達の背景としては、例えば、一時的に相続開始直前に一部空室となったケースと相続開始直後に一部空室となったケースで、評価額に相違が発生しないようにするといった課税上のバランスを考慮しているのではないかと思われます。

## 2　過去に争われた事例

　以下、納税者の主張が認められた事例及び課税当局の主張が認められた事例を記載します。

### ○　貸家建付地の評価が認められた事例（平成20年6月12日裁決）

#### (1)　概要

　アパートの空室（複数）期間が最長で1年11カ月、最短で2カ月であったものについて、空室部分についても貸家建付地評価が認められるといった内容です。

#### (2)　裁決要旨

　原処分庁は、共同住宅及びその敷地の相続税評価額の算定に当たって、相続開始時点で共同住宅に一部空室があることから、当該空室及び当該空室に対応する敷地部分は、自用家屋及び自用地として評価すべきである旨主張する。

　しかしながら、当該空室の課税時期における空室期間は、短いもので2か月、長いもので1年11カ月ではあるが、請求人は、当該空

室について速やかに所要の手当てを施した上で不動産業者に入居者募集の依頼を行っているほか、築25年の当該共同住宅について定期的に補修等を施すなど、経常的に賃貸に供する意図が認められる。

なお、当該共同住宅の近隣周辺にはマンション等の共同住宅が林立していることからすると、空室が発生したからといって速やかに新入居者が決定するような状況ではなかったことが認められる。

また、当該共同住宅の各部屋の間取りも全室すべてが統一されたものであり、各室に対応した駐車スペースも確保されるなど、その形状は共同住宅としてのものにほかならない。加えて、被相続人は、相続開始日まで継続して当該共同住宅を賃貸の用に供し、不動産収入を得ていたことは明らかである。

以上のことを総合して判断すると、当該空室は一時的に空室となっていたにすぎないものであると認められ、当該共同住宅については、その全部について貸家及び貸家建付地として評価するのが相当である。

○ **貸家建付地が認められなかった事例（平成26年4月18日裁決）**
　(1)　**概要**

アパートの空室（複数）期間が最長で8年、最短で4カ月であったものについて、空室部分については、貸家建付地を認めないといった内容です。相続開始後1カ月以内に賃貸したものもありましたが、相続開始前7カ月間空室ということで貸家建付地評価が認められなかったものもあります。

※裁決文では詳細な空室状況は公表されていませんが空室率はかなり高いものと考えられます。

　(2)　**裁決要旨**

請求人らは、相続財産である貸家（本件各貸家）について、賃貸の意図をもって経常的に維持・管理を行い、賃借人の募集業務を継続して行っていることなどを理由に、相続開始日において現に賃貸されていない各独立部分（本件各独立部分）は、財産評価基本通達

26《貸家建付地の評価》の㊟2に定める「課税時期において、一時的に賃貸されていなかったと認められるもの」に該当するから、同通達に定める賃貸割合を100％として、本件各貸家及びその敷地を評価すべきである旨主張する。

しかしながら、相続税法第22条《評価の原則》に規定する時価とは、相続により財産を取得した日における客観的な交換価値をいうことからすれば、各独立部分を有する家屋の全部又は一部が貸し付けられているかどうかについては、課税時期の現況に基づいて判断するのが原則である。その上で、同通達26の㊟2が、例外として、賃貸割合の算出に当たり、賃貸されている各独立部分には、継続的に賃貸されていた各独立部分で、課税時期において、一時的に賃貸されていなかったと認められるものを含むこととして差し支えない旨定めているのである。

本件各独立部分については、相続開始日の前後の空室期間は、最も長いもので8年間、最短のもので4か月を超える期間に及んでいることから、「課税時期において、一時的に賃貸されていなかったと認められるもの」に該当しない。

したがって、同通達に定める賃貸割合を100％として、本件各独立部分及びその敷地を評価することはできない。

### 審判所の判断（一部抜粋）

…ところで、評価通達26の㊟2は、賃貸割合の算出に当たり、賃貸されている各独立部分には、継続的に賃貸されていた各独立部分で、課税時期において、一時的に賃貸されていなかったと認められるものを含むこととして差し支えない旨定めている。これは、継続的に複数の者の賃貸の用に供されている建物等において、相続開始時にたまたま一時的に空室が存したような場合、原則どおり賃貸割合を算出することが、不動産の取引実態等に照らして必ずしも実情に即したものといえないことがあるものとして、これに配慮したものと解される。

国税庁は、国税についてのよくある質問に対して、ホームページ上で情報提供を行っている「タックスアンサー」（以下「国税庁タックスア

ンサー」という。）No.4614「貸家建付地の評価」として、継続的に賃貸されていたアパート等の各独立部分で、例えば、①各独立部分が課税時期前に継続的に賃貸されてきたものであること、②賃借人の退去後速やかに新たな賃借人の募集が行われ、空室の期間中、他の用途に供されていないこと、③空室の期間が、課税時期前後の例えば1か月程度であるなど、一時的な期間であること、④課税時期後の賃貸が一時的なものではないことなどの事実関係から、課税時期において一時的に空室となっていたにすぎないと認められるものについては、課税時期においても賃貸されていたものとして取り扱って差し支えないとしているが、これは、上記評価通達に係る運用を記載したものと解される。

ロ　本件各独立部分が「一時的に賃貸されていなかったと認められるもの」に該当するか否かについて

　　まず、本件各家屋のうち、戸建住宅について検討するに、H住宅（前）を除く本件各戸建住宅については、上記(2)のロのとおり、本件相続開始日において現に賃貸されておらず、借家権による制約が全くなかったのであるから、当該家屋及び敷地については、本件相続開始日において一時的に賃貸されていなかったと認められるものに該当するか否かにかかわらず、その全部について貸家及び貸家建付地等としての減価を考慮する必要はなく、自用のものとして評価するのが相当である。なお、上記(2)のイのとおり、H住宅（前）は、本件相続開始日において現に賃貸されていたのであるから、当該家屋及び敷地は、その全部について貸家及び貸家建付地等として評価すべきである。

　　次に、集合住宅について検討するに、本件各集合住宅は、いずれも、建物の構成部分である隔壁、扉、階層（天井及び床）等によって他の部分と完全に遮断されており、独立した出入口を有するなど、独立して賃貸その他の用に供することができる各独立部分によって構成されている。そして、本件各独立部分は、このうち、相続開始時点で空室であったものであるが、その賃貸状況は、請求人が平成25年7月8日に当審判所に提出した「賃借人整理一覧表」と題する書面によれば、本件相続開始日（平成21年8月○日）から数年間が経過した平成25年

7月8日時点においてもいまだに賃貸されていない独立部分が複数存在するほか、本件相続開始日後に賃貸された独立部分についても、本件相続開始日前後の空室期間は、最も長いもので8年間、最短のものでも4か月を超える期間（L住宅〇号室）に及んでいる。

なお、請求人らが主張において特に指摘するM〇号室についても、確かに、本件相続開始日の数日後である平成21年8月11日に賃貸借契約が締結されているものの、本件相続開始日時点で、既に7か月以上空室であったのであり、結局、その空室期間は約8か月に及んでいるのである。このような空室期間等の賃貸の状況に照らしてみれば、請求人らが主張する本件各家屋の維持管理の状況や賃借人の募集の状況等の諸事情を考慮したとしても、上記イのとおり、評価通達26の(注)2に定める賃貸割合の算出上、本件各独立部分が「一時的に賃貸されていなかったと認められるもの」に該当するものと認めることはできない。

### （請求人・原処分庁の主張）

| 原処分庁 | 請求人ら |
|---|---|
| 1　評価通達26、28及び93の適用について<br>　建物の全部又は一部が、貸し付けられているかどうかについては、課税時期における現況に基づいて行うのが原則である。もっとも、アパート等においては、課税時期にたまたま一時的に空室が生じていることもあり、このような場合についても、原則どおり賃貸割合を算出することは、不動産の取引実態等に照らし、必ずしも実情に即したものとはいえない。そのた | 1　評価通達26、28及び93の適用について<br>　本件各戸建住宅及び本件各独立部分は、次の理由により、評価通達26の定める「課税時期において、一時的に賃貸されていなかったと認められるもの」に該当するから、賃貸割合を100％として、評価通達26、28及び93を適用すべきである。<br>(1)　本件各家屋には、相当の築年数のものもあるが、定期的に補修等を施すなど経常的に維持・管理を行っていた。 |

め、評価通達26の(注)2は、「賃貸されている各独立部分」には、継続的に賃貸されていた各独立部分で、課税時期において、一時的に賃貸されていなかったと認められるものを含むこととして差し支えない旨定めている。

本件各独立部分及び本件各戸建住宅は、本件相続開始日において空室となっている。また、空室の期間は、最も短い期間でも約4か月であり、いずれも課税時期の前後の一時的な期間には該当しない。そうすると、本件各家屋の空室の状況は、課税時期において、一時的に賃貸されていなかったものとは認められない。

したがって、評価通達26、28及び93の賃貸割合の計算をするに当たり、課税時期に空室であった部分の床面積を、課税時期において賃貸されている各独立部分の床面積に含めることはできない。

また、本件相続開始日前（平成21年7月31日時点）に空室であった35件のうち、18件が入居契約されている。この18件のうち6件については、解約時から2年10か月ないし5年9か月経過して入居契約している。このことからも、賃貸の意図をもって経常的に本件各家屋の維持・管理を行っていたことは明らかである。

(2)　①少子高齢化・既婚率の低下による住宅入居対象世帯の減少、②アパート等の供給過剰に伴う駅近物件への集中、③近隣にマンション等の共同住宅が林立しているといった事情から、空室が発生したからといって速やかに新しい入居者が決定するものではない。賃貸人の努力ではどうにもならないことであるにもかかわらず、一時的な状況で判断することは、社会通念上、理解できるものではない。

こうしたことから、評価通達については、今の社会情勢に照らして柔軟な解釈が必要であり、募集業務を継続して行い、相続開始後も賃貸の用

に供して不動産収入を得ていれば一時的な空室と認めるべきである。

(3)　Mは平成21年8月11日に○号室が契約されており、原処分庁と協議した結果、原処分では、賃貸割合が4分の3となったが、異議決定では、一時的な空室とは認められず、賃貸割合は4分の2とされた。こうしたケースでも一時的な空室と認めないのなら、行政機関に対する不信感を抱くだけであり、納得いかない。

## ○　貸家建付地が認められなかった事例（平成28年10月26日大阪地裁判決・同29年5月11日大阪高裁判決）

### (1)　概要

本件における納税者は、被相続人が賃貸していた物件の空室は、一時的空室部分に該当するものとして賃貸割合を計算して相続税の申告をしましたが、課税庁は、当該空室部分は賃貸されていない部分に該当するとして更正処分を行いました。

裁判所は、本件各空室部分は、相続税の課税時期に賃貸されていたと同視することはできないことから一時的空室部分に該当しないと判示して、納税者の主張を退けました。

本事例における空室は全部で191室のうち73室（38％）であり、空室期間の最短は5カ月でしたが、最長は59カ月、平均では36カ月ありました。

### (2)　判決文一部抜粋

控訴人（納税者）は、「収益資産としての実態」の内容につき、

具体的には、賃貸借契約が終了した後も、引き続き賃借人の募集を行い、何時にても新たな賃借人が入居することができるように当該空室部分の保守・管理を行い、不動産所得を生ずべき業務の用に供している事実が認められる場合であると主張する。しかし、評価通達上、課税時期において現実に賃貸されていない場合には、貸家及び貸家建付地として所要の減額を行わないのが原則であり、課税時期に現実に賃貸されていないにもかかわらず、一時的空室部分と評価して、賃貸されているものに含めることに差し支えはないとする評価通達26㈲2は例外的な取扱いを定めたものにすぎない。

一時的空室部分該当性の判断に当たっては、単に賃貸用建物として建築されたか否かという事情のみならず、現実の賃貸状況をも考慮すべきであるところ、評価通達26㈲2の文言や趣旨を考慮すると、本件各空室部分につき、賃貸借契約が終了した後も引き続き賃借人の募集を行い、何時にても新しい賃借人が入居できるように保守・管理が行われていたとしても、それだけで直ちに一時的空室部分に該当するといえないことは明らかである。

## 3　各事例の比較検討

⑴　1つ目の事例で審判所は「当該共同住宅の近隣周辺にはマンション等の共同住宅が林立していることからすると、空室が発生したからといって速やかに新入居者が決定するような状況ではなかったことが認められる」として貸家建付地の評価を認めています。

⑵　一方、2つ目の事例では、アパートの空室期間が最長で8年、最短で4か月であったものについて、空室部分については貸家建付地を認めていません。また、3つ目の大阪地裁（高裁）の事例では、空室期間が最長で59か月、最短で5カ月であったものが認められていません。

⑶　なお、大阪地裁判決の中で、裁判所は次のように判断しています。
「イ　もっとも、継続的に賃貸の用に供されている独立部分が課税時期にたまたま賃貸されていなかったような場合にまで当該独立

部分を賃貸されていないものとして賃貸割合を算出することは、不動産の取引実態等に照らして必ずしも実情に即したものとはいえない。

そこで、評価通達26(注) 2 は、構造上区分された複数の独立部分からなる家屋の一部が継続的に賃貸されていたにもかかわらず課税時期において一時的に賃貸されていなかったと認められる場合には、例外的に当該独立部分を賃貸されている独立部分と同様に取り扱うこととしたものと解される。

このような評価通達の趣旨に照らせば、構造上区分された複数の独立部分からなる家屋の一部が課税時期に賃貸されていない場合において、当該独立部分が評価通達26(注) 2 の一時的空室部分といえるためには、当該独立部分の<u>賃貸借契約が課税時期前に終了したものの引き続き賃貸される具体的な見込みが客観的に存在し、現に賃貸借契約終了から近接した時期に新たな賃貸借契約が締結されたなど、課税時期前後の賃貸状況等に照らし実質的にみて課税時期に賃貸されていたと同視し得ることを要するというべきである。</u>」

(4) つまり、一時的に相続開始時点で賃貸契約がされていない部分（空室となっている部分）については、賃貸の継続性が見込めるかどうかが重要であると考えられます。

そして、賃貸の継続性が具体的に見込めるかどうかの判断として、相続開始前後の空室期間が判断の大きな材料になりますが、裁判所や審判所は単に 4 か月、5 か月空いているものに、無制限に貸家建付地を不可としたものではないと考えます。非常に空室率が高く、通常想定されないような長期間空室となっている状況を総合的に判断したものと考えられ、その背景を知ることが重要だと思います。

## 4 ポイント整理

(1) 前述したように基本的に空室部分に対応する敷地は自用地扱いになります。ただ、課税の公平等の観点から貸家建付地の範囲を広げた扱い（例外的な扱い）になっているものと考えられます。それは、不動産賃貸の実情に合ったものといえます。

145

(2)　問題は、空室が多く、空室期間も長いものについてまで、例外的な扱いが必要か否かということです。言い換えると、通常であれば貸せるのに賃貸できていない状況のものまで例外的な扱いをするべきか否かかと思います。

(3)　上述の事例から判断すれば、通常と考えられる空室については認めるが、それ以外のものは原則的な扱いとするということかと思います。

(4)　そのため、財産評価基本通達の「一時的に賃貸されていなかった」の内容については、例えば1カ月といった空室期間に限定されるべきものではなく、一般的な空室期間と考えるべきで、また、実務の現場でもそのような限定はされていないと思います。

(注)　一般的な空室期間は、対象となる貸家の所在する地域や社会状況等により影響されるものと考えられます（1つ目の事例参照）。その地域の不動産業者等からの情報も重要かと思います。

**事例2**

## ビルの賃借人とそれ以外の賃借人がいる駐車場（区分されていない場合・いる場合）

次のような駐車場は、貸家建付地で評価できるのでしょうか。

(1) ビルの賃借人の駐車場と、それ以外の駐車場とが区分されていない場合

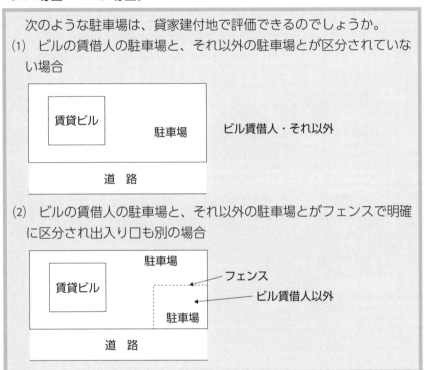

(2) ビルの賃借人の駐車場と、それ以外の駐車場とがフェンスで明確に区分され出入り口も別の場合

**回答**

　ビルの敷地の一部が賃借人専用の駐車場となっている場合は、駐車場も含めて貸家の敷地と考え貸家建付地となりますが、賃借人以外の者に貸し付けている部分がある場合には、駐車場全体が自用地評価となります。また、ビルの賃借人とそれ以外の者の駐車場が明確に区分されている場合には、ビルの賃借人専用の駐車場は、貸家の敷地と考え貸家建付地評価になると考えられます（評基通26）。

## 解説

### 1　ビルの賃借人専用の駐車場

　ビルの賃借人専用の駐車場の場合、駐車場はビルの敷地内と判断され、1つの評価単位となります。また、敷地全体が貸家建付地となります。

### 2　ビルの賃借人とそれ以外の者との駐車場（区分なし）

　ビルの賃借人以外の者も駐車場を利用している場合、その駐車場はビルの敷地とはみなされず、別個の駐車場施設の敷地と判断されます。そのため、評価単位は2つとなり、ビルの敷地部分は貸家建付地評価、駐車場部分は自用地評価となります。

### 3　ビルの賃借人とそれ以外の駐車場（明確に区分）

　駐車場がビルの賃借人専用分とそれ以外の者の分と明確に区分されている場合は、ビルの賃借人専用分は、ビルの敷地内と判断してよいものと考えられます。

　そうすると、ビル及びビルの賃借人専用駐車場分が1つの評価単位となり貸家建付評価になるものと考えられます。また、ビルの賃借人以外の者が利用している駐車場部分も1つの評価単位となり、自用地評価になるものと考えられます。

事例3

## 複数のアパートの間に駐車場がある場合

　次の図のように、一団の土地に複数のアパートがあり、その間に共同のアパート賃借人専用の駐車場がある場合の駐車場の評価はどのようになるのでしょうか。

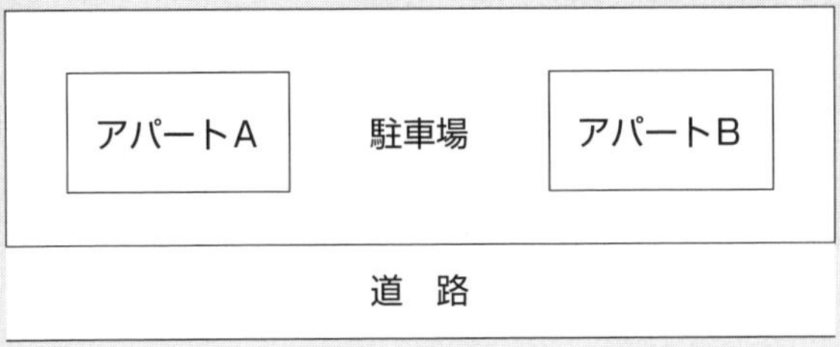

| アパートA | 駐車場 | アパートB |
|---|---|---|

道　路

回答

　アパート賃借人専用の駐車場であれば、貸家建付地になると考えられます。なお、評価単位については、下記の解説を参照願います。

解説

　共同駐車場は、各アパートの敷地と考えられるため、貸家建付地として評価することになると考えられます。なお、アパートAの敷地とアパートBの敷地は区分して評価されます。その際、駐車場をどちらの敷地に含めるかは、例えばアパートA、Bの建築面積の比であん分して割り振る、駐車場を単独で評価する等が考えられますが、各アパート及び駐車場の位置関係、各アパートの建築確認申請時の敷地等の状況を勘案して個別に判断することになるかと思います。

## 土地の使用貸借と貸家建付地の評価

次の図のように、親所有の土地に子がアパートを建てた場合と、親所有のアパートを子に贈与した場合の評価はどのようになるのでしょうか。

### 1　親所有の土地に子がアパートを建てた場合

| アパート<br>（子が建築） |
| 土地（親所有） |

| 土地（親所有） |

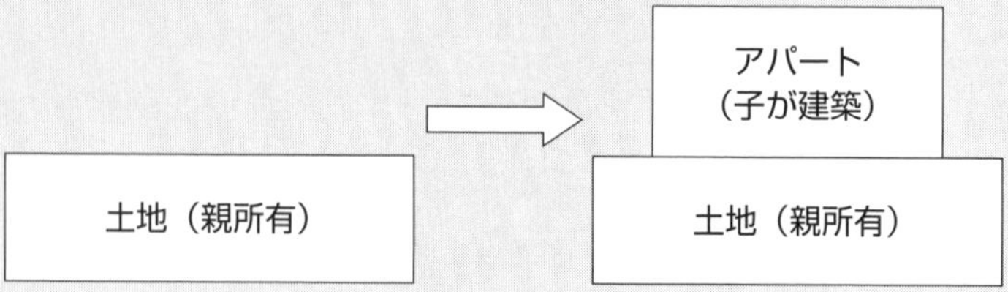

### 2　親所有のアパートを子に贈与した場合

建物贈与

| アパート<br>（親所有） |
| 土地（親所有） |

| アパート<br>（子所有） |
| 土地（親所有） |

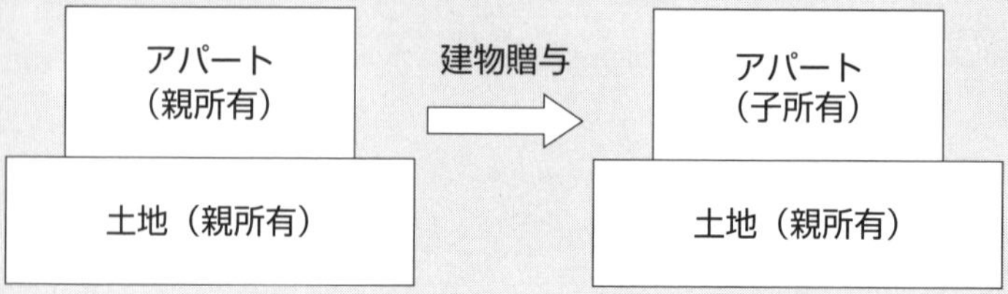

### 回答

上記1のケースは自用地評価、2のケースは貸家建付地評価となります。

### 解説

#### 1のケース

使用貸借により貸し付けられている土地について、使用借人が賃貸建物の敷地として利用していても自用地の価額により評価するのが相当で

あるとされています（昭和61年12月2日裁決）

---

**（参考：昭和61年12月2日裁決）**

（財産の評価）　使用貸借により貸し付けられている土地について使用借人が賃貸建物の敷地として利用していても自用地の価額により評価するのが相当であるとした事例（棄却）（昭和58年分相続税・昭61－12－02裁決）【裁決事例集第32集269頁】

〔裁決要旨〕

　被相続人が相続人たる請求人に使用貸借により貸し付け、請求人が賃貸建物の敷地として利用していた本件宅地の価額は、一般に土地使用借人の敷地利用権が権利性の薄弱なることを理由に零と評価され、借家人の敷地利用権が土地使用借人の敷地利用権に従属し、その範囲内の権能に過ぎないところから、本件宅地が自用のものであるとした場合の価額により評価するのが相当である。

---

## 2のケース

　元々親が土地建物を所有し、第三者に賃貸している状態で、その後、子に建物を贈与するようなケースの場合、建物の贈与前において、建物所有者と建物賃借人の間で締結された建物の賃貸契約は、その建物所有者が土地所有者でもあることから、建物賃借人は、土地所有者の権能に属する土地使用権も有することになります。そして、この建物賃借人の敷地利用権は、その建物が第三者に譲渡された場合も侵害されないと解釈されます**（昭和41年5月19日最高裁判決）**。そのため、このようなケースでは、子と新たな賃借人の契約に改まるまでは、貸家建付地となると考えられます。結果として、自用地と貸家建付地の評価が混在するようになるケースもあり得ます。

事例 5

## 一棟の貸家が一時的に空室の場合

　一棟の貸家の賃借人が相続開始直前に退去しました。その後、1か月程度で新しい賃借人が入居しています。このような場合の評価はどのようになるのでしょうか。

　また、マンションの1室を所有しているような場合はどうでしょうか。

### 回答

　自用地評価となります。

### 解説

　貸家建付地の評価減額の適用は、借家権の保護の影響を受けてその敷地の使用収益にも直接影響を受ける場合となり、課税時期において借地借家法の保護対象となっている「貸家に対して家屋の賃借人が有している権利（借家権）」の目的となっている家屋（貸家）に限られるため、貸家建付地の評価はできないことになります（評基通26、94）。

## 事例6

### 土地建物が共有の場合の貸家建付地評価の判定

　次のような場合、被相続人所有の土地評価はどのようになるので
しょうか。
（前提）
　乙は、被相続人である父（甲）、母（丙）と共有のアパートを所有
していました。敷地は甲と丙との共有です。乙がこの土地を相続しま
す。

```
（賃貸アパート）
甲（被相続人）1/3
乙1/3
丙1/3

（土地）
甲（被相続人）1/2、丙1/2
```

### 回答

　共有持分1/2のうち2/3（つまり全体の1/3）が貸家建付地とな
り、残りの1/3（つまり全体のうち1/6）が自用地となります。

### 解説

　貸家建付地については、借家人が敷地を利用せずに建物に居住するこ
とは不可能であり、一般的に建物を利用するために必要な限度でその敷
地の通常の方法による利用が随伴することとされることから、その宅地
の自用地価額から借家人の敷地利用権を控除した価額によって評価する
こととしています（評基通26）。
　したがって、建物所有者の敷地利用が使用貸借に基づくものである場
合には、建物所有者の敷地に対する権利の価額はゼロとされていること

から、借家人の敷地利用権もゼロとなります。

被相続人甲の建物所有持分は、甲の土地所有持分に対応すると考え、丙の建物所有持分も丙の土地所有持分に対応すると考えます。乙は、甲及び丙から均等に使用貸借していると考えます。

○自用地となる部分・・・甲の共有持分１／２×１／３＝１／６

○貸家建付地となる部分・・・甲の共有持分１／２×２／３＝１／３

## 事例7

### 親子間の建物賃貸借と貸家建付地評価について

被相続人（親）が所有しているアパートの一室を相続人（子）に賃貸しています。賃料は他の賃借人とほぼ同額です。このような場合、相続人（子）に賃貸している部分も含め、貸家及び貸家建付地の評価でよいのでしょうか。

### 回答

基本的に貸家及び貸家建付地の評価になるものと考えられます。

### 解説

相続人等にアパートの一室を賃貸している場合の貸家及び貸家建付地の評価の判定は、難しいところがありますが、通常の家賃の授受がある場合、基本的に貸家及び貸家建付地の評価でよいと考えられます。親子間との理由で借地借家法の適用がないとはいえないものと考えられます（評基通26、94）。

(注) 賃借人である子が賃借人である親に家賃を支払っても、親から子に生活費等の援助を行っている場合等、賃貸借ではなく使用貸借とみなされるケース（自用地評価）もあり得ますので注意してください（P162の事例3参照）。

## 事例1

## 土地を評価する上での借地権の範囲

甲は郊外に土地を所有していましたが、その土地は20年ほど前から
Ａ社に賃貸していました。Ａ社はその土地上にパチンコ店を建築して
います。現況はパチンコ店敷地とパチンコ店の専用駐車場になってい
ます。甲が先日他界したため、相続税の申告をするに当たり、この土
地を底地として申告してよいのでしょうか。

なお、契約では建物所有を目的とし、賃料の設定は建物敷地と駐車
場敷地が一体としての内容でした。

### 回答

契約書内容、権利金や地代の計算根拠等をよく確認する必要があり
ますが、ご相談のケースでは、敷地全体に借地権があるものとして底地の
評価が可能と思われます。

### 解説

### 1　借地権の及ぶ範囲

借地権の及ぶ範囲については、必ずしも建物敷地に限られるものでは
なく、一律に借地権の及ぶ範囲を定めることは実情に沿わないものと思
われます。借地権の及ぶ範囲は、借地契約の内容、例えば、権利金や地
代の算定根拠、土地利用の制限等に基づいて判定することが合理的であ
ると考えられます。

　借地権の範囲について過去に争われた下記の裁決（**平成15年3月25日裁決**）があります。事案の細部までは明確ではありませんが参考となります。

　この裁決で審判所は、問題になった土地及び隣接地を含め約2,000㎡の土地に建物（パチンコ店・1F床面積約273㎡）があり、残りは専用の駐車場として利用されていたところ、「…本件土地の賃貸借の主たる目的は、パチンコ店などの経営に必要な本件建物を所有する目的にあるといえる。…本件相続開始日現在において、本件土地の大部分はパチンコ店に来店する客に駐車場として利用されているものの、本件建物の一部は本件土地上に現に存していること、及び本件建物と駐車場は一体として利用されていることから、借地権の及ぶ範囲は、必ずしも建物の敷地に限られるものではなく、パチンコ店として利用されている土地全体に及ぶものと認めるのが相当である。…」と判断しています。

---

**（参考：平成15年3月25日裁決）**

**（裁決要旨）**

1　請求人は、相続税について更正処分をした場合に、更正通知書に処分の理由を附記すべき法令の定めがないとしても、明記している以上誤りがあれば違法であると主張するが、本件更正処分に係る更正通知書には、その処分の理由として「■■市■■字■■■■■に所在する土地（408平方メートル）が過少評価となっていたため。」と記載されており、この記載された処分の理由については、■■市■■■字■■■■番■及び隣接する同■■番■に所在する土地の地積の合計が408平方メートルであることを、請求人も十分了知し得るものであり、この更正通知書の処分の理由の記載の誤りが、本件更正処分の内容に影響を及ぼすものではないと認められるから、この点に関する請求人の主張には理由がない。

2　財産評価通達にいう借地権とは、借地借家法（平成4年8月1日法律第9号）第2条第1項に規定する建物の所有を目的とする地上権又は土地の賃借権をいう旨定めている。借地使用の目的を判断するに当たっては、賃貸借契約書が存すれば判断の有力な資料となる

が、賃貸借契約書の文言に捉われるべきではなく、実際の使用状況、建物の種類等により客観的に判断すべきものと解される。

3　■■■■■及び■■は、本件土地を①昭和40年代後半又は昭和50年代の初めのころから本件相続開始日まで引き続き賃借し、②当初はサウナ用地の一部として利用し、③その後ドライブイン用地の一部として、そして、④昭和63年ころからパチンコ店用地の一部として利用し、また、⑤事業の変更とともに、本件建物も別表2のとおり種類（特殊公衆浴場・遊戯場）、構造、床面積が異動したものと認められる。

　　さらに、本件土地及び隣接地は、①三路線に面しており、これらの路線のいずれからも出入りが可能であり、②本件建物の敷地及び駐車場として利用されており、また、③本件建物の増築により本件第二土地は敷地の一部となり、本件相続開始日現在もその状況が継続していると認められる。

　　そうすると、本件土地の賃貸借の主たる目的は、パチンコ店などの経営に必要な本件建物を所有する目的にあるといえる。

4　これに対して、原処分庁は、①賃貸借契約が口頭により行なわれたこと、②被相続人の平成9年分の不動産所得の青色申告決算書に、本件土地の賃借料が「駐車場収入」と記載されていること、③請求人の原処分調査の際の申述及び異議調査の際の申述等から、借地権の存在を否定し本件土地を雑種地として評価するが、本件土地及び隣接地は一体として利用されているので借地権の及ぶ範囲は本件建物の敷地部分に限られるものではない。

5　以上のとおり、原処分庁の主張はいずれも採用できず、本件土地の価額の算定に当たり、請求人が、財産評価通達25を適用し貸宅地として評価したことは相当と認められるので、本件更正処分はその全部を取り消すべきである。

　また、上記裁決を受けて国税庁ホームページでは次のような質疑応答事例を公表しています。

借地権の及ぶ範囲
【照会要旨】

　郊外にあるレストランやパチンコ店のように、賃借した広い土地を建物の敷地と駐車場用地とに一体として利用している場合には、その土地全体に借地権が及ぶものとして評価してよいのでしょうか。

【回答要旨】

　借地権の及ぶ範囲については、必ずしも建物敷地に限られるものではなく、一律に借地権の及ぶ範囲を定めることは実情に沿いません。借地権の及ぶ範囲は、借地契約の内容、例えば、権利金や地代の算定根拠、土地利用の制限等に基づいて判定することが合理的であると考えられます。

　なお、建物の敷地と駐車場用地とが、不特定多数の者の通行の用に供されている道路等により物理的に分離されている場合には、それぞれの土地に存する権利を別個に判定することとなります。

## 2　ポイント整理

　借地権の範囲の特定に当たっては、契約書の内容、地代の計算根拠、実際の利用状況等の確認が必要になります。建築確認申請時の資料等を確認してもよいと思われます。

　なお、特に郊外の事例では、建物の床面積と土地（借地）の面積とではかなり差異が生じるケースもあり得ると考えられます。上述した裁決の事案では、土地の面積が約2,000㎡、建物の床面積（１階床面積）は約273㎡でした。

**事例2**

## 借地権の有無（借地借家法上の賃借権に該当するか否か）

> バッティングセンター、ゴルフ練習場の敷地の評価は借地権を控除し、底地の評価でよいのでしょうか。

**回答**

賃貸の主たる目的が建物所有目的でない場合は、借地借家法の適用がないと解されるため、財産評価上、底地の評価はできないと考えられます。

**解説**

ご相談のケースでは、下記の裁決（**平成12年6月27日裁決**）が参考になります。

この裁決の事案では、賃借人は借地を昭和53年ごろからバッティングセンターの事業用地として利用し、待合フロアーや店舗はいずれもバッティングセンターの経営に必要な付属建物として建築されていたところ、賃借人が建物を所有していたとしても、それはバッティングセンターとして使用するための従たる目的にすぎないため、借地借家法上の賃借権に該当せず、借地権は存在しないと判断されました。

---

**（参考：平成12年6月27日裁決）**
**バッティングセンターの待合フロアー等の建築物が借地上にあったとしても、その敷地は借地権の目的となっている土地に当たらないとされた事例**
**（裁決要旨）**
1　評価通達にいう借地権とは借地借家法第2条第1項に規定する建物の所有を目的とする地上権又は賃借権をいい、この「建物の所有を目的とする」とは、借地使用の主たる目的がその地上に建物を建築し、これを所有することにある場合をいうのであるから、借地人

がその地上に建物を建築し、所有使用とする場合であっても、それ
が借地使用の主たる目的ではなく、その従たる目的にすぎないとき
は、「建物の所有を目的とする」に当たらないと解される。

2　これを本件についてみると、賃借人は本件敷地を含む本件土地を
昭和53年ころから本件相続開始日まで引き続いてバッティングセン
ター経営の事業用地として利用し、本件待合フロアー等はバッティ
ングセンターと構造上一体となっており、本件建築物はいずれも
バッティングセンターの経営に必要な付属建築物として建築された
ものと認められるから、本件土地の賃貸借の主たる目的は、バッ
ティングセンターとして使用することにあると言える。

3　そうすると、賃借人が本件建築物を建築所有していたとしても、
それは本件土地をバッティングセンターとして使用するための従た
る目的にすぎないというべきであるから、本件賃貸借は、借地借家
法第2条第1項に規定する建物の所有を目的とする賃借権に該当せ
ず、したがって、本件敷地には、借地権は存在しない。

---

**（参考：借地権がないとされたその他の事例）**

(1)　農産物置場として賃借した場合（昭和38年10月1日　最高裁判
決）

(2)　ゴルフ練習場として使用される目的で賃借した場合（昭和42年12
月5日　最高裁判決）

## 事例3

# 親子間の土地の賃貸借と借地権

20年ほど前から、甲の所有する土地で次男の乙は建物を建築し事業を行っていました。この度、甲の相続が発生しその相続税の申告の相談でした。

乙は、甲に対し地代を支払っており事業所得の計算上、必要経費に計上していました。なお、地代は固定資産税の2倍程度で、親子のため権利金等の授受はしなかったとのことでした。また、甲は不動産収入としてこの賃料を計上していました（甲と乙は生計別です）。

この土地は、乙が相続する予定ですが、評価は底地評価になるのでしょうか。

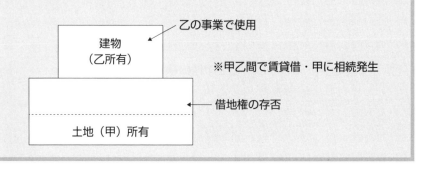

## 回答

親子間の土地の貸借は、一般的には使用貸借のケースが多いと思われます。ご相談のような建物の所有を目的とする賃貸借の場合で、本来的には借地権設定時に権利金の授受がないときは、権利金相当分の贈与が行われたとして乙に贈与税が課税されます（ご相談のケースは課税漏れと考えられます）。

契約書内容、賃料の授受の実態等をよく確認する必要がありますが、敷地全体に乙の借地権があるものとして底地の評価が可能と思われます。

## 解説

### 1 借地権がありとされた事例、なしとされた事例

　親子間の土地の賃貸借が行われている状態で相続が発生した場合、借地権の存在の有無については、過去に課税当局と争いになったものがいくつかあります。ポイントは、①賃貸借関係の関係が契約書等から明確であるか否か、②地代の授受が適正になされているか否か等です。地代の授受はありますが、それ以上の生活費の援助や贈与が賃貸人から賃借人に行われていたようなケースで使用貸借と認定されたケースもあります。

　以下が参考判例等です。
○借地権があるとされたケース（平成3年7月16日　東京地裁判決）
○借地権はないとされたケース（平成13年9月27日　裁決）

### (1) 平成3年7月16日　東京地裁判決／借地権があるとされた事例
#### (判決概要)

(1)　相続開始の時点において、本件土地に借地権があつたか否かにつき、1）土地使用承諾証明書及び担保提供承諾書、2）地代計算書、3）地代についての確定申告の状況からすれば、本件土地に賃貸借契約が成立していたとの事実を直ちには否定し難い。

(2)　本件土地に借地権があつたとする地代計算書は単なるメモ書にすぎず、その成立自体が不確かであつて、これによって賃貸借契約が成立したとはいえない旨の課税庁の主張は採用できない。

(3)　地代として支払われた金員は生活費の支払に代わるものではないかとの課税庁の疑問について、親が土地を所有している場合に、その土地を借り受けた子が支払う地代収入が親の生活費に充てられているため、実質的にみてその地代の支払が生活費の支払の性質をも持つとみられる場合に、そのことから直ちに上地についての賃貸借契約関係の成立が否定されることとなるものでないことはいうまでもないところであるから、上記のような事実の存在も、未だ本件賃貸借契約の成立を否定する根拠としては、不十分なも

のといわなければならない。

(4) 権利金授受の事実がないことから、本件賃貸借契約の成立が認められない旨の課税庁の主張は、法的にみる限り、権利金の支払が賃貸借契約の成立要件とされるものではないし、また、親子間で権利金の授受がないことをことさら異とすることはできない。

(5) 本件土地上に借地権が存在していたとするには種々の疑問点があることは否定できないとしても、本件土地上に借地権が存在していないことについての立証責任は課税庁にあるところ、結局、本件土地上に借地権が存在していないとの点については、なおその証明が十分ではない。

(6) 本件土地上に借地権が存在していないことを前提になされた相続税の課税処分を取り消す。

## (2) 平成13年9月27日　裁決／借地権がなしとされた事例
### (裁決概要)

請求人は、本件相続税の計算に当たり、本件被相続人の所有する本件土地に請求人の自宅を昭和52年に新築する際、被相続人と請求人との間で借地契約を締結し、これに基づき地代を支払っていたことなどから、本件土地は貸地（底地）である旨主張する。

しかしながら、本件土地の利用関係は、権利金の授受がなされておらず、かつ、地代の額が近隣の相場の半分以下であること、被相続人から請求人らに対して地代の額を上回る相当額の生活費の支払や現金の贈与がなされていることなどから、親子という特殊関係に基づく使用貸借であって、賃貸借ではないと解するべきである。

## (以下、審判所判断部分一部抜粋)

(1) 本件更正処分について

　イ　認定事実

　　　請求人提出資料、原処分関係資料及び当審判所の調査の結果によれば次の事実が認められる。

　　(イ)　本件家屋はFが所有するものであり、F及びH夫婦は、昭和

52年から当該家屋に居住し、本件被相続人は、昭和56年に同人の居住部分である本件増築家屋を自己の資金で建築し、昭和57年から同夫婦と同居した。

(ロ)　Fは、本件被相続人に対し、本件家屋を建築した後の昭和52年10月分から昭和62年12月分までは月額5,000円、昭和63年1月分から平成2年12月分までは月額7,000円、平成3年1月分から平成7年6月分までは月額8,000円の金員を現金で支払い、平成7年7月分から平成10年7月分までは、本件被相続人に帰属する同人名義のM銀行N支店の普通預金口座に、半年毎に48,000円の金員を振り込んでいる。

(ハ)　Q土地に係る固定資産税等の年額は、昭和63年度は54,542円、平成3年度は61,001円であり、それぞれ、その年における本件地代の年額の約1.54倍、約1.57倍である。

(ニ)　本件被相続人は、Fからの地代収入として、昭和56年分から昭和61年分は60,000円、昭和62年分は65,000円、昭和63年分から平成2年分は84,000円、平成3年分から平成9年分は96,000円、平成10年分は56,000円（7ヶ月分）を各年分の所得税に係る不動産所得の収入に計上しているところ、その必要経費に、H及びその子らに対する給料として、年間360,000円から1,200,000円を計上している。

(ホ)　本件被相続人は、Fに対し、昭和57年2月から平成7年までは月額5万円、平成8年以降は月額10万円を生活費として現金で支払っていた。

　　また、本件被相続人は、本件相続開始日の前3年以内において、Fに対し、10回にわたり合計6,282,776円の現金を贈与し、Hに対し、3回にわたり合計1,779,827円の現金の贈与をしている。

　　なお、F及びHは、「上記生活費のほかに、平成元年ころから、本件被相続人から贈与税のかからない範囲で何度か60万円以内の金員を貰っていた」旨答述する。

(ヘ)　F及びHの答述によれば、「本件地代の額は本件被相続人が

決めたもの」であり、「Ｆは、当時、月5,000円であれば何とか払えるかなという考えしか持たなかった」のであるところ、当審判所の調査の結果によれば、本件被相続人は、Ｑ土地の近隣の土地を昭和58年までＳから借地し自己の家屋を所有して、昭和57年２月まで居住しており、昭和56年当時の当該近隣の土地の地代の１平方メートル当たりの年額は720円であるのに対して、Ｑ土地に係る本件地代の同じく年額は280円であって、本件地代の額は、その近隣の地代の額の約39％の水準であり、Ｑ土地は当該近隣の土地と地代の額の水準に相違があると認められないから、本件地代は、近隣の地代より低額であって、また、本件被相続人は、その事実を認識していたものと推認できる。

ロ　本件土地の借地権の有無について

　　請求人らは、Ｆが本件相続開始日に本件土地の借地権を有していた旨主張するので、以下検討する。

　　上記１の(3)及び上記イの事実によると、〔１〕本件被相続人とＦは、母子の関係にあること、〔２〕本件被相続人とＦ及びＨは、昭和52年以前には本件被相続人の所有する建物で同居しており、その後一時期別居し、昭和57年から本件家屋及び本件増築家屋で再び同居したこと、〔３〕Ｆは、Ｑ土地が通常権利金の授受の慣行のある地域に所在するにもかかわらず、Ｑ土地の貸借に関し、本件被相続人に対して、権利金を支払っていないこと、〔４〕本件借地契約書が有効に存在し、その約定どおりの金員が支払われていたとしても、本件地代の額は、Ｑ土地に係る固定資産税等の額の1.5倍程度の額でしかなく、また、近隣の土地の地代の相場の約39％の水準の額であったこと、〔５〕本件被相続人は、Ｆ及びその家族に対し、本件地代の額を相当に上回る生活費及び給料の支払並びに現金の贈与をしていたことが認められ、これらの事実を総合すると、本件地代が本件土地使用の対価であるとは認め難く、本件被相続人とＦの本件土地の貸借は、親子という特殊関係に基づく使用貸借であって、賃貸借ではないと解すべきであるから、この点に関する請求人らの主張には理由がない。

　なお、請求人らは、本件被相続人は本件地代について毎年所得税の確定申告を行っていたのだから、本件土地は底地である旨主張する。

　しかしながら、本件土地が底地でないのは上記のとおりであって、本件被相続人が本件地代について所得税の確定申告をしていたからといって、本件土地が底地となるものではないから、この点に関する請求人らの主張には理由がない。

　また、請求人らは、本件地代の額は本件土地に係る固定資産税等相当額を上回っているのであるから、本件通達の定めにより、本件土地は底地である旨主張する。

　しかしながら、本件通達は、借受けに係る土地の公租公課に相当する金額以下の金額の授受があるものは、使用貸借に該当し、その土地の使用権の価額は零として取り扱う旨を定めたものであって、公租公課を上回る金額の授受があれば、直ちにその土地の貸借関係が賃貸借となると定めたものとは認められないから、この点に関する請求人らの主張にも理由がない。

## 2　ポイント整理

　親子間でも建物の所有を目的とした土地の賃貸借であれば、基本的に借地権は発生します。また、賃貸借であるかどうかについては、契約内容、実際の賃料の支払状況（賃料水準も含む）、所得税の申告内容等がポイントとなります。

　なお、実質的に賃貸借かどうかの判断に当たっては、上述した裁決の事例のように、借地人（子）から支払われた賃料以上に、地主（親）から種々の名目で借地人（子）に資金が還流しているような場合は、使用貸借と判断されることになると思われます。

（参考）

平成29年1月17日裁決、令和元年9月17日裁決も参考となります。

## 一時使用のための借地権の目的となっている土地の評価

> 被相続人は、知人の建設会社の役員からの頼みで、建設現場の工事事務所用の簡易建物の所有を目的とし、契約期間を 2 年とする土地の賃貸借契約を締結していました。このような場合もこの土地は、通常の底地評価になるのでしょうか。

### 回答

自用地としての評価から、建設会社の有する賃借権の価額を控除した金額が評価額となります。

### 解説

建設現場、博覧会場、一時的興行場等、その性質上一時的な事業に必要とされる臨時的な設備を所有することを目的とするいわゆる一時使用のための借地権については、存続期間及びその更新、建物買取請求、借地条件の変更、増改築などについて、借地借家法の適用がなく、期間の満了とともに消滅することとされており、他の法定更新される借地権に比較しその権利は著しく弱いということがいえます。このような一時使用のための借地権の価額は、通常の借地権の価額と同様にその借地権の所在する地域について定められた借地権割合を自用地価額に乗じて評価することは適当でないので、雑種地の賃借権の評価方法に準じて評価します（評基通87）。

そうすると、ご相談の土地の評価は、通常の底地評価ではなく、上記の賃借権を控除した金額となります（以上、国税庁ホームページ質疑応答事例参考）。

**（参考）**
マンションのモデルルームとして簡易な建物の所有を目的とする契約期間が短い土地の賃貸借契約（契約に際し、権利金や保証金等の授受

がないもの）も類似する例と考えられます。

---

**（参考）臨時的な使用に係る賃借権の評価（国税庁ホームページ質疑応答事例）**

**【照会要旨】**

　臨時的な使用に係る賃借権や賃貸借期間が１年以下の賃借権の価額については、どのように評価するのでしょうか。

**【回答要旨】**

　臨時的な使用に係る賃借権及び賃貸借期間が１年以下の賃借権（賃借権の利用状況に照らして賃貸借契約の更新が見込まれるものを除く。）については、その経済的価値が極めて小さいものと考えられることから、このような賃借権の価額は評価しません。また、この場合の賃借権の目的となっている雑種地の価額は、自用地価額で評価します（評基通86、87）。

**事例5**

## 賃借期間は短期でも更新が確実な賃借権が設定されている土地の評価（控除する賃借権の割合の判定）

　被相続人は、公営の競馬場の敷地の一部を所有し賃貸しています。賃借期間は短期間ですが（２年更新）、既に30年近く更新しており、今後も更新が確実視されます。このような土地の評価はどのように考えればよいのでしょうか。

### 回答

　契約更新が明らかな場合は、更新による延長が見込まれる期間を賃貸の存続期間として賃借権割合を計算し、その金額を控除し評価することも可能と考えられます（評基通86、87、相法23）。

### 解説

　契約更新が明らかな場合は、更新による延長が見込まれる期間を賃貸の存続期間とした裁決（**平成４年３月31日裁決**）があります（自動車教習所用地）（下記参照）。

　この裁決の事例では、下記の内容から残存期間の定めのない賃借権と判断され、その賃借権を控除し底地評価することとされました。

① 　契約解除の申出のない場合は自動更新され、過去30年近く契約が継続されてきた。
② 　賃借人は公共性の高い事業を営んでいる。
③ 　コンクリート舗装されており、自動車教習コースの中央に位置し、その利用価値は高いため、将来にわたり契約更新がされることが予想される。

> **（参考：平成４年３月31日裁決）**
> 自動車教習所のコースとして貸し付けられている土地に係る賃借権の
> 残存期間は、更新されることが明らかである場合には、更新によって

## 延長されると見込まれる期間をも考慮すべきであるとした事例

**（裁決要旨）**

　賃借権の存続期間については、原則として当事者の定めた賃貸借契約に基づく賃貸借期間によるが、［1］本件賃貸借契約は昭和36年2月に契約され、当事者のいずれからも契約解除の申出のない場合には自動的に賃貸借期間を更新することとされ、これに従って過去30年近くにわたって契約が継続されてきたこと、［2］本件土地は、県公安委員会指定の自動車教習所のコースの敷地としてコンクリート舗装され、コースのほぼ中央に位置し、その利用価値は極めて高いと認められることから、契約上の賃貸借期間は3年であるが、将来にわたり更新されることが予想され、長期間にわたるものと認められるので、本件賃借権は事実上残存期間の定めのないものと認められるのが相当である。

## 事例6

# 中古車展示場の敷地の評価

被相続人の所有する土地の中には、20年ほど前から中古車展示場の敷地として賃貸している土地があります。このような土地については、借地権の減額は可能でしょうか。

## 回答

借地権を控除することはできないものと考えられます。なお、賃借権の控除は可能と考えられます（評価としては貸し付けられた雑種地となります。）（評基通86、87）。

## 解説

中古車展示場として土地を賃貸している場合、その件賃貸借は、借地借家法が適用される建物の所有を主たる目的とする賃貸借には該当しないものと考えられます。そうすると土地の評価に当たり借地権を控除することはできないと考えられます。

なお、土地の賃借人には賃借権が生じていると考えられますので、この賃借権を控除して評価することになると考えられます。

過去の裁決（**平成17年5月17日裁決**）では、中古車展示場用地としての土地の賃貸借契約は、その土地使用の主たる目的がその地上に建物を建造し、所有することには当たらないとして、貸し付けている土地は、貸宅地として借地権を控除して評価することはできないとした例があります。

（参考：平成17年5月17日裁決）
中古車展示場用地としての本件土地の賃貸借契約は、その土地使用の主たる目的がその地上に建物を建造し、所有することには当たらないとして、本件土地は、貸宅地として借地権を控除して評価することはできないとした事例

**（裁決要旨）**

　請求人らは、本件土地の中古車展示場等の敷地としての賃貸借契約について、貸付けの際に建物の建築を承諾していたこと及び本件建物は堅固建物であり建物表示登記がされていることから、借地法の適用があり、本件土地は貸宅地として評価すべきと主張する。

　しかしながら、借地法第1条にいう「建物ノ所有ヲ目的トスル」とは、土地賃借人の土地使用の主たる目的が、その地上に建物を築造し、これを所有することにある場合を指し、借地人がその地上に建物を築造し、所有する場合であっても、それが借地使用の主たる目的ではなく、その従たる目的にすぎないときはこれに該当しないと解されるところ、[1] 本件建物等は、あくまでも本件土地の一部を占めるにすぎず、大部分は自動車展示場及び進入路として利用されていること、[2] 賃貸借契約書では、本件土地の賃貸借の目的を、自動車展示場、自動車置場及び営業事務所の敷地とし、営業所の建物の建築は認めているものの、永久建造物とすることはできず、建物の表示登記及び保存登記を禁じていること、[3] 本件建物等は、鋼板葺の軽量な屋根を支える簡易な構造の建物で堅固建築物とは認められず、その収去は借主の負担において行うとされていること、及び [4] 賃貸借契約には権利金の取決めがなく、土地の賃借人は、土地の明渡しに際して立退料を請求しないと答述していることから、本件賃貸借は、本件建物等の所有を主たる目的とするものとは認められない。

**事例7**

## 土地の無償返還届出書を提出していない場合の土地評価（賃貸借の場合）

　下記を前提として、甲に相続が発生した場合、土地の評価はどのようになるのでしょうか。

(1)　対象となる土地：○○○△△△×××（□□□㎡）

(2)　土地所有者：甲　　借地権者：A社

(3)　建物の建築等の状況

　　　A社　昭和47年新築→　平成11年取壊し→　平成11年新築

(4)　地代年約400万円（固定資産税等の2.5倍程度）

(5)　土地の賃貸借開始時、建物建替え時他、現在まで権利金の認定課税が行われた事実はない（相当地代、土地の無償返還届出書の提出なし）。

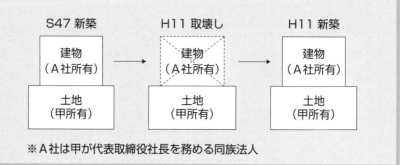

※A社は甲が代表取締役社長を務める同族法人

### 回答

　底地評価になると考えられます。考え方については、事例9も参照願います。

### 解説

　借地借家法の観点からは、建物の所有を目的とした土地の賃貸借であれば、借地権が生じることとなります（ご相談のケースもこれに当ては

まると思います）。

　また、土地の賃貸借に当たり、建物の所有を目的とした土地の賃貸借である場合には、借地権設定時に権利金の授受がなく、相当の地代の支払いもなく、土地の無償返還届出書の提出もない場合は借地人が無償で借地権を取得したものとして権利金の認定課税が行われます。この認定課税が行われる時期は借地権設定時となります。

　ここで、借地権の設定時にこの権利金の認定課税がされなかった場合（課税漏れの場合）、申告期限後5年を経過すると課税ができなくなります（ご相談のケースではこちらに該当すると思われます）。

---

**（参考：平成9年2月17日裁決）**
**（土地の無償返還届出書が提出されていない場合の土地の評価）**

　本裁決で審判所は、法人税法上、本件土地については、賃貸借であると考えるのが妥当であり、無償返還届出書が提出されていないことから本件土地には借地権が存在するものとして取り扱うのが相当であると判断しました（土地所有者の土地評価は底地評価）。

---

　上記の裁決の他、借地人である法人の借地権が存在すると判断された裁決（**平成26年5月9日裁決、令和元年8月19日裁決**）があります。

**事例8**

## 土地の無償返還届出書を提出していない場合の土地評価（使用貸借の場合）

前問の内容で、使用貸借の状況で甲に相続が発生した場合、土地の評価はどのようになるのでしょうか。

(1) 対象となる土地：○○○△△△×××（□□□㎡）

(2) 土地所有者：甲　　借地権者：A社

(3) 建物の建築等の状況

　　　A社　昭和47年新築→　平成11年取壊し→　平成11年新築

(4) 地代の授受はない

(5) 土地の賃貸借開始時、建物建替え時他、現在まで権利金の認定課税が行われた事実はない（相当地代、土地の無償返還届出書の提出なし）。

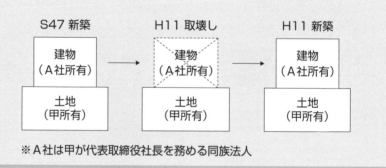

　　※A社は甲が代表取締役社長を務める同族法人

**回答**

底地評価になると考えられます。考え方については、事例9も参照願います。

**解説**

下記の土地の無償返還届出書にもあるように、使用貸借の場合でも、この届出書は提出するようになっています。言い方を変えれば、提出し

ない場合、使用貸借でも借地人（相談事例ではA社）が、借地権を取得
したことになり、借地権相当分の利益を受けたとして法人税の課税がさ
れるということです。

　この点は、個人間の使用貸借とは異なります。法人は経済人と判断さ
れ、地代を支払うのが基本（賃貸借が基本）で、使用貸借（賃料ゼロ）
であっても、賃料を免除されているに過ぎないと判定するといった考え
方かと思います（法基通13－1－7）。

　そのため、使用貸借でも賃貸借と同様に判断されるため、被相続人の
土地は通常の底地評価となります。

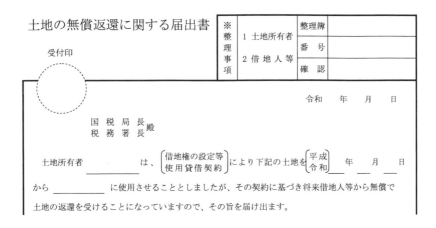

**（参考：平成9年2月17日裁決）**
**（土地の無償返還届出書が提出されていない場合の土地の評価）**

　本裁決で審判所は、法人税法上、本件土地については、賃貸借(注)で
あると考えるのが妥当であり、無償返還届出書が提出されていないこ
とから本件土地には借地権が存在するものとして取り扱うのが相当で
あると判断しました（土地所有者の土地評価は底地評価）。

(注)　実際には賃料の授受はされていませんでした。

## 事例9

## 土地の無償返還届出書を提出していない場合の土地買取時の価額（権利金の認定課税の時期を含む）（参考）

　前問の事例の前提で、仮に甲の相続開始前にＡ社が対象地を底地価額で甲から購入した場合、借地権価額に相当する権利金の認定課税はあるのでしょうか。

(1)　対象となる土地：○○○△△△×××（□□□㎡）

(2)　土地所有者：甲　　借地権者：Ａ社

(3)　建物の建築等の状況

　　　Ａ社　昭和47年新築→　平成11年取壊し→　平成11年新築

(4)　地代年約400万円（固定資産税等の2.5倍程度）

(5)　土地の賃貸借開始時、建物建替え時他、現在まで権利金の認定課税が行われた事実はない（相当地代、土地の無償返還届出書の提出なし）。

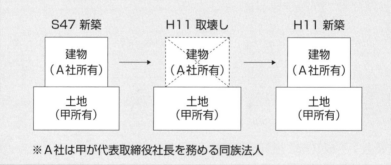

## 回答

　Ａ社が買い取る土地は底地部分（底地価額）になるものと考えられます。また、借地権価額に相当する権利金の認定課税はないものと考えられます。

## 解説

### 1 上記前提の下に借地権者が土地（底地）を購入する場合の課税関係

　土地の賃貸借に当たり、建物の所有を目的とした土地の賃貸借である場合には、借地権設定時に権利金の授受がなく、相当の地代の支払いもなく、土地の無償返還の届出書の提出もない場合は借地人が無償で借地権を取得したものとして権利金の認定課税が行われます（下記 **2** の法人税法施行令、法人税基本通達、下記 **3** の裁決参照）。この認定課税が行われる時期は借地権設定時となります（下記 **3** の裁決参照）。

　なお、借地権の設定時にこの権利金の認定課税がされなかった場合（課税漏れの場合）、申告期限後 5 年を経過すると課税ができなくなります（下記 **2** の国税通則法参照）。

　そのため、本件については借地権の設定は当初の建物建築時の昭和47年と考えられ、借地人であるＡ社が土地所有者である甲から土地（底地）を今後購入した場合でも、その際に権利金の認定課税が行われることはないものと考えられます。

### 2 土地の賃貸借に関する課税上の取り扱い

#### (1) 法人税法上の取り扱い

##### ① 原則的な取り扱い

　法人税法第22条第 2 項では、内国法人の各事業年度の所得の金額の計算上当該事業年度の益金の額に算入すべき金額は、資産の販売、有償又は無償による資産の譲渡又は役務の提供、無償による資産の譲受けその他の取引で資本等取引以外のものに係る当該事業年度の収益の額とする、とあります。

　そうすると、借地権設定時に本来権利金の支払いを行うべきところ無償で借地権を取得した場合については、借地人である法人は土地所有者から借地権の贈与を受けたものとして受贈益の計上が必要となります。

　本件の例でいえば、借地権設定時に借地権者であるＡ社は受贈

179

益の計上が必要ということです。

### ② 例外的な取り扱い（相当の地代の収受）

（法令137）

(注) 更地価額の 6 ％の地代（年額）（法基通13－ 1 － 2 、平成元年 3 月30日付直法 2 － 2 ）

### ③ 例外的な取り扱い（土地の無償返還に関する届出書を提出した場合）

（法基通13－ 1 － 7 ）(注)

(注) 相当の地代と実際の支払地代との間に差額がある場合は、その差額地代について、地主が借地人に贈与したものと考え、形式的には相当の地代が維持されているものとしての扱いになります。

### ⑵ 土地所有者が個人である場合の借地権設定時の課税

（所基通59－ 5 ）。

本件の例でいえば、土地所有者について、借地権設定時に時価で借地権を譲渡したとしての課税は行われないということです。

### ⑶ 更正の期限について

国税通則法第70条では、法人税申告書の提出期限から 5 年(注)を経過した日以後において法人税を増額する更正処分はできないものとしています。

(注) 偽りその他不正の行為によるものは 7 年

## 3 参考となる裁決

### ○ 平成 9 年 2 月17日裁決

> **（無償返還届出書が提出されていない場合の土地の評価）**
> 　法人税法上、本件土地については、賃貸借であると考えるのが妥当であり、無償返還届出書が提出されていないことから本件土地には借地権が存在するものとして取り扱うのが相当であるとされた事例

※本裁決は、土地の貸借が使用貸借（賃料無し若しくは固定資産税程度）に近い事案ですが、通常の賃貸借であっても税務上同様の判断

となります。

## (1) 裁決の要旨（抜粋）

① 本件土地の賃借関係の実体が使用貸借であると認められなくもないが、法人は、本来営利追求を目的として設立され、合理的経済人としての行動を前提としていることから、法人税法22条では資本等取引以外の取引すべてについて収益の額を計算して益金の額に算入すべきものとされており、本件土地の貸借が使用貸借の名の下に甲社に建物を建築させた場合であっても、借地権相当額の認定課税が行われるべきであったと認めるのが相当である。

② そうすると、甲社が本件土地に建物を建築した時点（注1）で、甲社に対して借地権相当額について受贈益課税がされるべきであった（注2）のであるから、相続開始日における本件土地の評価は、個人と法人の重複課税を排除する観点から、自用地の価額から借地権相当額を控除して算定するのが相当である。

（注1） 建物の建築は昭和33年、土地所有者の相続開始は平成3年。
（注2） 甲社の貸借対照表には借地権の記載はない。

## (2) 裁決文関連箇所抜粋

以下、上記審判所の判断について関連箇所を抽出し掲載します。

①…昭和64年1月1日から平成元年12月31日まで及び平成2年1月1日から平成2年12月31日までの各事業年度における決算報告書の貸借対照表には、本件土地の借地権に関する記載がないが、借地権については権利金等を支払って取得するもののほか、使用開始の時点で受贈益の計上漏れのものや地価の値上りに伴う自然発生のものも存在することから、借地人（法人）の貸借対照表に本件土地の借地権相当額の計上がないことのみを捕らえて、借地権が存在しないとすることはできない。…

（注） 法人の貸借対照表には借地権の記載はありませんでした。

②…本件土地に関する無償返還届出書は、本件相続の開始した平成3年7月20日の時点において、原処分庁に対し提出されていな

い…。

③…法人税法第22条では無償による資産の譲渡や役務の提供等も含め、資本等取引以外の取引のすべてについて収益の額を計算して、その事業年度の益金の額に算入すべきものとされており、本件土地…に、建物を建築させた場合…借地権相当額の認定課税が行われるべきであったと認めるのが相当である。

　そうすると、借地人（法人）が昭和33年に被相続人（個人）から本件土地を借り受け、同土地上に本件建物を建築した時点で、借地人（法人）に対して借地権相当額について受贈益として実際には課税されてはいないものの、課税されるべきであったのである…

## 事例10

## 借地権設定時に相当地代の支払いをしていたか否かが不明な場合の土地評価

被相続人は、所有する土地を自己が代表取締役を務める同族法人に賃貸し、同法人は建物を建築し、事業を行っていました。土地の賃貸は40年ほど前から続いていますが、契約書は残っていません。

地代については、現在、更地価額の3.5％程度で、近隣の地代水準より少し高めです。地代の推移は、ここ15年程度しか判明していませんが、現在より以前の方が低い状況でした。

土地の無償返還に関する届出書や相当地代の届出書を所轄署に提出している事実はありません。

このような場合、土地の評価は通常の底地評価（路線価図では借地権割合60％のため、その分控除して40％評価）でよいのでしょうか。それとも、相当地代通達を基に借地権価額を算定し（算定すると40％程度）、その価額を更地価額から控除して底地の価額を算定するのでしょうか。

### 回答

通常の底地評価（40％）になるものと考えられます。

### 解説

当初、相当地代で契約が始まっているのが確認できれば、相当地代通達で借地権を評価し、更地価額からその借地権価額を控除した残額（ご相談のケースでは60％）を底地評価とすべきですが、当初の契約（地代）の状況が不明の場合は、原則に戻って(注)通常の底地評価になると考えられます。

(注) 建物の所有を目的とした土地の賃貸借については、借地借家法が適用され、借地人に借地権が生じます。これが土地の賃貸借の原則で、相当地代はあくまで、税務上の取扱いになります。

　なお、法人税基本通達13-1-8では、相当地代の届出を提出していない場合は、地代改訂はしないもの（改訂以外の方法を選択したもの）と扱うとありますが、これは、借地権設定の段階で相当地代を授受していることが前提と考えられます（下記アンダーライン参照）。

---

**法人税基本通達**

**（参考：法人税基本通達）**

**（相当の地代の改訂）**

**13-1-8**　法人が、<u>借地権の設定等により他人に土地を使用させた場合</u>（13-1-5又は13-1-7の取扱いの適用がある場合を除く。）<u>において、これにより13-1-2に定める相当の地代を収受することとしたときは</u>、その借地権の設定等に係る契約書においてその後当該土地を使用させている期間内に収受する地代の額の改訂方法につき次の(1)又は(2)のいずれかによることを定めるとともに、その旨を借地人等との連名の書面により遅滞なく当該法人の納税地の所轄税務署長に届け出るものとする。この場合において、その<u>届出がないときは、(2)の方法を選択したものとする。</u>

(1)　その借地権の設定等に係る土地の価額の上昇に応じて順次その収受する地代の額を相当の地代の額（上昇した後の当該土地の価額を基礎として13-1-2に定めるところに準じて計算した金額をいう。）に改訂する方法

(2)　(1)以外の方法

(注)　13-1-7の(注)は、法人が(1)の方法を選択した場合について準用する。

---

## 事例11

### 土地の無償返還届出書を提出している駐車場用地の評価

　被相続人は、自己が代表取締役である同族法人に土地を賃貸しています。同法人は、コインパーキングとして利用していますが、このような土地の評価はどのようになるのでしょうか。

　なお、所轄税務署に土地の無償返還の届出書が提出されています。

### 回答

　自用地評価から賃貸期間に応じた賃借権を控除した額が評価額になるものと考えられます（自用地評価から20％控除することにはならないと考えられます）。

### 解説

　一般的に土地の無償返還届出書を提出している場合の底地評価は80％（自用地価額から20％控除）となりますが、これは土地上に建物が建築されているケースと考えられます。ご相談のケースでは、賃借人である同族法人は、コインパーキング施設（構築物）を所有していると思われますが、建物を所有しているわけではないので、借地借家法の適用はないものと考えられます。一方、民法上の賃借権は存在していると考えられますので、この賃借権を土地の自用地価額から控除した額が被相続人の土地（底地）評価額になるものと考えられます（貸し付けられた雑種地の評価／評基通86、87）。

## 事例12

### 耕作権の目的となっている農地の評価（農地法施行前）

被相続人は農地を所有していましたが、昭和20年からこの農地を賃貸していました。

このような場合の評価はどのようになるのでしょうか。

### 回答

農地の価額から耕作権の価額を控除して評価するものと考えられます。

### 解説

#### 1　財産評価基本通達での規定

財産評価基本通達41では、次のように規定しています。

---

**財産評価基本通達**

**（貸し付けられている農地の評価）**

**41**　耕作権、永小作権等の目的となっている農地の評価は、次に掲げる区分に従い、それぞれ次に掲げるところによる。

(1)　耕作権の目的となっている農地の価額は、37《純農地の評価》から40《市街地農地等の評価》までの定めにより評価したその農地の価額（以下この節において「自用地としての価額」という。）から、42《耕作権の評価》の定めにより評価した耕作権の価額を控除した金額によって評価する。（以下省略）

---

※　東京国税局管内では、市街地農地及び市街地周辺農地は、その農地の価額に耕作権割合（100分の35）を乗じて耕作権を評価することにしています。

#### 2　農地法の許可を受けないで他人に耕作させている農地の評価

農地法の許可を受けないで、長期間にわたり他人に耕作させているような農地もありますが、農地に賃借権等の権利を設定するためには農地

法第 3 条の定めるところにより都道府県知事（現行原則として農業委員会）の許可を受けなければならないので、いわゆるやみ小作については耕作権を認めることはできません。

したがって、耕作権の評価はゼロとし、その農地は自用地として評価されます（評基通 9 (7)、41）。

## 3　農地法施行前に賃借権が設定されていた農地の評価
**平成18年 6 月19日裁決**が参考となります。

この裁決で審判所は、「賃借権の設定等について許可又は承認が必要とされることとなった昭和21年11月22日前に賃貸借された農地の賃借人は、農地法施行（昭和27年10月21日）後に改めて農地の賃借権の設定等に係る許可を要することはなく、又、その後賃借人に相続が開始した場合には、その相続人は、その賃借権を適法に承継したものと扱われることから、かかる賃借権は、その解約等を行う場合、農地法第18条（平成21年12月改正前は第20条）第 1 項の規定により都道府県知事の許可が必要であることから、同法の保護を受ける賃借権、つまり、財産評価基本通達 9 の(7)の耕作権に該当する」としています。

したがって、昭和21年11月22日前に賃貸借が開始された農地については、自用地としての価額から財産評価基本通達に定める耕作権の価額を控除して評価します。

**（平成18年 6 月19日裁決）**
**農地法施行前に設定されていた農地の賃借権について、賃貸借の効力が生じており、農地法第20条《農地又は採草牧草地の賃借権の解約等の制限》第 1 項の規定の適用があるから、財産評価基本通達 9 の(7)の耕作権に該当するとした事例**
**（裁決要旨）**
　財産評価基本通達41の(1)は、耕作権の目的となっている農地については、その農地の自用地としての価額から、同通達42の定めにより評価した耕作権の価額を控除した金額によって評価することとし、耕作権については、農地法第20条第 1 項の規定の適用がある賃借権に限られるとこ

ろ、本件農地の一部については、農地法施行（昭和27年10月21日）前から引き続き賃貸されていることが認められる。

　農地法施行前における農地の賃借権の設定等に関しては、農地法の前身である農地調整法第5条及び第6条が昭和20年12月29日に改正（昭和21年2月1日施行）され、同法第5条は「農地ノ所有権、賃借権、地上権其ノ他ノ権利ノ設定又ハ移転ハ命令ノ定ムル所ニ依リ当事者ニ於テ地方長官又ハ市町村長ノ認可ヲ受クルニ非ザレバ其ノ効力ヲ生ゼズ」と規定され、同法第6条第3号において、「農地ヲ耕作ノ目的ニ供スル為前条ニ掲グル権利ヲ取得スル場合」は前条の規定は適用しないとされた。次いで、農地調整法第5条及び第6条が、昭和21年10月21日に改正（昭和21年11月22日施行）され、同法第5条の「認可」が「許可」（地方長官）又は「承認」（市町村農業委員会）に改められ、同法第6条が削除されたことによって、以後、賃借権の設定等については許可又は承認が必要とされることとなったが、その施行前に開始された賃貸借は、同法上、この許可又は承認を要することなく有効に成立しているものと解されている。

　そして、賃借権の設定等について許可又は承認が必要とされることとなった昭和21年11月22日前に賃貸借された農地の賃借人は、農地法施行後に改めて農地の賃借権の設定等に係る許可を要することはなく、又、その後賃借人に相続が開始した場合には、その相続人は、その賃借権を適法に承継したものと扱われることから、かかる賃借権は、その解約等を行う場合、農地法第20条第1項の規定により都道府県知事の許可が必要であることから、同法の保護を受ける賃借権、つまり、財産評価基本通達9の(7)の耕作権に該当することとなる。

　したがって、昭和21年11月22日前に賃貸借が開始された農地については、自用地としての価額から財産評価基本通達に定める耕作権の価額を控除して評価するのが相当と認められる。

**(参考) 耕作権の目的となっている農地の評価（控除する耕作権の割合の是非）**

　耕作権の設定されている土地について、課税当局と納税者の間で争いがあった事例について以下、ご紹介致します。

**課税庁が、本件農地の価額を、財産評価基本通達に基づく更地価額から、東京国税局長が定める耕作権割合100分の35に相当する価額を控除して算定したことは、課税庁が提出した鑑定評価書及び近隣の耕作賃貸借契約を合意解除した事例における耕作権割合に照らして相当であるとされた事例**

**東京高裁　平成16年4月7日判決（棄却・確定）**

**1　事案の概要・結果**

　(1)　納税者は本土地（耕作権の目的となっている土地について鑑定評価を主張、一方、課税庁は評価通達に基づく評価額を主張しました。裁判所は課税庁の主張を認めた事案です。

　(2)　問題となったのは、本件土地

　　①　本件土地は畑（656.62㎡）、市街化区域内農地である。

　　　(注)　E（本件耕作者）のため賃借権が設定されている。

　(3)　各当事者の主張した評価額及び裁判所の判断した評価額

　　・納税者の主張した評価額…3,315万円（収益還元法により評価）

　　・課税庁の主張した評価額…1億109万2,588円（更地価額1億5,55万7,013円から35％の耕作権割合を控除）

　　　(注)　課税庁提出のF鑑定Ⅰにおいては1億9700万円、控訴人らが依拠するG鑑定Ⅰにおいても2億円

　　・裁判所…被告（課税庁）と同額

**2　裁判所の判断**

　(1)　裁判所は、課税庁が、本件農地の価額を、財産評価基本通達に

　基づく更地価額から、東京国税局長が定める耕作権割合100分の35に相当する価額を控除して算定したことは、課税庁が提出した鑑定評価書及び近隣の耕作賃貸借契約を合意解除した事例における耕作権割合に照らして相当であると判断しました。

(2)　納税者は、本件農地に係る評価手法として収益還元法を採用することにより耕作権割合が適切に評価されると主張しましたが、本件農地の耕作料は固定資産税等に比し極めて低廉であるから、市街化区域内農地の相続開始時における客観的な交換価格の評価手法として、このような低額な耕作料の支払を受けることを長期間固定的なものとする前提で耕作権割合を評価することが適切であるとは認められないとされました。

**事例1**

## 著しく利用価値が低い土地としての10%減額

> 被相続人の自宅の敷地は、前面の道路よりかなり高いところにあります。道路を挟んだ向かい側にも家が建っていますが、その敷地は道路とほぼ並行です。付けられている路線価を見ると10万円となっています。このような場合、被相続人の自宅敷地と向かい側の家の敷地と同じ10万円を基にした評価となるのでしょうか。

**回答**

　被相続人の自宅の敷地は、通常の相続税評価から10%減額できるものと思われます。

　具体的な判断については、事例2から6を参照ください。

**解説**

### 1　著しく利用価値が低い土地

　次のようにその利用価値が付近にある他の宅地の利用状況からみて、著しく低下していると認められるものの価額は、その宅地について利用価値が低下していないものとして評価した場合の価額から、利用価値が低下していると認められる部分の面積に対応する価額に10%を乗じて計算した金額を控除した価額によって評価することができます。ただし、路線価又は倍率が、利用価値の著しく低下している状況を考慮して付されている場合にはしんしゃくされません。

(1)　道路より高い位置にある宅地又は低い位置にある宅地で、その付近にある宅地に比べ著しく高低差があるもの

(2)　地盤に甚だしい凹凸のある宅地

(3)　震動の甚だしい宅地

(4)　(1)から(3)までに掲げる宅地以外の宅地で、騒音、日照阻害（建築基準法第56条の2に定める日影時間を超える時間の日照阻害があるものとする。）、臭気、忌み等により、その取引金額に影響を受けると認め

られるもの

　また、宅地比準方式によって評価する農地又は山林について、その農地又は山林を含を宅地に転用する場合において、造成費用を投下してもなお宅地としての利用価値が著しく低下していると認められる部分を有するものについても同様の取扱いと考えられます。

## 2　ポイント整理

　著しく利用価値が低い土地に該当するか否かは、判断が難しいケースが多々あります。具体的には、次ページ以降の各事例を参考にして頂ければと思いますが、同じ路線価でありながら、評価対象地と他の土地とにどのように違いがあるかを見極めることかと思います（例えば同じ路線価が付されているのに評価対象地は地盤が低い、同様に電車の走行による振動や騒音がある等）。

**事例 2**

## 前面道路より評価対象地の地盤が高い場合 （1）

　被相続人の自宅の敷地は、道路より1.5m程度高いところにあり、自宅には階段を上り下りして出入りしています。被相続人の自宅と隣接する土地はほぼ同じような状態ですが、道路を挟んだ向かい側の土地は、道路とほぼ同じ高さです。路線価は被相続人の自宅側も向かい側も同じ金額です。このような場合、著しく利用価値が低いとして10％の評価減額は可能なのでしょうか。

**回答**

　ご相談の内容からは、10％の評価減額が可能と思われます。

**解説**

　評価対象地が道路面より高かったり低かったりする場合、10％の評価減額の適用になるか否かの判断は難しいところがありますが、下記の裁決が参考となります。

　**平成19年 4 月23日裁決**の事案では、評価対象地が前面道路より1.2m高く、道路を挟んだ向かい側の土地は道路と高低差がない状態でした。路線価は同じ金額です。審判所は、利用価値が著しく低下した土地であるとして10％の評価減を認めました。

○　**道路と土地の高低差のイメージ**

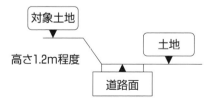

**(参考：平成19年 4 月23日裁決)**

**(裁決要旨)**

　原処分庁は、本件各宅地は、本件東側道路より平均で1.2m程度高い位置にあるものの、本件東側道路に接する本件各宅地以外の宅地も本件東側道路より高い位置にあり、本件各宅地だけが、その付近にある宅地に比較して著しく高低差があるとまではいえないから、利用価値が著しく低下している宅地には該当しない旨主張する。

　しかしながら、本件各宅地は、周辺の宅地と比して、本件東側道路より約1.2m高い土地であり、また、本件各宅地のみが、この高低差のために車両の進入ができないことに加えて、本件東側道路の幅員及び路面状況にも差が認められることなどの本件各宅地の事情を総合勘案すると、本件各宅地は、この付近にある他の宅地の利用状況からみて、利用価値が著しく低下した土地であると認められる。

**(参考)**

　次ページの事例 3 との比較検討が必要です。

## 事例3

### 前面道路より評価対象地の地盤が高い場合（2）

被相続人の自宅の敷地は、道路より1.5m程度高いところにあり、自宅には階段を上り下りして出入りしています。被相続人の自宅と隣接する土地はほぼ同じような状態です。道路を挟んだ向かい側の土地は、被相続人の自宅の敷地ほどではありませんが、道路より1m程度高いところがほとんどです。路線価は被相続人の自宅側も向かい側も同じ金額です。このような場合、著しく利用価値が低いとして10%の評価減額は可能なのでしょうか。

### 回答

ご相談の内容からは、10%の評価減額はできないものと思われます。

### 解説

評価対象地が道路面より高かったり低かったりする場合、10%の評価減額の適用になるか否かの判断は難しいところがありますが、下記の裁決が参考となります。

**平成25年3月11日裁決**の事案では、評価対象地が前面道路より2m程度高く、道路を挟んだ向かい側の土地は道路より1m程度高い状態でした。路線価は同じ金額です。審判所は、当該路線の道路面との高低差があって、このことは当該路線に接している各宅地に共通したものであるとして、10%の評価減を認めませんでした。

○　**道路と土地の高低差のイメージ**

**(参考：平成25年 3 月11日裁決)**

**(裁決要旨)**

　請求人らは、相続により取得した宅地（本件宅地）の評価に当たり、その面する市道に沿接する他の宅地や最寄りの公示地と比較して道路より高い場所に位置しているにもかかわらず、路線価が同額であることなどから、利用価値が著しく低下している宅地として10％の評価減の取扱い（本件取扱い）を適用すべきである旨主張する。

　しかしながら、本件取扱いの適用は、同一の路線（財産評価基本通達14《路線価》に定める路線）に接する一連の宅地に共通している地勢の宅地の地盤面と道路の路面との高低差と、評価する宅地の地盤面と道路の路面との高低差を比較検討しても、なお後者に著しい高低差のある場合に限るのが相当であるところ、本件宅地が面する路線は下り坂となっており、本件宅地を含む当該路線に接する各宅地の地盤面には当該路線の道路面との高低差があって、このことは当該路線に接している各宅地に共通したものであり、また、当該路線に接するその他の宅地の地盤面には、当該路線の道路面との高低差が本件宅地と同程度のものも認められることからすると、当該路線に接する一連の宅地に共通している地勢の宅地の地盤面と道路の路面との高低差と、本件宅地の地盤面と道路の路面との高低差を比較検討してもなお著しい高低差があるとはいえない。

　したがって、本件宅地の評価に当たり、本件取扱いを適用することはできない。

**(参考)**

　前々ページの事例 2 との比較検討が必要です。

## 事例4

### 評価対象地の前に歩道橋の上り下り口がある場合

　被相続人の自宅の敷地と敷地が面する道路との間に、歩道橋の上り下り口があります。
　そのため、敷地の利用には制限がありますが、このような場合、著しく利用価値が低いとして10％の評価減額は可能なのでしょうか。

### 回答

　ご相談の内容からは、10％の評価減額が可能と思われます。

### 解説

　ご相談のケースについては、下記の裁決が参考になります。納税者の主張（セットバックと同等の評価減額）は認められませんでしたが、10％の評価減額が適用されました。

（参考：平成18年3月10日裁決）
（裁決要旨）
　請求人は、本件乙土地は、横断歩道橋及び歩行者自転車用柵（ガードレール）により前面車道との連続性が失われており、接面道路の歩道幅員が狭いことから、セットバックの手法に準じた評価方法によって評価すべきである旨主張するが、本件乙土地の接面道路は、建築基準法第42条第2項に規定する道路には当たらないから、セットバックを必要とする宅地の評価をすることはできず、セットバックの手法に準じた評価方法を適用すべきとの主張は、独自のものであり認めることはできない。
　しかしながら、本件乙土地は、横断歩道橋が設置されていることにより、車両進入の障害となっていること及び有効歩道幅員が狭いことから、著しい利用制限をその全面積に受けているものと認められるので、10％の減額をして評価することが相当である。

## 事例5

## 電車走行による振動及び騒音がある場合

　被相続人の所有するアパートの敷地は、道路を挟んで線路に面しており、電車が通ると振動やかなり大きな音がします。このような場合、著しく利用価値が低いとして10％の評価減額は可能なのでしょうか。また、可能な場合、敷地全体の評価について10％減額が可能なのでしょうか。なお、評価対象地の路線価と近くにある線路に面していない路線価は同じ20万円です。

㊟　評価対象地の面する道路と近くにある道路とは道路幅員等が同じ。

### 回答

　状況により異なりますが、10％の減額の可能性が高いと考えられます。なお、敷地全体が対象とは限りませんので注意が必要です。下記裁決内容を参照ください。

### 解説

　線路に面した評価対象地について10％の評価減額が認められた下記の裁決が参考となります。裁決では、線路から20mの範囲について10％の減額を認めています。ケースごとにある程度の差異はあると考えられますが、一つの基準にはなるものと思われます。

---

**（参考：平成15年11月4日裁決）**
**（裁決要旨）**

　鉄道沿線の土地について、①評価計算に採用された路線価が電車走行による振動及び騒音の要因を斟酌して評定されていないこと、②鉄道沿線から20m範囲内では電車走行による騒音及び振動が環境省の騒音対策における指針である60デシベルを超えていること、③同地区に存する分譲地における分譲価額に開差が10％を超える取引事例が存在することからして、資産評価企画官情報による著しく利用価値の低下

---

している宅地として、鉄道から20mの範囲内の部分について、その相続税評価額から10％を減額するのが相当である。

## 事例6

### 騒音、振動による補正が固定資産税路線価でされている場合

　被相続人の所有する土地の中には、線路に面した土地があります。相続税の路線価と固定資産税の路線価を比較してみると、固定資産税の路線価の方では、被相続人の所有する土地に面する路線価が付近の路線価に比較し少し減額になっているようでした。

　このような場合、相続税の路線価を基に評価した額から10％の評価減額は可能なのでしょうか。

### 回答

　相続税の路線価について、線路に面していることの補正がされていないようであれば、10％の減額が可能と考えられます。

### 解説

　下記の裁決が参考となります。審判所は、固定資産税の路線価では、騒音や振動の補正がされていることを理由として10％の減額を認めています。

**（参考：平成19年12月14日裁決）**
**（裁決要旨）**

　課税実務上、騒音、日照阻害、臭気等により、その取引金額に影響を受けると認められる宅地のように、その利用価値が、付近にある他の宅地の利用状況から見て著しく低下していると認められる宅地の価額は、その利用価値の低下していないものとして評価した場合の価額から、利用価値が低下していると認められる部分の面積に対応する価額に10％を乗じて計算した金額を控除した価額によって評価して差し支えない旨取り扱われており、この取扱いは、上記のような状況にある宅地とそうでない宅地を比較して、そのような状況にある宅地の価値に減価が生じていることを考慮する趣旨からして相当と認められる。

　本件土地の接面する道路は、固定資産税の宅地の評価においても、騒音、振動に係る補正（減価）を行う幹線道路に該当することから、本件土地の相続税評価額の算定に当たっては、上記の著しく利用価値の低下が認められる場合の取扱いの例による減価をするのが相当である。

## 事例 7

## 売却契約中・購入契約中の土地評価

> 　相続開始時点で売買契約中の土地の評価はどのようになるのでしょうか。
> 　売却契約中と購入契約中に分けて教えてください。

### 回答

　売却契約中に相続が開始した場合には、相続又は遺贈により取得した財産は、その売買契約に基づく相続開始時における残代金請求権となります。

　また、購入契約中に相続が開始した場合には、相続又は遺贈により取得した財産は、その売買契約に係る土地の引渡請求権等となります（土地として相続税評価額で申告した場合も認められます。）。

　詳しくは、解説を参照ください。

### 解説

　売買契約中に相続が発生した場合の土地の評価については、昭和61年以降、相次いで最高裁判決が下りました（昭和61年12月5日、平成2年7月13日）。これを受けて平成3年1月11日付で国税庁から資産評価企画官情報1号が発遣された経緯があります。

### 1　判決での売買契約中の土地の評価

(1)　売主に相続が開始した場合には、土地の所有権がまだ売主である被相続人に残っていたとしても、もはやその実質は売買代金債権を確保するための機能を有するにすぎないものであるから、その土地の所有権は、独立して相続税の課税財産を構成せず、相続税の課税財産となるのは、売買代金である。

(2)　買主に相続が開始した場合には、相続税の課税財産となるのは、所有権移転請求権等の債権であり、その価額は、売買された土地の

価額に準じて考えることができる。

## 2 現在の取扱い

(1) 売主に相続が開始した場合には、相続又は遺贈により取得した財産は、その売買契約に基づく土地の譲渡の対価のうち相続開始時における未収入金とします。

(2) 買主に相続が開始した場合には、相続又は遺贈により取得した財産は、その売買契約に係る土地の引渡請求権等とし、その財産取得者の負担すべき債務は、相続開始時における未払金とします。

> (注)1　買主に相続が開始した場合における上記(2)の土地の引渡請求権等の価額は、原則としてその売買契約に基づく土地の譲渡の対価の額によるものとします。
> 　2　買主に相続が開始した場合において、その土地を相続財産とする申告があった場合には、それが認められます。
> 　　この場合には、その売買契約に係る土地の引渡請求権は、相続財産としないほか、その土地の価額は、財産評価基本通達により評価した価額によることになります。

**（例：買主に相続があった場合で土地として申告する場合）**

① 　1億円で土地を購入契約。手付金1,000万円支払い

② 　土地の相続税評価額8,000万円

③ 　相続税申告…土地8,000万円、未払金9,000万円

## 3 ポイント整理

上記**2**(2)(注)2にもあるように、土地の購入契約中に相続が発生した場合、その土地を相続財産として通常の相続税評価額で申告した場合、それが認められる扱いになっています。なお、過度な税負担の軽減を目的とした土地の購入の場合、財産評価基本通達6項の適用がされる可能性もあり得ますので、その点も検討が必要です（詳細はＰ2の事例を参照ください。）。

## 事例 8

# 売買契約直前の相続税の土地評価

> 被相続人は、生前に所有する土地の一部を売却するために不動産業者に仲介を依頼していました。契約が決まりつつあったところで、相続が発生してしまいました。その後、1か月程度で、相続人が売買契約を締結しました。売買価額は、相続税評価額よりかなり高めになっています。
>
> このような場合、相続税の申告に当たり、土地の評価はどのようになるのでしょうか。

## 回答

相続開始時点で、実際に売買契約には至っておらず、通常の相続税評価になるものと考えられます。

## 解説

売買契約中の土地であれば、売買代金請求権が課税対象となりますが、売買前であれば、通常の相続税評価額が土地の評価額になるものと考えられます。

下記の裁決は、土地が贈与された後、その土地が買収され、その土地の評価額が問題(注)になった事案ですが参考となります。

(注) 受贈者(請求人)が贈与により取得したものとした場合における本件土地の価額は、税務署(原処分庁)が主張する市による買収予定価額によることが相当か、受贈者(請求人)が主張する財産評価基本通達による評価が相当かが問題となりました。

---

**(参考:平成20年3月28日裁決)**
本件土地は、請求人が贈与により取得したもので、その価額は買収予定価額ではなく評価通達により評価した価額によるべきであるとした事例

---

# 1 事案の概要 ※平成17年贈与

(1) 本件は、兄Hが妹Kに土地の持分（1／2）を贈与した際の価額について争いになったものです。なお、上記土地は、P市により買取られている関係で、原処分庁はP市の買取予定価額を上記土地の時価と主張し、一方、請求人（妹K）は評価基本通達に基づく評価額である旨主張しました。

(2) P市による本件土地の買取りの経緯は次のとおりです。

① P市は、平成15年9月3日、兄Hに対して、本件土地を都市計画街路事業・M路線（以下「M路線」という。）の道路用地（残地部分を含む。以下同じ。）として買収予定価額66,679,200円（以下「本件買収予定価額」という。）で買い取りたい旨の申出を行いました。

② 上記①の申出を経て、P市は、平成15年12月5日、兄Hに対して、本件土地について具体的な売買交渉を行ったが売買契約には至らなかったため、兄H及びP市は、本件土地をM路線の事業用地として使用することとして、貸付人を兄H、借受人をP市、借受期間を平成15年12月8日から平成17年3月31日までの間とする土地使用貸借契約を平成15年12月8日に締結し、さらには、借受期間を平成17年4月1日から平成18年3月31日までの間とする土地使用貸借契約を平成17年3月24日に締結しました。

③ P市は、その後平成17年7月5日、兄Hに対する本件土地についての売買交渉の中で、兄Hが妹に本件土地を分配するつもり(注)であることを知ったため、本件新相続登記後である同年8月19日に、兄K及び妹Kに対し、本件土地の各共有持分2分の1についてM路線の道路用地として買い取りたい旨の申出を行うとともに、それぞれの買取り価額として33,339,600円（上述の買収予定価額66,679,200円2分の1）の提示を行った。

(注) 相続による遺産分割（兄H1／2、妹K1／2）か兄Hが相続後に妹Kに1／2を贈与したかが問題になりましたが、結果的に妹Kに1／2を贈与したものと判断されました（請求人は相続により取得した旨主張）。

(3) 審判所は、請求人の主張を認め評価基本通達による価額と判断し

ました。

## 2　課税庁の主張

　本件土地については、①贈与時点において道路用地になることが明らかな事実があること、②Ｐ市が、本件土地についての平成17年７月５日の売買交渉において、兄Ｈに対し本件買収予定価額と同額を示しており、本件買収予定価額が維持される状況にあったこと、③調査担当職員に対する請求人の申述によれば、請求人は、本件土地が買収されることを兄Ｈから聞いていることからすると、本件土地の取得の時における時価として客観的交換価値を示す価額である本件買収予定価額が現に存在していたと認められる。

　また、本件土地について評価基本通達に定められた評価方式で評価した場合の価額は、本件買収予定価額を時価とした場合に比べ著しく低額となり、評価基本通達に定められた評価方式により評価することがかえって実質的な租税負担の公平を著しく害すると認められる。

　したがって、本件土地の評価は、評価基本通達６に定める特別の事情がある場合に当たり、本件買収予定価額とするのが相当である。

## 3　請求人（納税者）の主張

　本件土地が贈与により取得されたものであるとしても、評価基本通達６は、本来、評価基本通達を機械的に適用した場合に、その価額が時価よりも高くなるなど不合理な結果が生じることがある場合に、主として納税者を救済するための定めであると解されている。

　原処分庁は、単に本件買収予定価額を時価として計算した場合に比べて、評価基本通達で定められた評価方法を適用した場合の贈与税額の方が著しく低額になるということだけをもって、課税の公平を著しく害すると判断しているが、このことは評価基本通達６の趣旨に反し、請求人が公平な課税を受ける権利の侵害にもつながる不当なものである。

したがって、本件土地の評価は、評価基本通達に定められた評価方式により評価すべきである。

## 4 審判所の判断

(1)　相続税法第22条には、贈与により取得した財産の価額はその取得の時における時価による旨規定されており、贈与税の課税実務上、特別な事情がない場合には、評価基本通達により定められた評価方法によって画一的に財産の評価を行うのが相当であるところ、原処分庁が主張する上記の点については、①請求人が、あらかじめ本件土地につき本件買収予定価額で買い取られる予定であることを知り得たとしても、本件買収予定価額は、あくまでも売買契約前の時点における予定価額であって、その後の交渉や事情の変化により変動する可能性がある価額にすぎないこと、②本件土地については、P市が道路用地として買収する予定であったとはいえ、本件新相続登記がなされる以前に売買契約は締結されておらず、請求人が取得した財産を売買代金請求権と認めることはできないことからすれば、本件買収予定価額は、贈与税の課税時期における時価としての客観的な交換価値が顕在化したものとまでは認め難い。

(2)　また、原処分庁は、評価基本通達により定められた評価方式で評価した場合の価額が本件買収予定価額に比べ著しく低額となるために評価基本通達6に定める特別の事情がある場合に当たる旨も主張するが、仮に本件買収予定価額が時価を表しているものとするならば、評価しようとするその土地の地価公示価格レベル水準の価格の80%相当額となるように、評価基本通達に基づき各国税局長が定めた財産評価基準書（以下「財産評価基準書」という。）に路線価や倍率が定められていることが周知の事実であることに照らせば、その定められた路線価や倍率の合理性が問われることはあっても、評価基本通達により定められた評価方式で評価した場合の価額が本件買収予定価額に比べ著しく低額となることのみをもって評価基本通達6に定める特別な事情がある場合に該当するとはいえないというべきである。

(3)　そうすると、本件買収予定価額は、贈与税の課税時期における時価としての客観的な交換価値が顕在化したものとまでは認め難いこと、また、評価基本通達により定められた評価方式で評価した場合

の価額が本件買収予定価額に比べ著しく低額となることをもって特別の事情が存するとはいえないことに加え、当審判所の調査によっても、本件土地の評価に当たり、評価基本通達に定める評価方法を適用することが著しく不合理であるとする特別な事情があるとは認められないことからすれば、原処分庁の主張には理由がない。

したがって、本件土地の価額は、評価基本通達に定める方式で評価するのが相当である。

## 5　ポイント整理

実務上も、相続開始時に売買契約中であるケースもよく見受けられ、また、売買契約に至らないケースで相続が開始してしまったようなケースもあります。

相続開始直前で売買契約が成立している場合と相続開始直後に売買契約が成立している場合とで評価額に相違が発生する（前者は売買代金請求権、後者は相続税評価額）ことに何らかの疑問が生じることもありますが、売買契約はその直前で反故になる場合もあり、契約が成立しているか否かは大きなポイントになるかと思われます。

### 事例9

## 居住用財産の売買契約中に相続が発生した場合の取得費加算と 3,000万円控除（参考）

　私甲（長女）の父Ｘは、生前に自宅の売買契約を締結していましたが、引渡し前に他界しました。相続人は甲とＸの配偶者Ｙです。これらの売買代金は売買代金請求権として相続税の課税の対象となるようですが、譲渡所得の計算の際、相続税を取得費に加算できる特例は適用可能でしょうか。また、居住用の3,000万円控除の適用はどのようになるのでしょうか。

　なお、私（甲）、Ｘ、Ｙは10年以上前からこの自宅に居住しています。

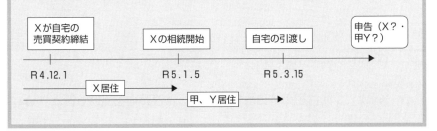

### 回答

　相続人が財産の引渡しのあった時期を譲渡の時期として申告をした場合は、相続税の取得費加算の特例が適用できると考えられます（過去の国税庁からの情報より。解説参照）。

　また、同様に、居住用の3,000万円控除についても同様に適用可能と考えられます。

## 解説

## 1 相続税の取得費加算の特例適用について

### (1) 被相続人の所得税の準確定申告で所得税申告する場合（譲渡時期を契約時とする）

相続又は遺贈により取得した資産を相続開始のあった日の翌日から相続税の申告書の提出期限の翌日以後 3 年以内に譲渡した場合には、その譲渡した資産の取得費については、一般の方法により計算した取得費に負担した相続税額のうち一定額を加算することができます（措法39、措令25の16）。

ご質問のケースで、被相続人の準確定申告で所得税の申告をする場合は、被相続人がご自宅を譲渡したことになります。その場合、相続開始前の譲渡ですので相続税の取得費加算の特例は適用できないこととなります。

なお、譲渡所得の申告については、所得税基本通達36-12で契約基準又は引渡基準が採用できることになっています。

### (2) 相続人が所得税の申告をする場合（譲渡時期を引渡し時とする）

この場合、自宅を譲渡したのは自宅を相続した相続人となります。そうすると、相続税の取得費加算の特例が適用できるものと考えられます。なお、相続したのは売買代金請求権のため、通常に土地建物等を譲渡した場合と同様に扱ってよいのかといった疑問もありますが、前述した情報は、平成 3 年 1 月11日付の国税庁資産課税情報第 1 号(注)の中で下記のような説明がされています。

「…なお、当該売買契約に係る資産の譲渡についての租税特別措置法第39条第 1 項の規定の適用関係は、①売主に相続が発生した場合において、相続人が譲渡所得の総収入金額の収入すべき時期を売買契約に係る資産の引渡しがあった日として譲渡所得の申告をするときは、同項の適用…を認めて差し支えない。」

(注) 売買契約中の資産の評価に関する情報です。

## 2　居住用財産の3,000万円控除について

### (1)　被相続人の所得税の準確定申告で申告する場合（譲渡時期を契約時とする）

　　被相続人は、譲渡した家屋に居住していた事実がありますので3,000万円の特別控除の適用があると考えられます（国税庁ホームページ質疑応答事例でも同様の内容です）。

### (2)　相続人が所得税の申告をする場合（譲渡時期を引渡し時とする）

　　相続したものが売買代金請求権と考えると、特例適用が可能か疑問になるところですが、相続人は、譲渡した家屋に居住しており、また、上述した情報の内容から判断すれば、取得費加算の特例と同様に認められるものと考えられます（仮に甲Yの共有で相続取得した場合は計6,000万円の特別控除）。

## 事例10

## 埋蔵文化財包蔵地と発掘費用の控除

> 被相続人の所有している土地は、埋蔵文化財包蔵地に指定されていますが、評価をする際、減額が可能でしょうか。

### 回答

埋蔵文化財包蔵地の場合は、通常の評価額から発掘調査費用の80%相当額を控除して評価できるものと考えられます。

### 解説

#### 1　埋蔵文化財包蔵地

埋蔵文化財とは、土中に人目に触れ難い状態で埋蔵されている文化遺産をいい、埋蔵文化財包蔵地とは、何らかの形で遺跡の所在が確認されている土地をいいます。

埋蔵文化財包蔵地に該当するかどうかは、包蔵地の所在する市区村長等の教育委員会で確認でき、遺跡分布図に発掘調査された地点やその周辺地域が明示されています。

#### 2　発掘費用について

埋蔵文化財包蔵地又はその周辺にある対象地について、都市計画法29条による開発行為をする場合には、開発する前に埋蔵文化財の有無を地方公共団体の教育委員会に照会し、事前協議をしてから、試掘調査をします。

その試掘調査の際に遺跡等が発見されなければ、そのまま工事を続行できますが、仮に遺跡等が発見された場合には、本調査が必要となります。

なお、調査のための発掘費用は、原則として事業者が負担することになります。発掘調査費用は開発許可に当たっての前提条件であり、土地の取引価額に大きな影響を与えます。

## 3 関連する裁決

埋蔵文化財包蔵地の評価について、納税者と課税当局との間で争いになった事例があり、下記の裁決が参考となります。この裁決では、周知の埋蔵文化財包蔵地については発掘調査費用の額の80％相当額を控除して評価することが相当であるとされました。

---

**（参考：平成20年９月25日裁決）**

**（裁決要旨）**

本件各土地は、周知の埋蔵文化財包蔵地に該当すると認められるＪ貝塚の区域内に所在し、実際にその一部に貝塚が存在していることから、宅地開発に係る土木工事等を行う場合には、文化財保護法第93条の規定に基づき、埋蔵文化財の発掘調査を行わなければならないことが明らかである。しかも、その発掘調査費用は、その所有者（事業者）が負担することになり、その金額も、発掘調査基準に基づき積算したところ約〇億円もの高額になる。

そうすると、上記宅地開発における埋蔵文化財の発掘調査費用の負担は、一般的利用が宅地であることを前提として評価される本件各土地において、その価額（時価）に重大な影響を及ぼす本件各土地固有の客観的な事情に該当すると認められ、本件各土地に接面する路線に付されている路線価は、周知の埋蔵文化財包蔵地であることを考慮して評定されたものとは認められず、また、財産評価基本通達上に発掘調査費用の負担に係る補正方法の定めも認められないことから、本件各土地の評価上、当該事情について、所要の検討をするのが相当である。

そして、周知の埋蔵文化財包蔵地についての発掘調査費用の負担は、土壌汚染地について、有害物質の除去、拡散の防止その他の汚染の除去等の措置に要する費用負担が法令によって義務付けられる状況に類似するものと認められる。

土壌汚染地の評価方法については、課税実務上、その土壌汚染がないものとして評価した価額から、浄化・改善費用に相当する金額等を控除した価額による旨の国税庁資産評価企画官情報に基づく取扱いを

しているところ、これは、土壌汚染地について、土壌汚染対策法の規定によってその所有者等に有害物質の除去等の措置を講ずる必要が生じその除去等の費用が発生することなどの要因が、当該土壌汚染地の価格形成に影響を及ぼすことを考慮したものであり、この取扱いは当審判所においても相当と認められる。

　そこで、本件各土地に存する固有の事情の考慮は、類似する状況における土地評価方法についての取扱いを明らかにした本件情報に準じて行うものとし、本件各土地は、本件各土地が周知の埋蔵文化財包蔵地ではないものとして評価した価額から、埋蔵文化財の発掘調査費用の見積額の80％に相当する額を控除した価額により評価することが相当と認められる。

---

**（参考：裁決文（審判所判断部分）一部抜粋）**

**(3)　争点１について**

　イ　そこで、本件各土地に係る埋蔵文化財の発掘調査費用の負担が、評価に当たって、所要の考慮を検討するのが相当と認められる土地の価額に影響を及ぼすべき客観的なその土地固有の事情に該当するかを検討する。

　　　本件各土地は、上記(1)のホのとおり、宅地として利用される地域に所在し、その相続税の評価においても、市街地山林であることから、評価基本通達においては宅地化を前提として評価される土地であると認められる。

　　　本件各土地は、上記(1)のイのとおり、周知の埋蔵文化財包蔵地に該当すると認められるＪ貝塚の区域内に所在し、実際に本件Ａ土地及び本件Ｂ土地の一部に貝塚部分が存在していることから、宅地開発に係る土木工事等を行う場合には、上記(1)のロのとおり、文化財保護法第93条の規定に基づき、埋蔵文化財の発掘調査を行わなければならないことが明らかである。しかも、その発掘調査費用は、その所有者（事業者）が負担することになり、その金額も、上記(1)のハのとおり、発掘調査基準に基づき積算したところ

約〇億円もの高額になる。

　そうすると、上記の宅地開発における埋蔵文化財の発掘調査費用の負担は、一般的利用が宅地であることを前提として評価される本件各土地において、その価額（時価）に重大な影響を及ぼす本件各土地固有の客観的な事情に該当すると認められる。

　そして、上記(1)のへのとおり、本件各土地に接面する路線に付されている路線価は、周知の埋蔵文化財包蔵地であることを考慮して評定されたものとは認められず、また、評価基本通達上に発掘調査費用の負担に係る補正方法の定めも認められないことから、本件各土地の評価上、当該事情について、所要の考慮を検討するのが相当である。

ロ　固有の事情の考慮

　本件各土地は、上記(1)のイないしハのとおり、周知の埋蔵文化財包蔵地に該当するため、文化財保護法の規定により、その宅地開発において発掘調査費用の負担が見込まれる土地であるところ、かかる負担は、土壌汚染地について、有害物質の除去、拡散の防止その他の汚染の除去等の措置に要する費用負担が法令によって義務付けられる状況に類似するものと認められる。

　土壌汚染地の評価方法については、課税実務上、別紙１の４のとおり、その土壌汚染がないものとして評価した価額から、浄化・改善費用に相当する金額等を控除した価額による旨の本件情報に基づく取扱いをしているところ、これは、土壌汚染地について、土壌汚染対策法の規定によってその所有者等に有害物質の除去等の措置を講ずる必要が生じその除去等の費用が発生することなどの要因が、当該土壌汚染地の価格形成に影響を及ぼすことを考慮したものであり、この取扱いは当審判所においても相当と認められる。

　そこで、本件各土地に存する固有の事情の考慮は、類似する状況における土地評価方法についての取扱いを明らかにした本件情報に準じて行うことが相当と認められる（本件各土地の評価の基礎となる路線価は、上記(2)のイのとおり、地価公示価格水準の

80％程度で評定されているところ、本件情報において評価上控除する「浄化・改善費用に相当する金額」は見積額の80％相当額とされており、価格水準のバランスが取られている。）。

ただし、土壌汚染地と異なり、使用収益制限による減価及び心理的な嫌悪感から生ずる減価の要因はないと認められるので、発掘調査費用分について考慮すれば足りる。

ハ　原処分庁の評価方法について

一方、原処分庁は、埋蔵文化財の発掘調査費用の控除は必要なく、文化財保護法による法的規制等を考慮して10％の減額をすれば足りる旨主張する。

しかしながら、上記(1)のハのとおり、発掘調査基準に基づき、本件各土地の状況に応じた調査費用が見積もられているところ、原処分庁の減額は当該見積額を大きく下回るという本件各土地の固有事情の下では、固有事情の考慮として不十分というべきであり、原処分庁の評価方法は採用することができない。

…

**(5)　本件各土地の相続税評価額**

イ　本件各土地の評価方法

本件各土地はいずれも市街地山林に該当するところ、本件Ａ土地及び本件Ｂ土地は、上記(1)のホのとおり、広大地に該当する市街地山林と認められることから、評価基本通達49－2の定めにより、本件Ｃ土地は、同通達49の定めにより、それぞれ評価することとなる。

ロ　周知の埋蔵文化財包蔵地に該当することの考慮

本件各土地は、いずれも周知の埋蔵文化財包蔵地に該当するため、その考慮として控除すべき発掘調査費用について検討すると、Ｐ市教育委員会は、上記(1)のハの(ロ)のとおり、本件各土地を貝塚部分とそれ以外とに分けてその調査費用を積算し、貝塚部分が○○○○㎡で○○○○円、貝塚以外の部分が○○○○㎡で○○○○円と算定しており、これら金額は、Ｐ市教育委員会において発掘調査基準に基づいて本件各土地の状況に応じて積算されたもので、

> 当審判所においても相当と認められる。

## 4 ポイント整理

　審判所は、周知の埋蔵文化財包蔵地についての発掘調査費用の負担は、土壌汚染地について有害物質の除去、拡散の防止その他の汚染の除去等の措置に要する費用負担が法令によって義務付けられる状況に類似するとして、発掘費用の負担を控除(注)して対象地の評価を行うものと判断しています。

(注)　発掘費用の80％を控除して対象地を評価しますが、これは、相続税評価額と公示価格水準との差異を考慮してのことと考えられます。
　なお、同裁決の事案では、発掘調査費用について教育委員会が積算した金額を採用しており参考となります。

**事例11**

## 土壌汚染地の評価（法令等により土壌汚染の除去等の義務が生じていない場合）

> 　被相続人の所有地は、駐車場として利用していますが、部分的に調査したところ土壌汚染があることが分かりました。この場合、評価に当たって浄化・改善費用相当額を控除できるのでしょうか。
>
> 　なお、この土地は、土壌汚染対策法に規定する汚染の除去等の措置を講ずることが必要な区域には指定されていません。

### 回答

　ご質問のケースでも、評価対象地の評価に当たって浄化・改善費用相当額を控除できるものと思われます。

　なお、浄化・改善費用相当額が控除できる場合は、見積額の80％相当額を控除して評価することになります。

### 解説

#### 1　国税庁からの情報

　土壌汚染の評価については、平成16年7月5日「土壌汚染地の評価等の考え方（情報）」資産評価企画官情報3号・資産税課情報13号（本件情報）により、浄化・改善費用相当額を控除して評価する取扱いが認められています。

　本件情報では、土壌汚染地の評価額については、土壌汚染がないものとした場合の評価額から、土壌汚染の浄化・改善費用に相当する金額等を控除して評価する旨及び控除する浄化・改善費用相当額は見積額の80％相当額とする旨、土壌汚染地について行われる措置は、法令に基づく措置命令、浄化・改善費用とその措置により生ずる使用収益制限に伴う土地の減価とのバランスを考慮し、その上でその土地について最有効使用ができる最も合理的な措置を専門家の意見をも踏まえて決めることになる旨の考え方を示しています。

## 2　本件情報とご質問との関連

　本件情報の適用場面において、法令等により土壌汚染の除去等の義務が生じていない場合でも、浄化・改善費用相当額を控除できるか否かの判断が問題となります。

　この点については、下記の裁決（**令和3年12月1日裁決**）が参考となります。

　この裁決は、請求人（納税者・相続人）が、相続財産である土地は土壌汚染地であるとして、当該土地の評価について、浄化・改善費用に相当する金額を控除して相続税の申告をしたところ、原処分庁（税務署）が、土壌汚染対策法に規定する汚染の除去等の措置を講ずることが必要な区域に指定等がされていないため、浄化・改善費用の負担が確実に発生するとはいえないとして更正処分等を行ったことに対し、請求人（納税者・相続人）が、当該更正処分等の全部の取消しを求めた事案です。審判所は請求人（納税者・相続人）の主張を認めています。

---

**（参考：令和3年12月1日裁決）**

**（ポイント）**

　本事例は、法令等により土壌汚染の除去等の措置を講ずる義務が生じていない評価対象地について、相続開始日において、土壌汚染対策法所定の基準を超える特定有害物質を地中に含有していたことが認められ、土壌汚染のある土地と認めるのが相当であるとして、当該評価対象地の評価に当たり、浄化・改善費用相当額を控除すべきとしたものである。

**（裁判要旨）**

　原処分庁は、評価対象地（本件各土地）は法令等により土壌汚染の除去等の措置を講ずる義務が生じておらず、本件各土地の価格形成に影響を及ぼすような土壌汚染は認められないから、本件各土地の評価に当たり、土壌汚染がないものとした場合の評価額から浄化・改善費用相当額を控除する必要はない旨主張する。

　しかしながら、本件各土地は、相続開始日において、土壌汚染対策

法所定の基準を超える特定有害物質を地中に含有していたことが認められ、土壌汚染のある土地と認めるのが相当であることから、本件各土地の評価に当たり、浄化・改善費用相当額を控除すべきである。そして、本件各土地及びその周辺の状況や土壌汚染の状況から、本件各土地について最有効使用ができる最も合理的な土壌汚染の除去等の措置は掘削除去であると認められるところ、請求人が主張する土壌汚染対策工事の各見積額（本件各見積額）の算定過程に特段不合理な点は見当たらず、浄化・改善費用の金額として相当であると認められるので、本件各土地の評価に当たり、土壌汚染がないものとした場合の評価額から、浄化・改善費用相当額として本件各見積額の80％相当額を控除して評価するのが相当である。

---

**（参考：裁決文一部抜粋）**

**1 事実**

(3) 基礎事実

当審判所の調査及び審理の結果によれば、以下の事実が認められる。

**イ 相続について**

(イ) L（以下「本件被相続人」という。）は、平成28年1月○日（以下「本件相続開始日」という。）に死亡し、その相続（以下「本件相続」という。）が開始した。本件相続に係る共同相続人は、本件被相続人の長男である請求人及び長女であるMの2名である。

(ロ) 請求人及びMは、平成23年12月16日付の遺言公正証書に基づき、本件被相続人が所有していた別表1の順号1ないし3の土地（以下、順に「本件1土地」ないし「本件3土地」という。）を請求人が、同表の順号4の土地（以下「本件4土地」といい、本件1土地ないし本件4土地を併せて「本件各土地」という。）をMが、それぞれ本件相続により取得した。

□　本件各土地について
　㋑　共通事項
　　A　本件各土地は、いずれも、土壌汚染対策法第3条第1項本文に規定する使用が廃止された有害物質使用特定施設に係る工場又は事業場の敷地であった土地ではない。

　　B　本件各土地の面積は、いずれも、土壌汚染対策法第4条第1項本文の規定による土地の形質の変更に当たり都道府県知事に対する届出を要する規模（3,000㎡）に満たない。

　　C　本件各土地について、いずれも、土壌の特定有害物質による汚染の状況につき、土壌汚染対策法第5条第1項の規定による調査及びその結果についての報告が都道府県知事から命令された事実はない。

　　D　本件各土地は、いずれも、土壌汚染対策法第6条第1項に規定する要措置区域に存しない。

　　E　本件各土地は、いずれも、土壌汚染対策法第11条第1項に規定する形質変更時要届出区域に存しない。

　　F　本件被相続人又は請求人は、本件各土地に係る土地区画整理事業が施行された際に、土壌汚染が懸念される土砂によって埋め立てられたと想定されたことなどから、本件各土地の土壌汚染の状況等を把握する目的で、指定調査機関であるN社に対して調査を依頼した。その結果、本件各土地の全てから土壌汚染対策法所定の基準を超える特定有害物質が検出された（詳細につき、後記㋺のE、同㋩のE及び同㋥のE参照）。

　　G　本件被相続人又は請求人は、本件各土地について、土壌汚染対策法第14条第1項の規定による都道府県知事に対する要措置区域又は形質変更時要届出区域の指定の申請を行っていない。

　㋺　本件1土地及び本件2土地について
　　A　本件1土地及び本件2土地は、いずれも、都市計画法（平成29年法律第26号による改正前のもの。以下同じ。）第

8条《地域地区》第1項第1号に規定する用途地域（以下「用途地域」という。）が商業地域に存しており、建築基準法（平成29年法律第26号による改正前のもの。以下同じ。）第52条《容積率》第1項に規定する容積率（以下「容積率」という。）は600％、同法第53条《建蔽率》第1項に規定する建蔽率（以下「建蔽率」という。）は80％である。

B　本件1土地及び本件2土地の存する地域は、いずれも、都市計画法第8条第1項第5号に規定する防火地域（以下「防火地域」という。）に指定され、また、同項第3号に規定する高度地区（以下「高度地区」という。）の第○種（最高○m）に指定されている。

C　本件1土地及び本件2土地は、いずれも、その北東側で幅員14mの道路に面している。

D　本件1土地及び本件2土地は、いずれも、本件相続開始日において、一体として、その大部分が「P駐車場」と称する立体駐車場の敷地として利用され、それ以外の部分は、平置きのオートバイの駐輪場として利用されていた。

なお、当該立体駐車場の構築物は、本件相続開始日以前から請求人が所有しており、請求人から本件被相続人に対して地代は支払われていなかった。

E　N社は、令和2年10月16日から同月20日までの期間、本件1土地及び本件2土地の土壌汚染の状況について、最高深度5mのボーリング調査をした結果、深度0.5mから5mにわたって土壌汚染対策法所定の基準を超える特定有害物質の地中含有を確認した。

F　令和3年4月6日付のQ社作成の請求人を名宛人とする本件1土地及び本件2土地に係る見積書には、土壌汚染対策工事の見積額として、406,560,000円（消費税等抜き）が記載されていた。

### (ハ)　本件3土地について

A　本件3土地は、用途地域が商業地域に存しており、その

　　容積率は800％、建蔽率は80％である。

　B　本件3土地の存する地域は、防火地域に指定され、また、高度地区の第○種（最高○m）に指定されている。

　C　本件3土地は、いわゆる角地であり、その北西側で幅員30mの幹線道路（d線）に、その南西側で幅員16mの道路に、それぞれ面している。

　D　本件3土地は、本件相続開始日において、「○○○○e町○丁目第5駐車場」と称する平置きの駐車場として利用されていた。

　E　N社は、平成21年7月22日から同年11月15日までの期間、本件3土地の土壌汚染の状況について、最高深度5mのボーリング調査をした結果、深度0.5mから土壌汚染対策法所定の基準を超える特定有害物質の地中含有を確認した。

　F　平成28年3月14日付の指定調査機関であるR社（なお、取扱いは○○支店。）作成の「S社J」を名宛人とする本件3土地に係る見積書には、土壌汚染対策工事の見積額として、67,500,000円（消費税等抜き）が記載されていた。

（二）**本件4土地について**

　A　本件4土地は、用途地域が商業地域に存しており、容積率は600％、建蔽率は80％である。

　B　本件4土地の存する地域は、防火地域に指定され、また、高度地区の第○種（最高○m）に指定されている。

　C　本件4土地は、その北東側で幅員14mの道路に面している。

　D　本件4土地は、本件1土地及び本件2土地に隣接する土地であり、本件相続開始日において、「○○○○e町○丁目第2駐車場」と称する平置きの駐車場として利用されていた。

　E　N社は、平成21年7月22日から同年11月15日までの期間、本件4土地の土壌汚染の状況について、最高深度5mのボーリング調査をした結果、深度1.5mから4mにわたっ

て土壌汚染対策法所定の基準を超える特定有害物質の地中含有を確認した。

F　平成28年3月14日付のR社作成の「S社J」を名宛人とする本件4土地に係る見積書には、土壌汚染対策工事の見積額として、166,000,000円（消費税等抜き）が記載されていた（以下、この見積額、上記㈹のFの見積額及び上記㈢のFの見積額を併せて「本件各見積額」という。）。

## 3　争点についての主張（原処分庁）

以下のとおり、本件各土地の評価に当たり、土壌汚染がないものとした場合の評価額から、浄化・改善費用相当額を控除すべきではない。

(1)　本件各土地の評価については、本件情報に基づいて評価すべきである。本件情報は、土壌汚染地について、その所有者等に有害物質の除去等の措置を講ずる義務が生じている場合に、その除去等の費用が発生することや、相続開始前に土壌汚染に係る浄化費用が支出されている場合に、相続財産につき浄化・改善費用相当額の減少があることとの平仄を図る必要があることから、土壌汚染地の評価に当たり、当該浄化・改善費用相当額の控除を認めたものと解される。

そうすると、浄化・改善費用相当額の控除が認められるためには、法令又は契約等により、汚染の除去等の措置を講ずる義務が生じ、その除去等の費用が発生することが確実であることにより、土壌汚染が評価対象地の価格形成に影響を及ぼしている必要がある。具体的には、本件においては、法令上、汚染の除去等の措置を講ずる義務が生じているかについては、本件各土地が、土壌汚染対策法第6条第1項に規定する要措置区域に存するか否かで判断することとなる。

(2)　本件各土地は、いずれも要措置区域に存しておらず、土壌汚染対策法上の汚染の除去等の措置を講ずる義務は生じていない。

また、本件各土地について、契約等により汚染の除去等の措置を講ずる義務が生じている事実も認められない。

さらに、本件各土地について、土壌汚染対策法第14条第1項に規

定する指定の申請も行っていない。

　したがって、本件各土地に汚染の除去等の費用が発生することが確実であることにより価格形成に影響を及ぼすような土壌汚染は認められない。

(3)　なお、本件各土地は、相続開始日現在の使用状況が最有効使用の状態であり、その使用を継続するに当たって、汚染の除去等の措置を講ずる必要はないから、本件各見積額は、不要な土壌汚染対策工事を前提とした過大な金額である。

## 4　当審判所の判断

### ロ　本件各土地の評価に当たり、浄化・改善費用相当額を考慮すべきか否かについて

　本件１土地及び本件２土地については、上記１の(3)のロの(ロ)のＥのとおり、本件相続開始日後の令和２年10月に実施されたＮ社による調査により、いずれの土地からも土壌汚染対策法所定の基準を超える特定有害物質が検出されている。そして、上記(2)のイの(イ)のとおり、本件１土地及び本件２土地について、本件相続開始日後に新たにこれらの特定有害物質が発生した事実は認められないことから、これらの特定有害物質は、本件相続開始日において地中に含有されていたものと認められる。

　また、本件３土地及び本件４土地については、上記１の(3)のロの(ハ)のＥ及び同(ニ)のＥのとおり、本件相続開始日前の平成21年７月から11月にかけて実施されたＮ社による調査により、いずれの土地からも土壌汚染対策法所定の基準を超える特定有害物質が検出されている。そして、上記(2)のイの(ロ)のとおり、本件３土地及び本件４土地について、本件相続開始日までに、これらの特定有害物質の除去等の措置が行われた事実は認められないことから、これらの特定有害物質は、本件相続開始日において地中に含有されていたものと認められる。

　以上から、本件各土地には、本件相続開始日において、いずれも土壌汚染対策法所定の基準を超える特定有害物質が地中に

含有されていたことが認められ、土壌汚染のある土地と認めるのが相当であることから、本件各土地の評価に当たり、浄化・改善費用相当額を考慮すべきである。

**ハ　本件取扱いにより控除すべき浄化・改善費用相当額について**

汚染の除去等の措置としては、汚染土壌を掘り出す掘削除去措置のほか、汚染の封じ込め措置等も存するところ、どのような措置を採ることが相当であるかについては、当該措置後の使用収益の制限に伴う土地の減価や汚染の状況の程度などの諸事情を総合勘案して、その措置後に当該土地について最有効使用ができる最も合理的な措置によるべきである。

この点、本件各土地の本件相続開始日における利用状況は、上記1の(3)のロの(ロ)のD、同(ハ)のD及び同(ニ)のDのとおり、立体駐車場又は平置きの駐車場や駐輪場であるが、本件各土地周辺は、上記(2)のロの(イ)及び(ロ)のとおり、主に商業施設や中高層のオフィスビル等が建ち並ぶ地域となっており、本件各土地は、上記1の(3)のロの(ロ)のA及びB、同(ハ)のA及びB並びに同(ニ)のA及びBのとおり、容積率が600％又は800％で、いずれも高度地区の第〇種（最高〇m）として指定されていることから、本件各土地の最有効使用は、中高層の建築物の敷地であると認められる。そして、本件各土地の土壌汚染の状況は、上記1の(3)のロの(ロ)のE、同(ハ)のE及び同(ニ)のEのとおり、本件1土地及び本件2土地については深度0.5mから5mにわたり、本件3土地については深度0.5mに、本件4土地については深度1.5mから4mにわたり、いずれも土壌汚染対策法所定の基準を超える特定有害物質の地中含有が認められる状況であることからすると、掘削除去が本件各土地について最有効使用ができる最も合理的な措置であると認められる。

そして、本件各見積額は、土壌汚染対策工事の実績を有し、その分野に精通しているQ社及びR社により見積もられたもので、汚染の掘削除去を前提としたものであるところ、当審判所の調査の結果によっても、その前提となる浄化・改善方法の選

定及び各見積額の算定過程のいずれについても特段不合理なところは見当たらない。

　そうすると、本件各見積額は、本件各土地について最有効使用ができる最も合理的な措置における浄化・改善費用の金額として、いずれも相当であると認められる。

　したがって、本件取扱いにより控除すべき浄化・改善費用相当額は、本件各見積額（本件1土地及び本件2土地に係る見積額については、本件相続開始日に時点修正した金額）の80％相当額によるのが相当である。

……

### (4)　原処分庁の主張について

　原処分庁は、上記3の「原処分庁」欄の(1)のとおり、土地の評価に当たり、浄化・改善費用相当額の控除が認められるためには、法令又は契約等により、汚染の除去等の措置を講ずる義務が生じ、その除去等の費用が発生することが確実であることにより、土壌汚染が評価対象地の価格形成に影響を及ぼしている必要があり、このうち、法令上、汚染の除去等の措置を講ずる義務が生じているかについては、本件各土地が、要措置区域に存するか否かで判断することとなる旨主張する。

　この点、本件各土地は、上記(3)のロのとおり、本件相続開始日に、いずれも土壌汚染対策法所定の基準を超える特定有害物質を地中に含有していたと認められるところ、確かに、上記1の(3)のロの(イ)のDのとおり、要措置区域に存しておらず、また、同Gのとおり、要措置区域の指定の申請は行われていない。しかしながら、上記(1)で述べたように、相続財産の価額は、当該財産の客観的な交換価値であると解されることから、土壌汚染が土地の価格形成に影響を及ぼす場合を、法令により汚染の除去等の措置を講ずる義務が生じ、その除去等の費用が発生することが確実である場合に限定する理由はない。

　また、原処分庁は、上記3の「原処分庁」欄の(3)のとおり、本

件各土地は、相続開始日現在の使用状況が最有効使用の状態であり、その使用を継続するに当たって汚染の除去等の措置を講ずる必要はないから、本件各見積額は不要な土壌汚染対策工事を前提とした過大な金額である旨主張するが、本件各見積額が本件各土地について最有効使用ができる最も合理的な措置における浄化・改善費用の金額としていずれも相当であると認められることは、上記(3)のハで判断したとおりである。

　以上から、原処分庁の主張を採用することはできない。

## 事例12

## 産業廃棄物が埋設されている土地

> 相続により取得した土地を、納税のために売却したところ産業廃棄物が埋設していることが判明し、除去費用を負担しました。土地の評価に当たってこのような費用を控除することはできるのでしょうか。

### 回答

除去費用の80％を評価額から控除して評価することが可能と思われます。

### 解説

産業廃棄物が埋設されている土地は、地中に物が埋まっていることにより利用制限が生じており、この利用制限をなくすには、一定の除去措置が必要となります。

評価対象地については、課税時期に産業廃棄物が地中に埋設されているのは明らかですので、通常の評価額から産業廃棄物除去費用の80％相当額を控除して評価することができるものと思われます。

〈算式〉

| 産業廃棄物のある土地の評価額 | ＝ | 産業廃棄物がないものとした場合の評価額 | － | 除去費用の80％に相当する額 |
|---|---|---|---|---|

※相続税評価額が、公示価格の80％相当額となることから、控除する除去費用も実際の支出額の80％相当額となります。

なお、単に産業廃棄物が埋もれている可能性が見込まれるといった潜在的な段階では、産業廃棄物が埋設されている土地には該当せず、評価減はできないものと考えられます。

また、産業廃棄物がないものとした場合の評価額から控除する「産業廃棄物の除去費用に相当する金額」は、課税時期に確定していない場合

は見積額になりますが、その見積額については、内容を吟味するととも
に、近隣の産廃業者等からの聴取を行うなど、適正に算定されているか
どうかの検討を行う必要があります。

建物編

## 家屋が建築中や建築直後で固定資産税評価額が付されていない場合

> 相続開始時に家屋が建築中の場合や、建築直後で固定資産税評価額が付されていない場合、評価はどのようになるのでしょうか。

### 回答

　相続開始時に家屋が建築中であったり、建築直後で固定資産税評価額が付されていなかったりする場合は、基本的に建築価額の100分の70に相当する金額で評価します。

　なお、建築後に相続が開始し申告期限までの間に、その家屋の固定資産税評価額が付された場合には、その固定資産税評価額で評価することになります[注]。

[注]　申告期限までに固定資産税の評価額が付かない場合でも、市役所等に評定を依頼し、その金額で申告することも可能と思われます。

### 解説

### 1　建築中の家屋の評価

　財産評価基本通達では、建築中の家屋の評価について、下記のように規定しています。

```
財産評価基本通達
（建築中の家屋の評価）
91　課税時期において現に建築中の家屋の価額は、その家屋の費用現
　　価の100分の70に相当する金額によって評価する。
```

　また、財産評価基本通達逐条解説（国税庁資産評価官編・大蔵財務協会）では、「費用現価とは、課税時期までに投下された建築費用の額を、課税時期の価額に引き直した額の合計額をいうものであり、その70%相

当額により評価することとしているのは、建築中の家屋が未完成品であるという点に着目し、評価上の安全性を配慮したものである。」と解説しています。

　なお、投下建築費用の額と実際の支払額とに差がある場合[注]は、未払金（相続債務）又は前渡金（相続財産）が発生します。

[注]　実務的には、建築業者に見積もってもらうことになります。

### <例>

(1)　投下建築費1,000・支払金額1,000の場合…家屋評価700（他の財産債務なし）

(2)　投下建築費1,000・支払金額800の場合……家屋評価700（未払金200／相続債務）

(3)　投下建築費1,000・支払金額1,100の場合…家屋評価700（前渡金100／相続財産）

## 2　建築直後で固定資産税評価額が付されていない場合の家屋評価

### (1) 基本的な評価

　　完成までの投下建築費総額の70％で評価することになります。

### (2) 申告期限までに固定資産税評価額が付された場合

　　課税時期から申告期限までの間に、その家屋の固定資産税評価額が付された場合には、その固定資産税評価額で評価することになります（P235の国税庁質疑応答を参考にしてください。)[注]。

[注]　国税庁ホームページ質疑応答事例では、増改築等があった家屋で、課税時期から申告期限までの間に、その家屋の課税時期の状況に応じた固定資産税評価額が付された場合には、その固定資産税評価額で評価するとしています。

### (3) 申告期限までに固定資産税評価額（予定額）が確認できた場合

　　申告期限までに固定資産税の評価額が付かない場合でも、市役所等に評定を依頼し、予定金額が分かった場合は、その金額で申告することも可能と思われます。

## 相続開始前に増改築等が行われている場合、リフォームが行われている場合

相続開始前に、家屋の増改築工事が行われている場合やリフォーム工事が行われている場合がありますが、家屋の評価をどのようにすればよいのでしょうか。また、増改築工事の場合とリフォーム工事の場合とでは、相違があるのでしょうか。

### 回答

相続開始前に家屋の増改築工事が行われている場合は、基本的に家屋の評価額に増改築等に係る部分の再建築価額から課税時期までの間における償却費相当額を控除した価額の100分の70に相当する金額を加算することになります。

一方、固定資産税評価額の改訂を要しないリフォーム工事(資本的支出に該当しないような工事)の場合は、上記の加算はしなくてよいものと思われます。

### 解説

### 1 相続開始前に、家屋の増改築工事が行われている場合

下記の国税庁から公表されている質疑応答事例にもあるように、家屋の評価額に増改築等に係る部分の再建築価額から課税時期までの間における償却費相当額を控除した価額の100分の70に相当する金額を加算することになります。

なお、課税時期から申告期限までの間に、その家屋の課税時期の状況に応じた固定資産税評価額が付された場合には、その固定資産税評価額で評価することになります。

## 増改築等に係る家屋の状況に応じた固定資産税評価額が付されていない家屋の評価　※国税庁ホームページより

【照会要旨】

　所有する家屋について増改築を行いましたが、家屋の固定資産税評価額が改訂されていないため、その固定資産税評価額が増改築に係る家屋の状況を反映していません。このような家屋は、どのように評価するのでしょうか。

【回答要旨】

　増改築等に係る家屋の状況に応じた固定資産税評価額が付されていない場合の家屋の価額は、増改築等に係る部分以外の部分に対応する固定資産税評価額に、当該増改築等に係る部分の価額として、当該増改築等に係る家屋と状況の類似した付近の家屋の固定資産税評価額を基として、その付近の家屋との構造、経過年数、用途等の差を考慮して評定した価額（ただし、状況の類似した付近の家屋がない場合には、その増改築等に係る部分の再建築価額から課税時期までの間における償却費相当額を控除した価額の100分の70に相当する金額）を加算した価額（課税時期から申告期限までの間に、その家屋の課税時期の状況に応じた固定資産税評価額が付された場合には、その固定資産税評価額）に基づき財産評価基本通達89（家屋の評価）又は93（貸家の評価）の定めにより評価します。

　なお、償却費相当額は、財産評価基本通達89－2（文化財建造物である家屋の評価）の(2)に定める評価方法に準じて、再建築価額から当該価額に0.1を乗じて計算した金額を控除した価額に、その家屋の耐用年数（減価償却資産の耐用年数等に関する省令に規定する耐用年数）のうちに占める経過年数（増改築等の時から課税時期までの期間に相当する年数（その期間に1年未満の端数があるときは、その端数は、1年とします。））の割合を乗じて計算します。

【関係法令通達】

　財産評価基本通達　5、89、89－2(2)、93
　減価償却資産の耐用年数等に関する省令

## 2 相続開始前にリフォーム工事をしている場合

(1) 上記1と同様な評価方法となるか否かは、家屋の評価額が固定資産税評価額を基にしていることを考慮すれば、工事内容が固定資産税の評価額の改訂を必要とするものかどうかがポイントになると思われます（改訂が必要な場合は、上記1と同じ評価方法）。

(2) ここで、参考として同じ地方税法である不動産取得税の規定を見てみます。

　　なお、リフォーム工事が下記の改築に該当するかどうかがポイントかと思います（改築に該当すれば、上記1と同じ評価方法と考えられます。）。

---

地方税法 一部抜粋

**第七十三条** 不動産取得税について、次の各号に掲げる用語の意義は、それぞれ当該各号に定めるところによる。

**六** 建築　家屋を新築し、増築し、又は改築することをいう。

**七** 増築　家屋の床面積又は体積を増加することをいう。

**八** 改築　家屋の壁、柱、床、はり、屋根、天井、基礎、昇降の設備その他家屋と一体となって効用を果たす設備で政令で定めるものについて行われた取替え又は取付けで、その取替え又は取付けのための支出が**資本的支出と認められるもの**をいう。

---

地方税政令 一部抜粋

**第三十六条の二**　法第七十三条第八号に規定する家屋と一体となつて効用を果たす設備で政令で定めるものは、次の各号に掲げる設備とする。

**一** 消火設備

**二** 空気調和設備

**三** 衛生設備

**四** じんかい処理設備

**五** 電気設備

**六** 避雷針設備

---

七　運搬設備（昇降の設備を除く。）

八　給排水設備

九　ガス設備（以下省略）

(3)　また、不動産取得税の取扱いを定める「地方税法の施行に関する取扱いについて（道県民税関係）」には、下記の記載があります。

　改築については、通常の修繕は含まれない趣旨であるが、その認定に当たっては、次の事項に留意すること。（法73Ⅷ）

ア　家屋の「壁、柱、床、はり、屋根、天井、基礎、昇降の設備」には、間仕切壁、間柱、附け柱、揚げ床、最下階の床、廻り舞台の床、小ばり、ひさし、局部的な小階段、屋外階段その他これらに類する家屋の部分も含まれるものであること。

イ　改築に含まれる家屋と一体となって効用を果たす設備については、令第36条の2に定められているが、具体的判定については、法第388条第1項の規定に基づき総務大臣が告示した固定資産評価基準における取扱いによって家屋に含まれるものであるか否かを判定するものであること。

ウ　「取替え又は取付けのための支出が資本的支出」とは、所得税及び法人税の所得の計算に用いられる場合と概ね同様な観念であって、家屋の本来の耐用年数を延長させるようなものとか、あるいは価額を増加させるようなものであること。

(4)　資本的支出についての所得税基本通達の規定は下記になります。

所得税基本通達

**（資本的支出の例示）**

37－10　業務の用に供されている固定資産の修理、改良等のために支出した金額のうち当該固定資産の価値を高め、又はその耐久性を増すこととなると認められる部分に対応する金額が資本的支出となるのであるから、例えば、次に掲げるような金額は、原則として資本的支出に該当する。

(1) 建物の避難階段の取付け等物理的に付加した部分に係る金額

(2) 用途変更のための模様替え等改造又は改装に直接要した金額

(3) 機械の部分品を特に品質又は性能の高いものに取り替えた場合のその取替えに要した金額のうち通常の取替えの場合にその取替えに要すると認められる金額を超える部分の金額

(注) 建物の増築、構築物の拡張、延長等は建物等の取得に当たる。

(5) 上記を総合的に考慮すると、資本的支出に該当しないようなリフォーム工事については、上記の加算は必要ないものと思われます（元々の家屋の評価額で評価）。

### 参考：平成28年11月17日裁決

　以下、過去に納税者と課税庁とで争いになった事例を掲げます。納税者の主張は認められませんでしたが、どのような工事のケースで家屋評価額に加算となるのか、参考になります。

> 　相続開始前に改築工事が行われた家屋について、その固定資産税評価額には、改築工事による価値の上昇が反映されていないことから、評価通達に評価方法の定めのない財産（評基通5）に該当し、家屋に固定資産税評価額が付されていない場合等の評価方法を定めた同通達89-2《文化財建造物である家屋の評価》の定めを参考に評価するのが合理的であるとされた事例

### （裁決要旨）

1　本件は、請求人らが、相続財産である家屋（本件家屋）を、評価通達89《家屋の評価》の定めにより、固定資産税評価額に1.0を乗じて計算した金額によって評価して課税価格に含め、相続税の申告をしたところ、原処分庁が、当該固定資産税評価額には、相続開始前に行われた改築工事（本件工事）による価値の上昇が反映されておらず、当該家屋は、増改築等に係る家屋の状況に応じた固定資産税評価額が付されていない家屋に当たるとして、当該家屋の価額等を否認し、相続税の各更正処分及び過少申告加算税の各賦課決定処分をしたのに対し、

請求人らが、原処分の全部の取消しを求めた事案である。

2　本件工事は、従前家屋の基礎、柱、梁及び屋根を残し、それ以外の
部分については解体、撤去した上で、新たに外壁、床、天井、室内壁
等を構築し、内装の仕上げをし、設備を設置するなど、家屋全般にわ
たり改築を施すものであった（なお、当該改築に併せて、バリアフ
リー化が施されている。）。また、本件家屋の固定資産税評価額は、平
成21年度から現在に至るまで変更がなく、本件家屋の付近に、本件工
事後の本件家屋と状況の類似した家屋は存在しない。

3　本件工事は、本件建物の主要構造部を残して全面的に改築したもの
であり、その請負代金額に照らしても、これによって従前家屋の価値
を相当に増加させるものであったと認められる。しかるに、本件家屋
の固定資産税評価額は、本件工事が施された後も現在に至るまで変更
がなく、本件工事による価値の増加が固定資産税評価額に反映されて
いないことからすれば、本件家屋は、相続開始日において、増改築等
に係る家屋の状況に応じた固定資産税評価額が付されていない家屋で
あったと認めるのが相当である。

4　このような本件家屋について、評価通達89の定めにより固定資産税
評価額に1.0を乗じて評価しても、適正な時価を算定することはでき
ないから、本件家屋は、評価通達5《評価方法の定めのない財産の評
価》に定める評価通達に評価方法の定めのない財産に当たり、評価通
達に定める評価方法に準じて評価することとなる。

5　そして、本件家屋については、家屋に固定資産税評価額が付されて
いない場合等の評価方法を定めた同通達89－2《文化財建造物である
家屋の評価》の定めを参考に、①本件家屋の平成24年度の固定資産税
評価額に、②本件工事が施された部分の再建築価額（本件工事の代金
総額）から、本件工事の時から相続開始日までの間における償却費相
当額を控除し、その残額に100分の70を乗じた価額を加算する評価方
法で算定した価額に、③財産評価基準書に定める自用の家屋に乗ずる
倍率である1.0倍を乗じた評価額を本件家屋の価額とするのが合理的
である。そうすると、本件家屋の評価額は、原処分認定額と同額とな
る。

6　請求人らは、本件工事は、主として従前家屋のバリアフリー化を企
　図したものであり、その工事内容は、生活に通常必要な修繕というべ
　きであるから、従前家屋の価値を高めるための改築とはいえない旨主
　張する。しかし、上記で説示したとおり、本件工事は、従前家屋の価
　値を相当に増加させるものであったと認められ、「生活に通常必要な
　修繕」にとどまるものとみることはできないから、請求人らの主張は
　採用することができない。

# 株式編

## 法人が不動産購入後、3年経過後に相続が開始した場合の株価評価と留意点

> 株価評価の純資産価額の計算においては、評価会社が課税時期前3年以内に取得等した土地等及び家屋の価額は、相続税評価額によらず課税時期における通常の取引価額に相当する金額によって評価することとされていますが、3年経過後であれば相続税評価額で計算して何ら問題ないでしょうか。

### 回答

基本的に、評価対象法人が不動産を購入し、3年経過後の相続等の場合はその不動産の評価は相続税評価額となります。

なお、多額の借入をして不動産を購入している場合等は、留意すべき点もありますので解説を参照してください。

### 解説

#### 1　財産評価基本通達上の規定

非上場株式を評価する上で、純資産価額を算定する場合には、課税時期前3年以内に取得した土地建物等については、一般的な相続税評価額（土地であれば路線価等、建物であれば固定資産税評価額）ではなく、通常の取引価額（時価）とされています。なお、土地家屋等の帳簿価額が通常の取引価額（時価）と認められる場合はこの帳簿価額での評価が可能です（実務上は帳簿価額とするケースが多い）。

> **財産評価基本通達**
> **（純資産価額）**
>
> **185**　179《取引相場のない株式の評価の原則》の「1株当たりの純資産価額（相続税評価額によって計算した金額）」は、課税時期における各資産をこの通達に定めるところにより評価した価額（この

場合、評価会社が課税時期前3年以内に取得又は新築した土地及び土地の上に存する権利（以下「土地等」という。）並びに家屋及びその附属設備又は構築物（以下「家屋等」という。）の価額は、課税時期における通常の取引価額に相当する金額によって評価するものとし、当該土地等又は当該家屋等に係る帳簿価額が課税時期における通常の取引価額に相当すると認められる場合には、当該帳簿価額に相当する金額によって評価することができるものとする。以下同じ。）の合計額から課税時期における各負債の金額の合計額及び186－2《評価差額に対する法人税額等に相当する金額》により計算した評価差額に対する法人税額等に相当する金額を控除した金額を課税時期における発行済株式数で除して計算した金額とする。

## 不動産を取得後3年を経過した株式の評価について

### ＜課税時期前3年以内と3年超の株価変動のイメージ＞

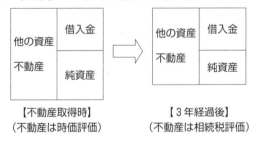

## 2　本通達の趣旨等

　本通達は幾度の改正を経て現行の内容となっていますが、**財産評価基本通達逐条解説**（国税庁資産評価官編・大蔵財務協会）では、次のような解説をしています。

　「1株当たりの純資産額（相続税評価額によって計算した金額）の計算に当たって、本項のかっこ書きにより、評価会社が課税時期前3年以内に取得又は新築した土地及び借地権などの土地及び借地権などの土地

の上に存する権利（以下「土地等」という。）並びに家屋及びその附属
設備又は構築物（以下「家屋等」という。）の価額は、路線価等によっ
て評価するのではなく、これらの各資産の課税時期における通常の取引
価額に相当する金額によって評価することとしている。

　このような取扱いは、純資産価額の計算において、評価会社が所有す
る土地等の「時価」を算定する場合に、個人が所有する土地等の評価を
行うことを念頭においた路線価等によって評価替えすることが唯一の方
法であるとは限らないものと考えられ、適正な株式評価の見地からは、
むしろ通常の取引価額によって評価すべきものであるとも考えられるこ
と、また、課税時期の直前に取得（新築）し、「時価」が明らかにわ
かっている土地等や建物等についても、わざわざ、路線価等によって評
価替えを行うことは、「時価」の算定上、適切でないと考えられること
によるものである。

　もっとも、評価基本通達においても、実務上の簡便性に配慮し、その
土地等や家屋等の帳簿価額（原則として「取得価額」）が課税時期にお
ける「通常の取引価額」に相当すると認められるときには、帳簿価額に
相当する金額によって評価できる取扱いとなっている（あくまでも、
「通常の取引価額」に相当するものと認められる場合の取扱いである。）。」

## ○　財産評価基本通達改正（上記１通達、実線アンダーライン部分）の経緯

　実線アンダーライン部分の取扱いは、平成２年８月の財産評価基本通
達の改正により設けられたものです。

　改正当時の**財産評価基本通達逐条解説**（国税庁資産評価官編・（財）
大蔵財務協会）では、現行通達の解説内容の他に下記のような解説がさ
れています。

　「…更に、このような評価論上の問題に加え、取引相場のない株式に
おける純資産価額方式は、個人事業者とのバランスを考慮した評価方式
であるところ、株式の評価には、措置法第64条の４(注)の課税価格の特例
が適用されないことから、両者の均衡を図る必要もあるところである。
そこで、評価会社が課税時期の直前に取得し、「時価」が明らかにわ

かっている土地等や家屋等については、その「時価」の把握が容易であ
ることなどを考慮し、更に個人事業者等に適用されている措置法第69条
の４との均衡をも考慮して、このような取扱いによることとしているも
のである。…」

(注) 措置法第64条の４は、「相続開始前３年以内に取得等をした土地等又は建物等
についての相続税の課税価格の計算の特例」であるが、本特例は、昭和63年12月
の税制改正により創設されたもので、不動産の実勢価額と相続税評価額との開差
を利用した相続税の負担回避問題に対処するために講じられたものとされている。
なお、本特例はバブル崩壊後、一定の役割を果たしたとして平成８年の税制改
正で廃止されている。


## 3　評価上の留意点

　以下、株式評価の判決ではありませんが、不動産の評価において財産
評価基本通達６項が適用になった事例を基に検討します。


### (1)　平成４年３月11日東京地裁判決、平成５年１月26日東京高裁判決、平成５年10月28日最高裁判決（納税者敗訴）

**（事案概要）**

　　この事案は、相続開始直前に多額の銀行借入れを行い不動産を購
入、相続開始後にすぐに同不動産を売却し借入返済を行うことで、
相続税負担を大幅に減額したものです。バブル期に不動産の時価と
相続税評価額との大きな開差を利用したものです。


**（判決文一部抜粋）**

(i)　租税平等主義という観点からして、評価基本通達に定められた評
価方式が合理的なものである限り、これが形式的に全ての納税者に
適用されることによつて租税負担の実質的な公平をも実現すること
ができるものと解されるから、特定の納税者あるいは特定の相続財
産についてのみ右通達に定める方式以外の方式によつてその評価を
行うことは、例えその方法による評価額がそれ自体としては相続税
法22条の定める時価として許容できる範囲内のものであつたとして
も、納税者間の実質的負担の公平を欠くことになり、許されないも

のというべきであるが、他方、右の評価方式を画一的に適用するという形式的な平等を貫くことによつて、かえつて実質的な租税負担の公平を著しく害することが明らかな場合には、別の評価方式によることが許されるものと解すべきである。

(ii) 被相続人が相続開始直前に借入れた資金で不動産を購入し、相続開始直後に右不動産が相続人によつてやはり当時の市場価格で他に売却され、その売却金によつて右借入金が返済されているため、相続の前後を通じて事柄の実質を見ると当該不動産がいわば一種の商品のような形で一時的に相続人及び被相続人の所有に帰属することとなつたに過ぎないとも考えられるような場合についても、画一的に評価通達に基づいてその不動産の価格を評価すべきものとすると、他方では右のような取引の経過から客観的に明らかになつているその不動産の市場における現実の交換価格によつてその価額を評価した場合に比べて相続税の課税価格に著しい差を生じ、実質的な租税負担の公平という観点からして看過し難い事態を招来することとなる場合があるものというべきであり、そのような場合には、評価通達によらないことが相当と認められる特別の事情がある場合に該当するものとして、右相続不動産を右の市場における現実の交換価格によつて評価することが許されるとするのが相当である。


## (2) 令和 4 年 4 月19日最高裁判決（納税者敗訴）

※平成24年 6 月相続開始

**（事案概要）**

この事案は、原告（納税者）が、本件各不動産について財産評価基本通達に基づき評価し申告したのに対し、被告（課税庁）は鑑定価額で更正処分をし、裁判所は同処分内容を認めた事案です。

本件各不動産は下記のとおりです。

・甲不動産（平成21年 1 月30日購入。購入資金は銀行借入れを行い購入）

・乙不動産（平成21年12月25日購入。購入資金は銀行借入れ及び子、

相続人から借入れを行い購入）

上記対策により相続税額はゼロとなっています。

詳しくはP10を参照してください。

**（参考：判決文一部抜粋／※部分筆者加筆）**

　相続税の課税価格に算入される財産の価額について、<u>評価通達の定</u><u>める方法による画一的な評価を行うことが実質的な租税負担の公平に</u><u>反するというべき事情がある場合</u>には、合理的な理由があると認められるから、当該財産の価額を評価通達の定める方法により評価した価額を上回る価額によるものとすることが上記の平等原則に違反するものではないと解するのが相当である。

イ　これを本件各不動産についてみると、本件各通達評価額と本件各
　　鑑定評価額との間には大きなかい離があるということができるもの
　　の、このことをもって<u>上記事情があるということはできない。</u>

※<u>補足（上記事情があれば、評価通達によらない時価評価が許される</u><u>る。）</u>

　もっとも、本件購入・借入れが行われなければ本件相続に係る課税価格の合計額は６億円を超えるものであったにもかかわらず、これが行われたことにより、本件各不動産の価額を評価通達の定める方法により評価すると、課税価格の合計額は2826万1000円にとどまり、基礎控除の結果、相続税の総額が０円になるというのであるから、上告人らの相続税の負担は著しく軽減されることになるというべきである。

　そして、被相続人及び上告人らは、本件購入・借入れが近い将来発生することが予想される被相続人からの相続において上告人らの相続税の負担を減じ又は免れさせるものであることを知り、かつ、これを期待して、あえて本件購入・借入れを企画して実行したというのであるから、租税負担の軽減をも意図してこれを行ったものといえる。

　そうすると、本件各不動産の価額について評価通達の定める方法による画一的な評価を行うことは、本件購入・借入れのような行為をせず、又はすることのできない他の納税者と上告人らとの間に看過し難

い不均衡を生じさせ、実質的な租税負担の公平に反するというべきで
あるから、<u>上記事情があるものということができる。</u>

### (3) 株価評価と財産評価基本通達6項について

　被相続人が不動産を購入し、過度な税負担の軽減を図った場合、
財産評価基本通達6項の適用により時価評価されるケースがありま
すが、法人が同様に不動産の購入を行うことで、株価引下げ等によ
る過度な税負担の軽減を図った場合も時価評価されることもあり得
ます。

　ただ、被相続人（個人）に比べ法人は、上述のとおり法人の株価
評価（純資産評価）においては、そもそも課税時期前3年以内に取
得した土地建物等については、通常の取引価額（時価）と規定され
ており、一定の歯止めが掛っていることに大きな相違があります。

　同通達6項適用に当たっては期限や金額等の規定を設けることは
できませんが（設けることにより更なる租税回避を招来してしまう
ため）、同通達が規定する課税時期前3年以内というのは、時価評
価の射程距離として一つの目安になるものと思われます。

## 4　ポイント整理

　上記の事例を基に時価評価と判断されるポイント及び考慮すべき点は、
下記のようであると思われます。

(1) 通常考えられる経済取引であるか（非常に高額な借入をして不動産
を購入する合理的な理由があるか）。

(2) 相続後、購入資産を売却しているか（売却することは、基本的に必
要でない資産と考えられ、税負担の軽減のみを目的としたものと判断
される可能性が高い）。

(3) 時価と評価額に大きな乖離があり（その乖離だけでは問題とはなら
ないが（令和4年4月19日最高裁判決参照））、これを利用した多額の
税負担の軽減かどうか。

(4) 税負担の軽減が多額か。前出の最高裁判決では、「本件各不動産の

価額について評価通達の定める方法による画一的な評価を行うことは、本件購入・借入れのような行為をせず、又はすることのできない他の納税者と上告人らとの間に<u>看過し難い不均衡を生じさせ</u>、実質的な租税負担の公平に反するというべきである…」と判断しており、これは、多額の税負担の軽減が生じていることを背景としています。

(5)　上記(1)から(4)について注意することはもちろんですが、資産の購入から相続までの期間が短ければ短いほど、税負担の軽減が目的と判断される可能性が高いと考えられます（課税当局としてもその証明がしやすい）。

　資産の購入から相続までの期間が長くなればなるほど、バブル崩壊時のような下落リスクも当然あるわけで、税負担の軽減との関連性は希薄になっていくものと考えられます。

## 課税時期前 3 年以内に不動産を購入し、課税時期までに価額が下落した場合

被相続人が株式を所有する同族会社が、被相続人の相続開始前 3 年以内に土地を購入していました。この土地の周辺の時価は下落傾向にあり、取得価額よりも時価は下がっているものと思われます。このような場合の評価はどのようになるのでしょうか。

### 回答

相続開始時の時価を基に評価が可能と考えられます。

### 解説

相続開始前 3 年以内に取得した土地等や建物等については、財産評価基本通達上、通常の取引価額(時価)とされています。ただ、実務上は、帳簿価額を時価として帳簿価額で評価することが一般的かと思います。

ご相談のケースのように、評価対象法人で土地を取得後、課税時期までの間に時価が下落した場合、同通達上からも下落後の時価が評価額となります。

以下、参考裁決 **(平成10年 6 月 5 日裁決)** を掲げます。この裁決の事案では、納税者(請求人)が評価対象法人の相続開始前 3 年以内に取得した土地建物等を鑑定価額で評価したところ(帳簿価額より鑑定価額が低い価額であった)課税庁(原処分庁)が帳簿価額で更正処分を行ったものです。

審判所は、納税者(請求人)の主張を認めています。

(注) 鑑定評価については、必ずしも認められるものではありませんので、注意が必要です。

**（参考：平成10年6月5日裁決）**

**（裁決文一部抜粋）**

　請求人らは、本件出資の評価に当たり、Ｋ社が保有するＮ社の出資の評価を行う際には、本件建物の価額を、原処分庁が主張する帳簿価額ではなく、本件鑑定評価額により評価すべきである旨主張するので、検討したところ、次のとおりである。

(イ)　評価通達185のかつこ書は、評価会社の所有する土地等及び家屋等が課税時期前3年以内に取得したものである場合、これらの相続税評価額は、通常の取引価額に相当する金額によつて評価することとし、当該土地等又は家屋等に係る帳簿価額が課税時期における通常の取引価額に相当すると認められる場合には、当該帳簿価額に相当する金額によつて　評価することができる旨定めている。

　　これは、帳簿価額が通常の取引価額に相当するものと認められる場合における実務上の簡便性に配慮した取扱いであるから、当該帳簿価額が通常の取引価額に相当するものとは認められない場合には、帳簿価額をもつて時価であると認定することはできないというべきである。

(ロ)　原処分関係資料及び当審判所の調査によれば、本件建物はいずれも本件相続開始前3年以内に取得されたものであることが認められる。

　　そこで、本件建物についての本件鑑定評価額が帳簿価額より本件建物の通常の取引価額を反映したものであるか否かにつき判断すると、本件鑑定評価額は、その価格時点を本件相続開始日とし、本件建物の再調達原価を求めた上、これを減価修正し、更に借家権の割合を控除して貸家の用に供されているものとして算出されているところ、その鑑定根拠については、当審判所が調査した結果、特に不適当と認められる要素はないものである。

　　そうすると、本件鑑定評価額は帳簿価額よりも時価を反映したものとして、これをもつて評価通達185のかつこ書にいう通常の取引価額と認めるのが相当である。

## 課税時期前3年以内に取得した土地建物等を賃貸した場合の評価（貸家建付地（貸家）評価になる場合とならない場合）

　次のような被相続人が主宰する法人が相続開始前3年以内に次のように取得した土地建物等を賃貸した場合の評価は、どのようになるのでしょうか。

(1)　購入（建築）後賃貸した場合

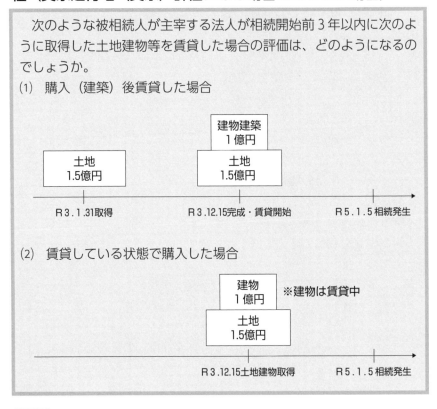

(2)　賃貸している状態で購入した場合

### 回答

　(1)のケースでは、土地・建物の時価（帳簿価額が時価と判断できる場合は帳簿価額）を基に貸家建付地及び貸家の評価（減額）が可能と考えられます。

　(2)のケースでは、土地・建物の時価（帳簿価額が時価と判断できる場合は帳簿価額）を基に評価するものと考えられます（貸家建付地及び貸家の評価は不可）。

## 解説

　(1)のケースのように課税時期前３年以内に取得した建物及びその敷地を取得後、賃貸の用に供したような場合、当該土地等及び建物等の課税時期における通常の取引価額を基礎として財産評価基本通達26《貸家建付地の評価》及び同通達93《貸家の評価》に定める評価方法に準じて評価してよいと考えられます。

　これは、土地、建物の取得（新築）後、建物を賃貸の用に供したため、取得時の利用区分（自用の建物、自用地）と課税時期の利用区分（貸家、貸家建付地）が異なることとなり、その減額を考慮するためです。

　一方、(2)のケースのように借家人付きで購入した場合は、利用区分に異同はなく、その状態での時価と考えられますので減額はできないものと考えられます。

## 直前期末の決算に基づく場合における、3年以内に取得した土地等及び建物等の範囲

被相続人が主宰する法人X社は、次のように土地A、土地Bを取得しています。

純資産価額を求める場合には、3年以内に取得した土地等及び建物等については、相続税評価額によらず通常の取引価額により評価することとされていますが、直前期末の資産及び負債に基づいてその会社の純資産価額を計算する場合に、3年以内の取得かどうかの判定は、直前期末から遡って行い、土地Aも3年以内の取得になってしまうのでしょうか。

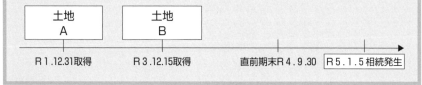

| 土地 A | 土地 B | | |
|---|---|---|---|
| R1.12.31取得 | R3.12.15取得 | 直前期末R4.9.30 | R5.1.5相続発生 |

### 回答

課税時期から遡って3年以内の取得か否か判断しますので、土地Aは3年以内の取得には含まれません（評基通185）。

### 解説

純資産価額の計算においては、評価会社が課税時期前3年以内に取得等した土地等及び家屋の価額は、相続税評価額によらず課税時期における通常の取引価額の相当する金額によって評価することとされています。

そのため、仮に直前期末の資産及び負債に基づいて株価を計算するとしても、課税時期から遡って判定すればよいことになります。

**事例5**

## 直前期末から相続開始時（課税時期）までの間に土地等を売却した場合

　直前期末の決算書を基に株価評価を行う場合、直前期末から、相続開始までの間に対象会社が土地を売却しました。このような場合、何らかの調整が必要でしょうか。

**回答**

　土地の評価額を売却金額に変更する等、調整が必要となります。詳しくは、解説を参照願います。

**解説**

### 1　純資産価額の計算の原則

　国税庁から公表されている「取引相場のない株式（出資）の評価明細の記載方法等」では、下記の記載があります。

　1株当たりの純資産価額（相続税評価額）の計算は、…課税時期における各資産及び各負債の金額によることとしていますが、評価会社が課税時期において仮決算を行っていないため、課税時期における資産及び負債の金額が明確でない場合において、直前期末から課税時期までの間に資産及び負債について著しく増減がないため評価額の計算に影響が少ないと認められるときは、課税時期における各資産及び各負債の金額は、次により計算しても差し支えありません。…

イ　「相続税評価額」欄については、直前期末の資産及び負債の課税時期の相続税評価額
ロ　「帳簿価額」欄については、直前期末の資産及び負債の帳簿価額

　そのため、課税時期での仮決算を原則としつつ、直前期の決算書等を

基とする場合は、直前期から課税時期（相続開始時等）までの間に資産や負債に著しい増減がある場合は、少なくともそれに応じた調整が必要となります。

## 2 土地評価額の調整等

　直前期の事業年度の申告・決算書を使用する場合で、ご相談のケースのように直前期末から課税時期までの間に土地を売却しているようなときは、上記 **1** の理由から調整が必要となります。

> **(例)**
> ○　直前期末の決算書等を基にした場合の記載（評価明細書第 5 表）
> 　　土地帳簿価額　1,000万円　　　土地相続税評価額　5,000万円
> ○　相続開始時（課税時期）までの間に土地売却
> 　　土地売買価額　6,000万円
> 　　　　　　　　　　　　　⇩
> （調整後）　土地帳簿価額　1,000万円　　　土地相続税評価額（又は現
> 　　　　　　　　　　　　　　　　　　　　　金）6,000万円

## 事例6

## 土地の無償返還の届出書を提出し、同族法人が借地上に建物を建築している場合の評価（自用借地権のケースと貸家建付借地権のケース）

被相続人（父）が所有するＡ土地には被相続人が代表取締役であるＸ社社屋が建築されています。同様に、Ｂ土地にはＸ社所有の賃貸マンションが建築され賃貸されています。

土地は賃貸借で、被相続人とＸ社は連名で所轄税務署に土地の無償返還に関する届出書を提出しています。このような場合の、同族法人の借地権の評価はどのようになるのでしょうか。

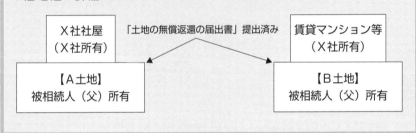

### 回答

Ｘ社の株式の評価（純資産価額方式の場合）に当たって計上される借地権の価額は、次のようになると考えられます。

○Ａ土地…Ａ土地の自用地価額×20％（借地権割合）

○Ｂ土地…Ｂ土地の自用地価額×20％（借地権割合）×（１－借家権割合）

㊟ Ａ土地、Ｂ土地について土地所有者から使用貸借（賃料ゼロ又は固定資産税相当分等）している場合、株式の評価上、計上する借地権の価額はゼロとなります。また、土地所有者の土地は自用地評価となります（借地権割合を控除しません）。借家権割合は30％

## 解説

### 1　原則的な考え方

　個人が土地を賃貸し、会社が建物を建築する場合、通常であれば借地権に相応する権利金の支払いが行われますが、ご質問のように同族関係がある場合、それらの権利金の支払いがない場合も多くあります。そのままの状態であれば、建物所有者である会社は土地の所有者から権利金相当分の贈与を受けたこととなり、法人所得の計算上、益金に計上しなければならなくなります。そのため、立退時には立退料を請求しない等を当時者間で契約し所轄税務署に「土地の無償返還に関する届出書」を提出することでこれらの課税を受けないとすることは一般に行われている方法です（法基通13−1−7）。

　このような状態で相続が発生した場合、基本的には会社の借地権の評価はゼロ、個人の土地の評価は実際に建物が存在し制限を受けること等を考慮し、自用地価額を20％減額し、80％評価とされています（「相当地代通達」8）。

### 2　被相続人と建物所有法人が同族関係にある場合

　被相続人が同族会社に対し、土地を賃貸している場合は、土地の評価を20％減額していることの関係上、その土地の価額が個人、法人を通じ100％となることが課税の公平の観点から望ましいため、同族会社の株式の計算時には、純資産価額に計上する借地権の価額は、その土地の自用地としての価額の20％に相当する金額とされています（「相当地代通達」5、8、昭和43年10月28日付直資3−22）。

### 3　建物が同族会社の自用である場合と貸付けている場合との相違

　ご質問のケースのＡ土地の場合は自用地価額に20％の借地権割合を乗じて算定します。通常の評価においては、借地上の建物が貸し付けられている場合の敷地の評価は、貸家建付借地権となり、土地の自用地価額×借地権割合×（1−借家権割合）となります（評基通28）。しかし、

ご質問のケースのような場合での貸家建付借地権の算定の仕方について
は明確な規定がありません。そのため、B土地の場合、A土地と同様に
20％の借地権割合を乗じた後に（1－借家権割合）を乗じるのか判断が
難しいところですが、建物の賃借人には敷地利用権（自用地価額×借地
権割合×借家権割合）が発生しており、自用の借地権とは異なるもので
あることから、自用地価額×20％（借地権割合）×（1－借家権割合）
の評価額になると考えられます。

## 土地の無償返還の届出書を提出し、同族法人が土地を賃借している場合の土地評価と株価評価（被相続人の配偶者の土地を借りている場合）

被相続人の配偶者が同族法人に土地を賃貸し、所轄税務署に土地の無償返還に関する届出書を提出しています。同族法人は土地上にアパートを建築し、第三者に賃貸しています。このような場合の同族法人の借地権の評価はどのようになるのでしょうか。

| 建物<br>同族法人所有 | ※土地は賃貸借。土地の無償返還届出提出済み |
| 土地<br>被相続人の配偶者 | |

### 回答

株式の評価上、借地権を考慮する（資産に加算する）必要はないものと考えられます。

### 解説

事例6でも解説したように、土地の無償返還の届出書を提出している場合、その借地権の評価は基本的にゼロです。ただ、被相続人が同族法人に対して土地を賃貸している場合は、被相続人の土地を20％減額していることの関係上、その土地の価額が個人、法人を通じて100％となることが課税の公平の観点から望ましいため、同族会社の株式の計算時には、純資産価額に計上する借地権の価額は、その土地の自用地としての価額の20％に相当する金額とされています（P258参照）。

ご相談のケースでは、土地の所有者は被相続人ではありませんので、借地権を考慮する（加算する）必要はないものと考えられます。

事例8

## 土地の無償返還の届出書の提出がない場合の法人（借地人）の借地権評価

　下記を前提として、甲に相続が発生した場合、借地人であるＡ社の株式評価上、借地権の評価はどのようになるのでしょうか。

(1)　対象となる土地：○○○△△△×××（□□□㎡）

(2)　土地所有者：甲　　借地権者：Ａ社・甲が代表者で同族株主

(3)　建物の建築等の状況

　　　Ａ社　昭和47年新築→　平成11年取壊し→　平成11年新築

(4)　地代年約400万円（固定資産税等の2.5倍程度）

(5)　土地の賃貸借開始時、建物建替え時他、現在まで権利金の認定課税が行われた事実はない（相当地代、土地の無償返還の届出書の提出なし）。

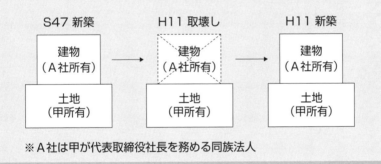

※Ａ社は甲が代表取締役社長を務める同族法人

### 回答

　通常の借地権の評価になると考えられます。なお、表裏の関係ですが、被相続人甲の土地は通常の底地評価になると考えられます（Ｐ174参照）。

### 解説

　借地借家法の観点からは、建物の所有を目的とした土地の賃貸借であれば、借地権が生じることとなります（ご質問のケースもこれに当ては

まると思います)。

　また、土地の賃貸借に当たり、建物の所有を目的とした土地の賃貸借である場合には、借地権設定時に権利金の授受がなく、相当の地代の支払いもなく、土地の無償返還の届出書の提出もない場合は借地人が無償で借地権を取得したものとして権利金の認定課税が行われます。この認定課税が行われる時期は借地権設定時となります。

　ここで、借地権の設定時にこの権利金の認定課税がされなかった場合（課税漏れの場合）申告期限後5年を経過すると課税ができなくなります（ご質問のケースではこちらに該当すると思われます）。

---

**（参考：平成9年2月17日裁決）**
**（土地の無償返還届出書が提出されていない場合の土地の評価）**
　本裁決で審判所は、法人税法上、本件土地については、賃貸借であると考えるのが妥当であり、無償返還届出書が提出されていないことから本件土地には借地権が存在するものとして取り扱うのが相当であると判断しました（土地所有者の土地評価は底地評価）。

---

**事例9**

## 相続開始時が直後期末に近い場合（純資産価額の場合・類似業種比準価額の場合）

　相続開始時が直後期末に近い場合は、そちらの決算書を基に評価することは可能でしょうか。

　なお、相続開始時と直後期末では、大きな資産負債の異同はありません。

```
  ┌──────┐                      ┌──────┐ ┌──────┐
  │直前  │                      │相続  │ │直後  │
  │期末  │                      │開始  │ │期末  │
  └──────┘                      └──────┘ └──────┘
  ───┼──────────────────────────┼───────┼────────▶

  R4.3.31                   R5.3.29   R5.3.31
```

**回答**

　純資産価額の評価に当たっては、課税時期（ご質問のケースではR5.3.29）で仮決算をするのが原則であることを考えれば、直後期末でもよいように思われます。一方、類似業種比準価額の評価に当たっては、直後期末は採用できず、直前期末となります。

**解説**

### 1　純資産価額の評価について

　1株当たりの純資産額は、原則として、評価会社の課税時期（ご質問のケースではR5.3.29）における各資産及び負債の金額について、財産評価基本通達の定めによって評価した価額を基として計算します。

　なお、直前期末から課税時期までの間に資産及び負債の金額について著しく増減がないと認められる場合には、直前期末現在の資産及び負債の金額を対象として評価しても差し支えないこととなっています。

　上記のように、課税時期が直後期末に非常に近く、課税時期から直後期末までの間に資産及び負債の金額について著しく増減がないと認めら

れる場合には、財産債務について経理操作を行っているなどの課税上の弊害がある場合を除き、直後期末の各資産及び負債の金額を対象として計算してもよいと考えられます。

## 2　類似業種比準価額の評価について

　類似業種比準方式によるときには、課税時期が直前期末よりも直後期末に近い場合であっても、直前期末の比準数値によって評価します。

　類似業種比準価額を算定する場合の比準数値について、財産評価基本通達183《評価会社の１株当たりの配当金額等の計算》のとおり定めているのは、財産の価額は課税時期における時価による（相法22）と規定されていることを前提として、標本会社と評価会社の比準要素をできる限り同一の基準で算定することが、より適正な比準価額の算定を可能にすると考えられることのほか、課税時期後における影響要因を排除することをも考慮したものといえますから、仮に直後期末の方が課税時期に近い場合であっても、直前期末の比準数値によることになります。

　過去に、納税者と課税庁が争った裁決例（**平成24年３月28日裁決**）がありますので、参考としてください。


**（平成24年３月28日裁決）**
　**類似業種比準価額が算定に当たり、課税時期が直後期末に近いことから直後期末を基とする評価額が本件株式の時価に相当するというべきとの請求人主張が排斥された事例**

(1)　事案の概要

　課税庁が、相続開始日の直前に終了した事業年度（以下「直前期」という。）である平成19年×月期の利益金額等より類似業種比準価額を評価すべきであるとして更正処分等を行ったことから、納税者が、相続開始日は、当該株式の発行会社の平成20年×月期の終了直前であったから、当該相続開始日の直前期の利益金額等を基に類似業種比準価額を評価する旨定めた評価基本通達により難い特別の事情があるとして、平成更正処分等の全部の取消しを求めた事案である。なお、審判所は課税庁の処分内容を認めている。

## (2) 審判所の判断 (一部抜粋)

　評価基本通達180に定める類似業種比準価額の計算において、評価会社の直前期の利益金額等の数値を用いることとしているのは、類似業種比準価額の計算に当たって比準する標本会社の利益金額等の算定時期と評価会社の利益金額等の算定時期を近づけることが、より適正な株価の算定を可能にすると考えられるからであるところ、平成20年分の相続税等の申告に当たり、取引相場のない株式の類似業種比準価額を評価する場合において比準する業種目別の１株当たりの配当金額、利益金額及び純資産価額等を定めた「平成20年分の類似業種比準価額計算上の業種目及び業種目別株価等について」(平成20年6月6日付課評2-13国税庁長官通達をいう。)における当該業種目別の１株当たりの数値は、標本会社の平成19年10月末日以前に終了した事業年度の配当金額、利益金額及び純資産価額の数値を基としていることからすると、本件会社の利益金額等の数値についても、本件相続開始日の直後に事業年度が終了した平成20年×月期の数値でなく、直前期である平成19年×月期の数値を用いることについて不合理な点は認められない。

**事例10**

## 即時償却した場合の株価評価（類似業種比準価額・純資産価額）

評価対象会社で即時償却をしている機械装置がある場合、類似業種比準価額や純資産価額の計算で影響があるのでしょうか。各々の場合で教えてください。

**回答**

類似業種比準価額の計算では影響はありませんが、純資産価額の計算では、調整が必要です（下記解説参照）。

**解説**

### 1 類似業種比準価額の場合

類似業種比準価額の３つの計算要素（配当・利益・簿価純資産）のうち、利益の算定で、即時償却の金額を法人税の課税所得に加算する必要があるのではないかといった疑問もありますが、非経常的な損失を加算する規定はありません。そのため、即時償却の金額を利益に加算する必要はないものと考えられます。

### 2 純資産価額の場合

即時償却により機械装置の帳簿価額が１円の場合でも、相続税評価額は、小売価額<sup>(注)</sup>から減価償却費等の合計額を控除して算定します（評基通129）。

なお、減価償却の計算に当たっては定率法で計算します（評基通130）。

（注） 実務的には取得価額で計算することが多いように思われます。

```
┌─────────────────────────────────────
│ 財産評価基本通達
│ （一般動産の評価）
│ 129　一般動産の価額は、原則として、売買実例価額、精通者意見価
```

格等を参酌して評価する。ただし、売買実例価額、精通者意見価格等が明らかでない動産については、その動産と同規格の新品の課税時期における小売価格から、その動産の製造の時から課税時期までの期間（その期間に１年未満の端数があるときには、その端数は１年とする。）の償却費の合計額又は減価の額を控除した金額によって評価する。

## （償却費の額の計算）

130　前項のただし書きの償却費の額を計算する場合における耐用年数等については、次に掲げるとことによる。

(1)　耐用年数
耐用年数は、耐用年数省令に規定する耐用年数による。

(2)　償却方法
償却方法は、定率法による。

## 事例11

## 非経常的な利益の判断について

> 類似業種比準価額を計算する上での利益について、非経常的な利益
> は控除するとされていますが、その判断は、どのように行えばよいの
> でしょうか。

### 回答

　非経常的な利益は必ずしも損益計算書上の特別利益には限らず、毎期
継続することが予定されない利益を差します。具体的な内容は、解説を
参照願います。

### 解説

### 1　経常的か非経常的かの判断

　国税庁のホームページでの質疑応答事例（継続的に有価証券売却益が
ある場合）の回答では、「ある利益が、経常的な利益又は非経常的な利
益のいずれに該当するかは、評価会社の事業の内容、その利益の発生原
因その発生原因たる行為の反復継続性又は臨時偶発性等を考慮し、個別
に判定します。」とあります。

　上記内容について、種々の解釈があろうかと思いますが、例えば次の
ような点から確認されてもよいように思います。

　(1)　評価対象会社の定款目的を確認します。

　　　例えば、有価証券の売買等についても目的に入っていれば、経常
　　的利益と判断できるように思います。

　(2)　課税時期前後、例えば3～5年程度の利益（又は損失）の状況を
　　確認し、継続しているようであれば、経常的利益と判断できるよう
　　に思います。

　　（注）　損益計算書上、特別損益となっていない場合（営業外損益）でも内容に
　　　　よって判断すべきです。そのため、例えば科目内訳書の雑収入・雑損失を数
　　　　年間比較確認してみることでも有効と考えます。

## 2 種類の異なる非経常的な利益がある場合

「1株当たりの利益金額」を算定する際に除外する非経常的な利益とは、課税時期の直前期末以前1年間における利益のうちの非経常的な利益の総体をいいます。したがって、種類の異なる非経常的な損益がある場合（例えば、固定資産売却損と保険差益がある場合等）であっても、これらを通算し、利益の金額があればこれを除外します（国税庁ホームページ質疑応答事例参照）。

## 3 固定資産の譲渡が複数ある場合

非経常的な利益の金額を除外しているのは、評価対象会社の臨時偶発的に生じた収益力を排除し、評価対象会社の営む事業に基づく経常的な収益力を株式の価額に反映させるためです。そのため、個々の譲渡の損益を通算し、利益の金額があれば除外します（国税庁ホームページ質疑応答事例参照）。

---

**（参考：平成20年6月26日裁決）**
**匿名組合からの最終配金**

　審判所の判断では、評価会社の匿名組合への出資に係る最終分配金は経常的利益であるから、財産評価基本通達に定める類似業種比準方式における「評価会社の1株当たりの年利益金額」に含まれるとしています。

---

## 形式的には少数株主だが実質的に同族株主とされる場合

　被相続人は、Ｘ社の代表取締役で、本人及び配偶者、子で35％の株式（議決権も同じ）を所有しています。残りの65％の株式のうち、14％は取引先等が所有し、51％は被相続人の知人らの会社（Ｙ社）が所有しています(注)。

　株主総会は開催していますが、Ｙ社はＸ社から遠距離にあるため、毎年、委任状を提出しています。

　このような場合、被相続人が所有するＸ社の株式の評価は配当還元価額でよいのでしょうか。

(注)　被相続人の知人（4人）が主宰する法人（4社）が出資する法人

### 回答

　事実関係を詳細に確認する必要がありますが、被相続人は同族株主として原則的評価になる可能性があります（Ｙ社の株式を除いて議決権割合を判定又はＹ社の株式を被相続人等の株式に加算して判定）。

### 解説

　判断はかなり難しいものがありますが、以下実質的に同族関係者に該当するか否かの判断で、同族関係者と判断された事例があり、参考になるため紹介します（一部の株主が白紙委任状を提出していたケースです。）。

### 1　参考となる判決

　　平成26年10月29日　東京地裁判決（控訴）
　　平成27年4月22日　東京高裁判決（上告）
　　平成28年10月6日　最高裁判決（棄却・不受理）

## 〈概要〉

(1) 原告（納税者）が、形式的には同族関係者に該当しないため配当
還元価額で評価した[注]のに対し、課税庁は、実質的には同族関係者
であるとして原則的評価とした（52%の議決権を保有する株主が議
決権につき白紙委任等をしていた）ところ、裁判所は課税庁の処分
を認めました。

[注] 配当還元価額で評価したのは、下記のA社株式。結果的にC社とA社が同
族関係と判断され、C社の所有するA社株式の価額が上昇し課税関係が発生
しました。

(2) 具体的な取引、経緯等については、下記の図を参照願います。

なお、本件は、原告甲の母・原告乙（原告甲の子）の祖母である丙が、
その保有するC社（有限会社）の持分をA社（株式会社）及びB社（合
名会社）に対し譲渡したところ、課税庁が、その譲渡が時価より著しく
低い価額の対価でされたものであり、その譲渡によっていずれも同族会
社であるA社の株式及びB社の持分の価額が増加したことから、相続税
法9条の規定によりその増加した部分に相当する金額をA社及びB社の
株主及び社員である原告甲及び原告乙が丙から贈与により取得したもの
とみなされるとして、原告らに対し、贈与税の決定処分等をしたもので
す。

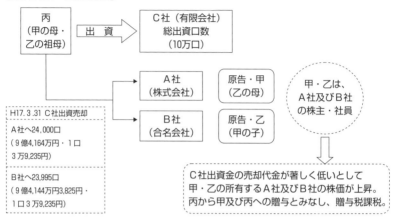

【売買内容・課税関係】

※裁判所はC社出資について、最終的にA社への譲渡時価を19億4,889万6,000円、B社への譲渡時価を19億4,848万9,980円と判断しました。

　非常に論点の多い事案ですが、以下、同族関係者に該当するか否かに絞って解説します。

### 〈同族関係者か否かの判定（裁判所の判断）〉

(1)　丙（甲の母）及び甲の有するC社の議決権数は、その議決権総数の50％を超えないから、財産評価基本通達188(1)を形式的に適用すると、C社は丙、甲及び乙の同族関係者には該当しないことになります。なお、上述のとおり、丙のC社出資はA社及びB社に譲渡され、譲渡後でみれば同様にC社は甲、乙及びB社の同族関係者には該当しないことになります。

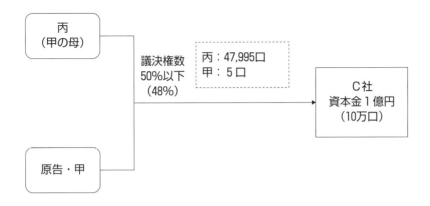

（注）　C社は、不動産賃貸を目的とする資本の総額が1億円（10万口）の有限会社（当時）であり、同族会社に該当します。平成17年3月31日（C社出資金の売却時）当時の社員並びにその出資の金額及び口数（ただし、丙がA社及びB社に持分を譲渡する前のもの）は、丙（甲の祖母）が4,799万5,000円（4万7995口）及び原告甲が5,000円（5口）であったほか、A社の取引先である各酒造メーカー等13社（以下、これら13社を併せて「本件13社」という。）が各400万円（各4,000口）でした。本件13社の保有する本件出資（400万円×13社）は、いずれも、先代（甲の父）が平成3年12月5日に1口当たり1,000円で売却したものでした。

（2）　A社（酒類食料品卸売業）の取引先13社（酒造メーカー）が先代（甲の父）からC社出資（52%）を購入した経緯及び動機、社員総会には出席せず白紙委任等をしていた事実関係からすると、C社は、一貫して甲及び丙とその同族関係者（B社・丙から譲受後）によって実質的に支配されていたと認められます。

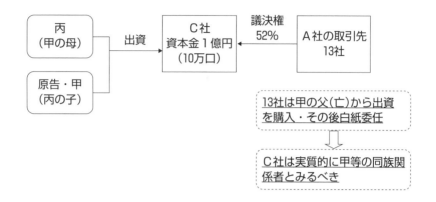

(3) 上記(2)より、甲及びその同族関係者（乙、B社、C社）の有するA
社の議決権数は、その議決権総数の50％を超えるため、A社は甲らの
同族関係者に該当します（評基通188(1)。法令4②）。

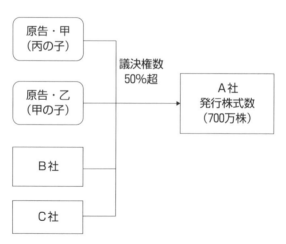

(注) 原告甲が39万1,150株、原告乙が5万株、B社が198万9,100株、C社が200万
株を保有（合計443万250株）していました。
なお、A社の平成16年12月31日における従業員数は約1,650人でした。

○ 譲渡されたC社の出資金の評価額が大幅に増加した理由
裁判所は、譲渡されたC社出資について、C社は形式的には原告等の

同族関係者ではないが、実質的に同族関係者とした。それにより、C社とA社が同族関係者と判断され、C社が保有するA社株式（当初配当還元方式で評価）の評価額が大きく上昇し（原則的評価となったため）、結果として、C社の出資金の評価額も大幅に増加した。

## 2　ポイントの整理

　丙から譲渡されたC社出資持分について、C社は形式的には原告甲等の同族関係者ではない（原告等の議決権は48％で50％超にならない）が、実質的に同族関係者であると判断されました。これは、52％の議決権を持つ13社が先代経営者（丙の夫・原告甲の父）から出資持分を購入しており、また、議決権に関し白紙委任していたこと等によるものでした。実質的に同族関係者か否か、同族株主か否かの判断は今後も重要なポイントになると考えられます。

## 同族株主以外の株主等が取得した株式を配当還元価額以外で評価することの正当性

> 配当還元価額で申告後、課税庁から類似業種比準価額で処分があり、その後その処分が取り消された事例があるようですが、どのような内容なのでしょうか。

### 回答

　平成29年8月30日東京地裁判決の事案では、同族株主以外の株主等が取得した株式について、類似業種比準方式により評価することが正当と是認されるような事情はないとされています。議論のある内容ですが、解説を参照願います。

### 解説

　相続開始時点では、被相続人庚の所有するA社の株式の議決権は15%未満(注)となっており、その点からは、配当還元方式と考えられますが、A社株式が、「同族株主以外の株主等が取得した株式」に該当しても類似業種比準方式により評価することが正当と是認される特別な事情があるかが焦点となりました。

(注)　被相続人庚は相続開始前に法人（B社）にA社株式を譲渡している事実があります。

### 1　判決内容（平成29年8月30日東京地裁判決）

※平成19年12月相続開始

#### (1)　原告（納税者）の主張

　　原告（納税者・被相続人庚の配偶者）は、課税時期において、A社には合計して30%以上の議決権を有する株主及びその同族関係者がいないため、A社は「同族株主のいない会社」に当たると主張しました。

　その上で、納税者及びその同族関係者である親族らの有する議決権の合計割合は14.91％であり、「株主の1人及びその同族関係者の有する議決権の合計数が、その会社の議決権総数の15％未満である場合」にも当たるため、本件株式は、評価通達188の(3)の株式に該当するから、「同族株主以外の株主等が取得した株式」に該当することになると主張しました。

(注)　原告（納税者）の主張する株価（配当還元方式による株価）は75円／1株、被告（課税庁）の主張する株価（類似業種比準方式による株価）は、2,292円／1株です

### (2) 被告（課税庁）の主張

　課税庁は、原告が、A社、C社及びB社に対し、広範な業務執行権限に基づき経営方針の決定に関与するなどして実効支配力を有していたとして、A社株式が同族株主以外の株主等が取得した株式に該当しても類似業種比準方式により評価することが正当と是認される特別な事情があると主張しました。

(注)　原告及びその同族関係者である親族らの有する議決権の合計割合は14.91％であり、仮にこの割合にC社及びB社のA社への議決権割合を加えると、15％以上となり、原告の相続した株式は類似業種比準方式の評価となります。

---

### 【参考：A社の株主構成（相続開始直前）】

| | | |
|---|---|---|
| (ア) | 原告　（庚の配偶者） | 15万9,748株　（1.74％） |
| (イ) | 庚（被相続人） | 73万5,700株　（8.00％） |
| (ウ) | ○○親族ら | 合計47万6,072株 |
| | うち　乙 | 4万2,488株　（0.46％） |
| | 丙 | 4万2,488株　（0.46％） |
| | 戊 | 24万4,968株　（2.66％） |
| | その他 | 14万6,128株　（1.59％） |
| | 以上合計 | 137万1,520株　（14.91％） |
| (エ) | B社 | 72万5,000株　（7.88％） |

---

| (オ) | C社 | 222万4,400株（24.18%） |
| (カ) | 研究会持株会 | 221万730株（24.03%）（注1） |
| (キ) | 従業員持株会 | 231万5,150株（25.16%）（注2） |
| (ク) | その他の個人株主 | 合計35万3,200株（3.84%） |
| | (ア)～(ク)合計 | 920万株（100%） |

（注1） A社に20年以上勤務する従業員を会員としている民法上の組合。

（注2） A社に10年以上（20年未満）勤務する従業員を会員としている民法上の組合。

### (3) 裁判所の判断

　　裁判所は事実関係を判断し、課税庁の主張する「類似業種比準価額が是認される特別な事情」を認めませんでした。

　　なお、上記の争点の他、課税庁は、納税者が実質的に同族株主に該当するとも主張しており、その際の法人税法施行令4条6項の解釈についても問題となりました。なお、それに対する裁判所の判断については、ポイント整理を参照してください。

## 2　ポイント整理

(1)　裁判所は、A社の株主の中には、C社及びB社も含まれているが、C社又はその株主とB社又はその株主が、それぞれの会社が有するA社の議決権行使につき、原告との間で何らかの合意をしたことはなく、原告から指示をされたこともなかったことからすると、C社及　びB社がその有するA社の議決権について、原告の意思と同一の内容の議決権を行使することに同意していたと認めることはできないと判断し、課税庁の主張を認めませんでした（仮に原告、同族関係者である親族、C社、B社のA社への議決権割合を合計した場合は、15%以上）。

(2)　被相続人庚は、相続開始の年にB社に対しA社株式を譲渡している事実があります（それにより、庚及び親族のA社に対する議決権割合は15%未満となりました）。一方、裁判所は、原告が、本件相

続開始後には代表取締役の１人となってはいるものの、そもそも本件相続開始時点以後の出来事である上、その目的も庚の姓を代表取締役として連ねさせることが主眼であって、経営的判断は主にもう１人の代表取締役であるＫが主導し、原告がＡ社に対する支配的な影響力を有していたということは到底できないと判断しています。

本件は、種々の要素が絡んだ微妙な事案ですが、その詳細を確認していくことで、参考になるものと考えられます。

(3) 法人税法施行令４条６項の解釈についても争点となりましたが、裁判所の判断は以下のとおりです。

**（判決文より一部抜粋）**

① 被告は、Ｃ社及びＢ社がその有するＡ社の議決権についてＡ社の意思と同一の内容の議決権を行使することに同意していれば、法人税法施行令４条６項により、評価通達188の適用上、その議決権はＡ社が有するとみなされる旨主張する。

しかしながら、評価通達188は、評価会社の株主の「同族関係者」の定義として、法人税法施行令４条を引用しており、同条６項は当該「同族関係者」に当たる同条３項に定める特殊の関係のある法人についてのその該当性の判断等に関して設けられた規定である。

そうすると、評価通達188の適用上、評価会社における株主の議決権割合の判定そのものに同条６項が適用されるわけではないから、仮にＣ社及びＢ社がその有するＡ社の議決権についてＡ社や原告の意思と同一の内容の議決権を行使することに同意していたとしても、評価会社であるＡ社における株主の議決権割合の判定において、Ｃ社及びＢ社の有する議決権をＡ社や原告が有するとみなされることになるものではない。

したがって、被告の上記主張は、評価通達188の解釈を誤った独自の見解というべきものである。

② 被告が主張するＡ社における評価通達188の議決権割合の判定に際し、Ｃ社及びＢ社の有する議決権の数を、Ａ社の議決権総数から除外すること、あるいは、原告の有する議決権の数に合算することは、いずれも相当であるとはいえない。

## 自己株取引と株価評価

> 　下記のような自己株式の取引があった場合、被相続人が所有する評価対象会社の株式の評価はどのようになるのでしょうか。
> (1)　発行会社（評価対象会社）が自己株式を取得している場合
> (2)　評価対象会社が発行会社に発行会社の様式を譲渡している場合

### 回答

　(1)のケースは、類似業種比準価額の計算要素（配当・利益・簿価純資産）のうち配当（みなし配当）に関するものですが、計算上、配当には含まれません（評価明細書第4表の年配当金額欄関係）。

　(2)のケースは、類似業種比準価額の計算要素（配当・利益・簿価純資産）のうち利益に関するものですが、計算上、利益に加算しません（評価明細書第4表の利益金額の受取配当金等の欄関係）。

　詳しくは解説を参照ください。

### 解説

### 1　被相続人が、X社の株式を所有している場合
＜イメージ＞

　自己株式を取得することにより、その株式を譲渡した法人に法人税法第24条第1項の規定により配当等とみなされる部分（みなし配当）の金額が生じる場合がありますが、株式取得法人（株式発行法人）の株式を評価するに当たり、「1株当たりの配当金額」の計算上、そのみなし配当の金額を剰余金の配当金額に含める必要はありません。

この場合、「取引相場のない株式（出資）の評価明細書」の記載に当たっては、「第4表　類似業種比準価額等の計算明細書」の（2．比準要素等の金額の計算）の「年配当金額」欄にみなし配当の金額控除後の金額を記載します。

これは、みなし配当の金額は、会社法上の剰余金の配当金額には該当せず、また、通常は、剰余金の配当金額から除くこととされている、将来毎期継続することが予想できない金額に該当すると考えられるためです（国税庁ホームページ質疑応答事例参考）。

## 2　被相続人が、Z社の株式を所有している場合
**＜イメージ＞**

評価会社が所有する株式をその株式の株式発行法人に譲渡することにより、法人税法第24条第1項の規定により配当等とみなされる部分（みなし配当）の金額が生じる場合がありますが、「1株当たりの利益金額」の計算上、そのみなし配当の金額を「益金に算入されなかった剰余金の配当等」の金額に含める必要はありません。

この場合、「取引相場のない株式（出資）の評価明細書」の記載に当たっては、「第4表　類似業種比準価額等の計算明細書」の（2．比準要素等の金額の計算）の「受取配当等の益金不算入額」欄にみなし配当の金額控除後の金額を記載します。

これは、「1株当たりの利益金額」の計算の際に、非経常的な利益の金額を除外することとしているのは、評価会社に臨時偶発的に生じた収益力を排除し、評価会社の営む事業に基づく経常的な収益力を株式の価額に反映させるためです。

「みなし配当」の基因となる合併や株式発行法人への株式の譲渡等は、通常、臨時偶発的なものと考えられるため、財産評価基本通達上、法人

税の課税所得金額から除外している「非経常的な利益」と同様に取り扱うことが相当です。そのため、原則として、「みなし配当」の金額は「1株当たりの利益金額」の計算において法人税の課税所得金額に加算する「益金に算入されなかった剰余金の配当等」の金額に該当しません（国税庁ホームページ質疑応答事例参考）。

## 3 発行法人の株式を所有している場合のその他の留意点

### (1) 類似業種比準価額（評価明細書第4表・1株当たりの資本金等の額の計算欄）

直前期末の発行株式総数から直前期末の自己株式数を控除して計算することになります。そのため自己株式がない場合に比較し、結果的に類似業種比準価額は上昇することになります。

(注) 直前期末後、課税時期（相続開始時）までの間に自己株式を取得した場合、自己株式数の修正等は行いません（あくまで直前期末の状態のまま）。

### (2) 純資産価額（評価明細書第5表）

課税時期（相続開始時）の発行株式総数から課税時期（相続開始時）の自己株式数を控除して計算します。

そのため、直前期の決算書等を基に計算する場合で、直前期末から課税時期（相続開始時）までの間に自己株式の取得があった場合は、直前期末の発行株式総数からその取得した自己株式の数を控除して計算します(注)。

(注) 直前期末から課税時期（相続開始時）までの間に自己株式を取得した場合は、評価明細書第5表上、取得するために支出した金額を現預金の額から控除します。

**事例15**

## 現物分配により資産の移転をした会社の類似業種比準価額（配当金に含まれるか否か）

評価対象会社（Y社）が、現物分配によりX社に資産の移転をしました。ここで、評価対象会社（Y社）の類似業種比準方式で株価を計算する場合、「1株当たりの配当金額Ⓑ」の計算上、その移転した資産の価額を剰余金の配当金額に含めるのでしょうか。

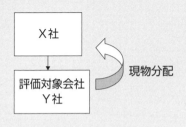

### 回答

その現物分配の基因となった剰余金の配当が将来毎期継続することが予想できる場合は、剰余金の配当金額に含め、予想できない場合は、剰余金の配当金額に含めないことになります<sup>(注)</sup>。

(注)　一般的には、現物分配は毎期継続が予想できないものと思われます。

### 解説

ご質問のようなケースで、国税庁ホームページの質疑応答では、次のように解説しています。

「1株当たりの配当金額」の計算上、現物分配により評価会社が移転した資産の価額を剰余金の配当金額に含めるかどうかは、その現物分配の基因となった剰余金の配当が将来毎期継続することが予想できるかどうかにより判断します。

なお、その配当が将来毎期継続することが予想できる場合には、その現物分配により移した資産の価額として株主資本等変動計算書に記載された金額を剰余金の配当金額に含めて計算します。

㊟　現物分配のうち法人税法第24条第1項第4号から第7号までに規定するみなし配当事由によるものについては、会社法上の剰余金の配当金額には該当しないので、通常は、「1株当たりの配当金額」の計算上、剰余金の配当金額に含める必要はありません。

**事例16**

## 適格現物分配により資産の移転を受けた会社の類似業種比準価額（利益に加算されるか否か）

Ｙ社から評価対象会社（Ｘ社）に対して、適格現物分配を行いました。

適格現物分配により資産の移転を受けたことにより生ずる収益の額は、法人税法第62条の５第４項により益金不算入とされていますが、類似業種比準方式における「１株当たりの利益金額Ⓒ」の計算上、「益金に算入されなかった剰余金の配当等」の金額に加算する必要があるでしょうか。

**回答**

類似業種比準価額の計算で、「１株当たりの利益金額Ⓒ」の計算上、益金不算入の配当等も加算（１株当たりの利益金額に含まれる）するのが原則です。

ここで、適格現物分配により資産の移転を受けたことにより生ずる収益の額は、法人税法第62条の５第４項により益金不算入とされていますが、類似業種比準方式における「１株当たりの利益金額Ⓒ」の計算上、益金不算入の配当等の金額には原則として加算する必要がありません（１株当たりの利益金額に含まれません）（国税庁質疑応答事例参考）。

**(参考)** 100％グループ内での現物配当は、「適格現物分配」として組織再編税制の一環と位置付けられ、課税関係は生じない扱いになっています。

つまり、現物分配により移転した法人は、資産の帳簿価額により譲渡したものとみなされ、一方、資産の分配を受けた法人は、資産の移転を受けたことにより生じた利益を益金の額に算入しないとされています。

### 解説

## 1　非経常的利益を除外する理由

　「1株当たりの利益金額」の計算の際に、非経常的な利益の金額を除外することとしているのは、評価会社に臨時偶発的に生じた収益力を排除し、評価会社の営む事業に基づく経常的な収益力を株式の価額に反映させるためです。

　また、ある利益が、経常的な利益又は非経常的な利益のいずれに該当するかは、評価会社の事業の内容、その収益の発生原因、その発生原因たる行為の反復継続性又は臨時偶発性等を考慮し、個別に判断します。

## 2　ご相談のケース

　剰余金の配当による適格現物分配として資産の移転を受けたことにより生ずる収益の額は、法人税法第62条の5第4項により益金不算入とされていることから、「1株当たりの利益金額」の計算上、「益金に算入されなかった剰余金の配当等」に該当するとも考えられます。

　しかし、適格現物分配は組織再編成の一形態として位置づけられており、形式的には剰余金の配当という形態をとっているとしても、その収益の発生原因である現物分配としての資産の移転は、通常、組織再編成を目的としたもので、被現物分配法人（評価会社）を含むグループ法人全体の臨時偶発的な行為であるため、通常、その収益の金額は非経常的な利益であると考えられます。

　したがって、法人税法第62条の5第4項により益金不算入とされる適格現物分配により資産の移転を受けたことによる収益の額は、「1株当たりの利益金額」の計算上、原則として「益金に算入されなかった剰余金の配当等」の金額に加算する必要はありません。

## 土地（譲渡損益調整資産の譲渡）の譲渡があった場合の類似業種比準価額（譲渡益の加算の有無）

　評価対象会社（Ｘ社）からＹ社に対して土地を譲渡しました。Ｘ社とＹ社は完全支配関係にあります。

　ここで、評価対象会社（Ｘ社）において、その評価対象会社との間に完全支配関係がある会社（Ｙ社）に対して、法人税法第61条の13に規定する譲渡損益調整資産を譲渡していた場合に、法人税法上繰り延べられた譲渡益は、類似業種比準方式における「１株当たりの利益金額©」の計算上、どのようになるのでしょうか。やはり、法人税の課税所得金額に加算する必要があるのでしょうか。

　また、その後、完全支配関係がある法人において、その譲渡損益調整資産を減価償却した場合や、その譲渡損益調整資産を他に再譲渡した場合に、法人税法上、評価会社の法人税の課税所得金額に計上される譲渡損益調整勘定の戻入益は、「１株当たりの利益金額©」の計算上、控除する必要があるのでしょうか。

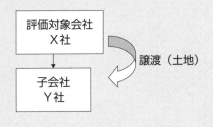

### 回答

　類似業種比準方式における「１株当たりの利益金額」の計算上、評価会社において、その評価会社との間に完全支配関係がある法人に対して、法人税法第61条の13に規定する譲渡損益調整資産を譲渡していた場合に、法人税法上繰り延べられた譲渡益は法人税の課税所得金額に加算する必

要はありません。

　また、その後、完全支配関係がある法人において、その譲渡損益調整資産を減価償却した場合や、その譲渡損益調整資産を他に再譲渡した場合に、法人税法上、評価会社の法人税の課税所得金額に計上される譲渡損益調整勘定の戻入益は、「1株当たりの利益金額Ⓒ」の計算上、非経常的な利益として法人税の課税所得金額から控除します。

　なお、譲渡損益調整勘定の戻入益と戻入損の両方がある場合は、それぞれ他の非経常的な損益と合算の上、その損益を通算し、利益の金額があればその金額を課税所得金額から控除します。

　この場合、「取引相場のない株式（出資）の評価明細書」の記載に当たっては、「第4表　類似業種比準価額等の計算明細書」の（2．比準要素等の金額の計算）の「非経常的な利益金額」欄にその譲渡損益調整勘定の戻入益の金額を加算して計算します（国税庁質疑応答事例参考）。

### 解説

　「1株当たりの利益金額Ⓒ」の計算では、評価会社の直前期末以前1年間における法人税の課税所得金額を基にしますが、非経常的な利益を除外することとしています。

　譲渡損益調整資産とは、固定資産、土地、有価証券（売買目的有価証券を除きます。）、金銭債権及び繰延資産のうち一定のものをいい、通常これらの資産の譲渡益は、非経常的な利益に該当すると考えられることから、「1株当たりの利益金額Ⓒ」の計算上、法人税の課税所得金額に加算する必要はありません。

　また、譲受法人の譲渡損益調整資産に係る償却費の損金算入やその資産の再譲渡があった場合には、繰り延べられていた譲渡利益額又は譲渡損失額の一部又は全部が譲渡損益調整勘定の戻入益又は戻入損として評価会社の法人税の課税所得金額に計上されることになりますが、このうち、戻入益は非経常的な利益に該当すると考えられることから、「1株当たりの利益金額Ⓒ」の計算上、他の非経常的な利益と同様に、その金額を法人税の課税所得金額から控除します。

【事例18】

## 親会社から子会社に寄附があった場合の類似業種比準価額（純資産価額の修正の有無）

　評価対象会社（X社）である親会社から子会社（Y社）に対して寄附があった場合、親会社の利益積立金額は、税務調整により寄附金に相当する金額だけ増加することとなりますが、類似業種比準方式における「１株当たりの純資産価額Ⓓ」の計算上、利益積立金が増加した分を減算するなどの調整を行う必要があるのでしょうか。

(注)　X社とY社は完全支配関係にあります。

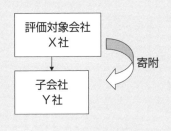

### 回答

　利益積立金額の増減について調整する必要はありません。

### 解説

　ご質問のようなケースで、国税庁ホームページの質疑応答事例では、次のように解説しています。

　「１株当たりの純資産価額Ⓓ」は、直前期末における法人税法に規定する資本金等の額及び利益積立金額に相当する金額の合計額によることとしていますが、これは、恣意性を排除し、評価会社の株式を同一の算定基準により評価することが合理的であることに鑑み、納税者利便の観

点から、このように取り扱うものとしています。

　そのため「1株当たりの純資産価額Ⓓ」は、法人税法上の処理が適正なものである限り、法人税法の規定による資本金等の額又は利益積立金額の加減算は、基本的に法人税法の処理どおりに取り扱うことが相当です。

　したがって、完全支配関係にある法人間の寄附に伴う税務調整により、評価会社である親法人の利益積立金額が寄附金に相当する金額だけ増減が生ずる場合でも、「1株当たりの純資産価額Ⓓ」の計算上、その利益積立金額の増減についての調整は必要ありません。

## 事例19

### 株式交換等があった場合の親会社の株式評価（純資産価額評価での法人税相当額控除の制限）

> 甲は、Ａ社（非上場）の代表取締役ですが、この度、父の相続に関しＡ法人の多くの株式を相続しました。Ａ社は、５年ほど前にＸ社の株式を株式交換（適格株式交換）により取得していました。Ａ社の株式評価に当たって、純資産評価額の算定をする際に現物出資や株式交換等の場合、法人税相当額の計算に制限があるようですが、適格株式交換の場合も該当するのでしょうか。

### 回答

　財産評価基本通達上は、「株式交換により著しく低い価額で受け入れた株式がある場合には」と規定しているのみで、適格株式交換か非適格株式交換かを区別していません。

　そのため、法人税相当額の控除については、制限がありますので注意が必要です。

### 解説

#### 1　純資産評価における法人税等相当額の控除制限の理由

　株式交換後の親会社の純資産での株価評価において、法人税相当額の控除が制限されています。これは現物出資についても同様です。

　以下例を挙げて説明します。

<例>

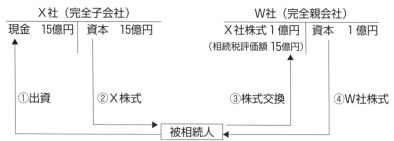

①、②　被相続人は、金融機関からの借入れによる15億円を出資してX
　　　　社を設立。
③、④　次に、X社の株式の全部を株式交換によりW社（完全親会社）
　　　　に交付し、W社株式を取得。W社はX社の株式の価額を著しく低
　　　　い価額（1億円）で受入。

---

上記の例では、被相続人の相続財産は、現金15億円からW社株式にな
りますが、W社株式の相続税評価額は、15億円－（15億円－1億円）
×37％＝9.82億円となります。
そのため、相続税評価額が大幅に減額されてしまいます。

---

**財産評価基本通達**
**（評価差額に対する法人税額等に相当する金額）**
**186－2**　185《純資産価額》の「評価差額に対する法人税額等に相当
する金額」は、次の(1)の金額から(2)の金額を控除した残額がある場合
におけるその残額に37％（法人税（地方法人税を含む。）、事業税（特
別法人事業税を含む。）、道府県民税及び市町村民税の税率の合計に相
当する割合）を乗じて計算した金額とする。
(1)　課税時期における**各資産をこの通達に定めるところにより評価し
　　た価額の合計額**（以下この項において「課税時期における相続税評
　　価額による総資産価額」という。）から課税時期における各負債の
　　金額の合計額を控除した金額
(2)　課税時期における相続税評価額による総資産価額の計算の基とし

た**各資産の帳簿価額の合計額**（当該各資産の中に、現物出資若しく
は合併により著しく低い価額で受け入れた資産又は会社法第2条第
31号の規定による株式交換（以下この項において「株式交換」とい
う。）若しくは会社法第2条第32号の規定による株式移転（以下こ
の項において「株式移転」という。）により著しく低い価額で受け
入れた株式（以下この項において、これらの資産又は株式を「現物
出資等受入れ資産」という。）がある場合には、当該各資産の帳簿
価額の合計額に、現物出資、合併、株式交換又は株式移転の時に
おいて当該現物出資等受入れ資産をこの通達に定めるところにより
評価した価額から当該現物出資等受入れ資産の帳簿価額を控除した
金額（以下この項において「現物出資等受入れ差額」という。）を
加算した価額）から課税時期における各負債の金額の合計額を控除
した金額

㊟　略（次の事例参照）

## 2　純資産価額の株価計算のイメージ（全体）

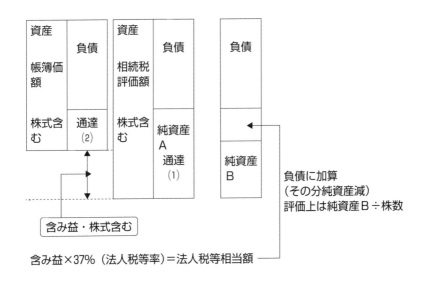

## 3 株式交換後の株式の含み益に対する法人税相当額のイメージ

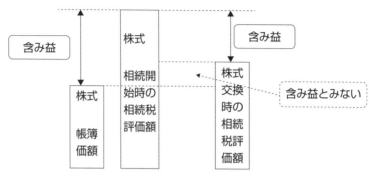

【通常のケース】　　　　　【株式交換により取得したケース】(注)

※含み益×37%を法人税相当額として負債計上

上記の例では、株式交換があった場合の法人税相当額は小さくなっています。

(注)　株式交換により著しく低い価額で株式を取得した場合の規定

## 4 評価通達上の規定と計算例

純資産から控除する評価差額に対する法人税相当額は、下記の(1)−(2)の残額に規定されている税率（現行37%）を乗じて計算します（評基通186−2）。

$$((1)-(2)) \times 37\%$$

■ 通常のパターン

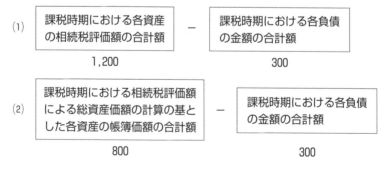

(1)　課税時期における各資産の相続税評価額の合計額　−　課税時期における各負債の金額の合計額

1,200　　　　　　300

(2)　課税時期における相続税評価額による総資産価額の計算の基とした各資産の帳簿価額の合計額　−　課税時期における各負債の金額の合計額

800　　　　　　300

<例>　上記の数値を例にとると　$(((1)1,200-300)-((2)800-300)) \times 37\% = 400 \times 37\% = \mathbf{148}$ となります。

## ■ 株式交換（株式移転含む）があったパターン（通常のパターンとの比較）

以下の「帳簿価額の修正」があります。

> 株式交換により著しく低い価額で受け入れた株式がある場合には、各資産の帳簿価額の合計額に、株式交換の時において受け入れた株式の相続税評価額から受け入れた株式の帳簿価額を控除した金額を加算する。

【修正の算式・数値（400と150は例）】

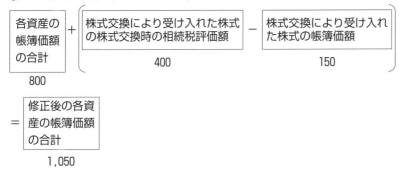

<例> 上記の数値を例にとると（（（(1)1,200－300）－（(2)1,050－300））×37％＝150×37％＝**55.5**となります。

　価基本通達でのこれらの規定は、本来的には現物出資等で恣意的に低い金額で受け入れ、評価差額を作り出して法人税相当額を増加させ結果的に株価引き下げを行うといった租税回避行為に対応して規定されたものと考えられます。

　しかし、同通達上は、「株式交換により著しく低い価額で受け入れた株式がある場合には」と規定しているのみで、適格株式交換か非適格株式交換かを区別していませんので、上記のように法人税相当額の計算に制限が発生します。結果的に株式交換をしなければ、認められた法人税相当額が認められないケースも生じることになります。

## 合併があった場合の合併会社の評価（純資産価額での法人税相当額・株式交換等との相違）

　甲は、法人Ｘの代表取締役ですが、同法人の株式を後継者である長男の乙に贈与しようと考えています。法人Ｘは４年程前に関連法人である法人Ｙを吸収合併しています（税制適格合併）。

　法人Ｙには多額の含み益のある資産（土地）（帳簿価額200・相続税評価額1,000）がありましたが、法人Ｘは法人Ｙの簿価で引継いでいます。

　法人の株価を計算する場合、現物出資や合併、株式交換で取得した資産については純資産価額の計算で控除できる法人税相当額に制限があるようですが、法人Ｘの場合はどのような扱いになるのでしょうか。

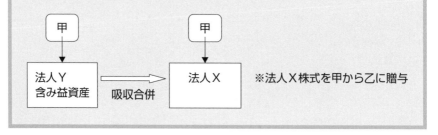

### 回答

　適格合併の場合、帳簿価額で合併法人に資産が引継がれていますので、法人税相当額の控除についての制限はないものと考えられます（法人Ｙから引継いだ資産の含み益についても控除可能と考えられます）。

(注)　株式交換のような制限はありません。

### 解説

　財産評価基本通達186−2では、株式の純資産価額の計算上、「評価差額に対する法人税額等に相当する金額」は、次の(1)の金額（相続税評価額上の純資産）から(2)の金額（帳簿価額上の純資産）を控除した残額が

ある場合（言い換えると含み益がある場合）におけるその残額に37％を乗じて計算した金額と規定しています（前出）。

(1) 課税時期における各資産をこの通達に定めるところにより評価した価額の合計額から課税時期における各負債の金額の合計額を控除した金額

(2) 課税時期における相続税評価額による総資産価額の計算を基とした各資産の帳簿価額の合計額（**当該各資産の中に、現物出資若しくは合併により著しく低い価額で受け入れた資産**又は会社法第2条第31号の規定による株式交換（以下この項において「株式交換」という。）若しくは会社法第2条第32号の規定による株式移転（以下この項において「株式移転」という。）により著しく低い価額で受け入れた株式（以下この項において、これらの資産又は株式を「現物出資等受入れ資産」という。）**がある場合には、当該各資産の帳簿価額の合計額に、**現物出資、**合併**、株式交換又は株式移転**の時において当該現物出資等受入れ資産をこの通達に定めるところにより評価した価額から当該現物出資等受入れ資産の帳簿価額を控除した金額**（以下この項において「現物出資等受入れ差額」という。）**を加算した価額**）から課税時期における各負債の金額の合計額を控除した金額

(注)1　現物出資等**受入れ資産が合併により著しく低い価額で受け入れた資産**（相談のケースでは法人Yから受け入れた土地200）**である場合**において、上記(2)の「この通達に定めるところにより評価した価額」（相談のケースでは法人Yの含み益のある土地1,000）は、当該価額（1,000）が合併受入れ資産に係る被合併会社の帳簿価額（相談のケースでは法人Yの帳簿価額200）を超えるときには、当該帳簿価額とする。

> 法人Xが合併により著しく低い価額で受け入れた資産（含み益のある土地）について、1,000（通達に定める評価額）が200（被合併法人Yの帳簿価額）を超えるときには、200（被合併法人Yの帳簿価額）が通達に定めるところにより評価した価額とされます。

> 通達の(2)では、合併により受け入れた資産をこの通達に定めるところにより評価した価額（本来は1,000ですが、上述したように(注)1により

200）から、上記受け入れた資産の帳簿価額（法人Ｘの帳簿価額200）を
控除した金額（200－200となり結果的に０）を加算した価額が評価対象
となっている会社（法人Ｘ）の最終的な帳簿価額としています（相談の
ケースでは加算した価額がゼロのため影響なし）。

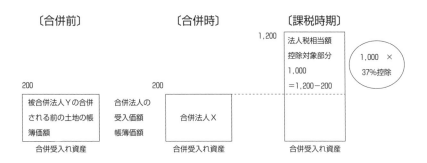

※仮に合併法人Ｘが100で上記資産を受け入れている場合は、200と
　100との差額の100はＸの帳簿価額に加算され、その結果法人税相当
　額控除が認められない部分となります。

　合併について、なぜ上記のような扱いがされているかの理由につ
いてですが、相談内容に即していえば、Ｘ社とＹ社の合併がなく、
課税時期にＹ社が合併受入れ資産をそのまま保有していた場合、Ｙ
社の帳簿価額と課税時期の相続税評価額との差額は、通常発生する
評価差額となり、当然に法人税相当額の控除が認められるため、そ
れとのバランスを考慮したものと考えられます。


**（参考：合併と類似業種比準価額の使用）**

　合併後に相続が発生したような場合に類似業種比準価額方式により株
式の評価が認められるかどうかは、個々の事例ごとに、直前期末（ある
いは直前々期末）における比準３要素について合理的な数値が得られる
かどうかによりますが、会社実態に変化がない場合は基本的に認められ、
そうでない場合は認められないとされています（「株式・公社債評価の
実務」大蔵財務協会参照）。

　ここで、会社実態に変化がないかどうかについて、**令和４年６月23**

**日裁決**（ニュースプロ参照）で審判所は、合併前後で類似業種比準価額の比準要素に顕著な変化は見られず、比準要素が一見して明らかに不適切となったとは断定できない、として類似業種比準価額の使用を認めています。詳細は明確ではないのですが、参考になると思われます。

㊟ 課税庁は、合併後の利益率の減少等を問題にしていたようです。なお、被合併法人は小規模でした。合併による業種変更はありません。

## 種類株式や属人株式について

> 種類株式や属人株式について、通常の普通株式の株価評価とは異なるのでしょうか。それとも同じと考えてよいのでしょうか。

### 回答

　基本的には、普通株式の評価と考えてよいと思います。なお、一定の種類株式については、国税庁から文書回答事例や情報が公表されていますので、その内容で評価することになると思います。

　なお、極端な節税対策、租税回避等に該当する場合は、個別対応（財産評価基本通達6項）になるものと考えられます。

### 解説

#### 1　種類株式について

　種類株式は、次のように配当や残余財産の分配、株主総会での議決権等の事項について、他の株式とは異なる権利内容を付与した株式のことです。

①剰余金の配当、②残余財産の分配、③議決権の制限、④譲渡制限、⑤取得請求権、⑥取得条項、⑦全部取得条項、⑧拒否権、⑨役員選任権

　なお、種類株式の株式評価については、国税庁から下記の文書回答事例が公表されており、これらの文書回答事例や情報により個別に評価するもの以外は、基本的に普通株の評価と同じになります。

※文書回答事例中に記載があるように拒否権付株式の場合でも、普通株式と同様の評価とされています。

○　平成19年2月26日文書回答事例（一部抜粋※部分筆者加筆）
**相続等により取得した種類株式の評価について**
　2．配当優先の無議決権株式（第一類型）の評価の取扱い
　　(1)　配当優先の株式の評価

　同族株主が相続等により取得した配当（資本金等の額の減少に伴うものを除く。以下同じ。）優先の株式の価額については次により評価する。

　イ　類似業種比準方式により評価する場合

　　財産評価基本通達183（評価会社の１株当たりの配当金額等の計算）の(1)に定める「１株当たりの配当金額」については、株式の種類ごとに計算して評価する。

　ロ　純資産価額方式により評価する場合

　　配当優先の有無にかかわらず、財産評価基本通達185（純資産価額）の定めにより評価する。

(2)　無議決権株式の評価

　　無議決権株式については、原則として、議決権の有無を考慮せずに評価することとなる

　　…（※５％減額しその分を議決権のある株式に加算できる場合もあり／筆者加筆）

３．社債類似株式（第二類型）の評価の取扱い

　次の条件を満たす株式（社債類似株式）については、その経済的実質が社債に類似していると認められることから、財産評価基本通達197－２（利付公社債の評価）の(3)に準じて、発行価額により評価するが、株式であることから、既経過利息に相当する配当金の加算は行わない。なお、社債類似株式を発行している会社の社債類似株式以外の株式の評価に当たっては、社債類似株式を社債として計算する。

４．拒否権付株式（第三類型）の評価の取扱い

　拒否権付株式（会社法第108条第１項第８号に掲げる株式）については、拒否権を考慮せずに評価する。

※上記文書回答後、国税庁から情報（**平成19年３月９日付資産評価企画官情報第１号**）が公表されています。

## 2　属人株式について

　属人株式については、課税庁からその評価方法について公表されているものはないものと思われます。そうすると、基本的に普通株式と同様

の評価になるものと考えられます。

## (1) 属人株式の内容（会社法）

会社法では、下記のように規定しています（アンダーラインは筆者加筆）。

---

**会社法**

**（株主の平等）**

**第百九条** 株式会社は、株主を、その有する株式の内容及び数に応じて、平等に取り扱わなければならない。

2 前項の規定にかかわらず、公開会社でない株式会社は、第百五条第一項各号に掲げる権利に関する事項について、株主ごとに異なる取扱いを行う旨を定款で定めることができる。

<u>（例 株主Aは株式1株につき100個の議決権。他の株主は株式1株につき1個の議決権）</u>

**（株主の権利）**

**第百五条** 株主は、その有する株式につき次に掲げる権利その他この法律の規定により認められた権利を有する。

　一 剰余金の配当を受ける権利
　二 残余財産の分配を受ける権利
　三 株主総会における議決権

2 株主に前項第一号及び第二号に掲げる権利の全部を与えない旨の定款の定めは、その効力を有しない。

---

種類株式と違って登記は不要です。なお、株式を譲渡、贈与、相続により移転してもその権利（上記のアンダーラインの例では1株につき100個の議決権）は引継がれません。

## (2) 株式評価について

属人株式については、課税庁からその評価方法について公表され

ているものはないものと思われます。そうすると、基本的に普通株式と同様の評価になるものと考えられます。

## 3　ポイント整理

　種類株式や属人株式については、国税庁から公表されているもの以外は、基本的には普通株式の評価となります。種類株式や属人株ごとに評価方法を定めるのは現実的ではないと思われ、課税当局としては何らかの課税上の問題が生じた時に個別に対応して行くものと考えられます。

　種類株式や属人株式については、事業承継等の場面で有効に利用されていると思いますが、極端な節税対策に結び付けて利用することは当然避けるべきと考えます。

## 株式の売買事例を基に評価することについて

被相続人は、相続開始1年前に自己が代表取締役であるX社（同族会社）の株式の一部を取引先に売却しました。この価額は、相続税評価額より少し高くなっています。このような場合、相続税申告においてもこの売買価額を基に評価をしなければならないのでしょうか。

### 回答

相続税の申告において、過去の株式の売買事例を基に評価することは基本的にできないものと考えられます。これは、過去の売買事例が、相続税評価より高い場合又は低い場合どちらも同じです。

### 解説

売買事例の株価が時価であるか否かについての判断は、いくつもの判決や裁決が出ていますが、基本的に売買事例の価額が時価と認められることはないと考えた方がよいと思います。

以下、過去に納税者と課税庁とで争われた事例で確認します。

### 1　事例内容

（事例1）　親族関係がない第三者から低額で非上場株式を譲り受けた場合にも、その価額は時価とは認められなかった事例（贈与税の課税事例）

平成19年1月31日東京地裁判決

○　事案の概要・結果

①　本件は、株式会社A社の代表取締役である原告（納税者）が、A社の複数の株主からA社の株式を買い受けたところ、所轄税務署長が、上記株式の売買は相続税法第7条の「著しく低い価額の

対価で財産の譲渡を受けた場合」に当たるとして、上記株式の譲渡対価と当該譲渡があった時の時価との差額に相当する金額を、原告が贈与により取得したとみなし、贈与税の決定処分等をしたものです。

② 原告（納税者）は、第三者間での取引であり時価での売買であるとして、上記処分の取消しを求めました。

③ 裁判所は、A社株式の取引価額は、通常の取引価額ではないとして原告の主張は認めませんでした。

※株主116人からの買取りで、一部には売買金額の違う者もいましたが、譲受人が譲渡人に宛てたハガキでは、買取価額が既に印字されていた等の事実があり、価額の決定過程に問題があるとして通常の取引価額とは認められませんでした。

（事例２） 取引先の金融機関に株式を売買した事例を基に課税当局が更正処分をしたが、当該売買事例の価額は時価とは認められなかった事例

**平成17年10月12日東京地裁判決**

## ○ 事案の概要・結果

① 本件は、同族会社（A社）の会長から取引先のオーストラリア人に株式が譲渡され、売買価額（100円）は配当還元価額（75円）を上回っていたが、課税庁は、株式の売買事例（取引先の銀行等に対するもの・類似業種比準価額に近似）（735円）をもとに更正処分をした事案です。

裁判所は、上記売買事例を通常の取引価額とは判断せず納税者の主張を認めています。

② 以下、判決文を一部抜粋したものを記載します。

※文中「被告」は税務署、「原告」は納税者です。アンダーラインは筆者加筆

...

（7） さらに、被告は、本件売買実例におけるBの株式の売買価額は客観的時価を適切に反映しており、配当還元方式による評価額はこれ

より著しく低額であるから、このこと自体が特別の事情に当たると主張する。

　しかしながら、本件株式のように取引相場のない株式については、その客観的な取引価格を認定することが困難であるところから、通達においてその価格算定方法を定め、画一的な評価をしようというのが評価通達の趣旨であることは前説示のとおりである。そして、本件株式の評価については、評価通達の定めに従い、配当還元方式に基づいてその価額を算定することに特段不合理といえるような事情は存しないことは既に説示したとおりであるにもかかわらず、<u>他により高額の取引事例が存するからといって、その価額を採用するということになれば、評価通達の趣旨を没却することになることは明らかである。</u>

(8)　<u>したがって、仮に他の取引事例が存在することを理由に、評価通達の定めとは異なる評価をすることが許される場合があり得るとしても、それは、当該取引事例が、取引相場による取引に匹敵する程度の客観性を備えたものである場合等例外的な場合に限られるものというべきである。</u>

(9)　本件売買実例は、実質的に見れば、わずか３つの取引事例というのにすぎず、この程度の取引事例に基づいて、主観的事情を捨象した客観的な取引価格を算定することができるかどうかは、そもそも疑問であるといわざるを得ない（なお、この種の主張は、他の訴訟において課税庁自身がしばしば主張しているものであることは当裁判所に顕著である。）。

⑽　被告の主張をすべて考慮しても、本件株式について評価通達に定められた評価方法によらないことが正当と是認されるような特別の事情があるとはいえない。

---

**（事例３）　取引先から購入した株式の株価についての事例は、時価とは認められないとされた事例**

**平成15年11月20日裁決**

○ **事案の概要・結果**

① 本件は、E社の代表取締役（請求人）がF社（同族関係なし）から
E社株式を購入するに当たっての株価が時価に比較し低いとして、一
時所得が課税されたものです。

② 請求人（納税者）は第三者間の自由な経済取引であるため、売買価
額が時価と主張しましたが、審判所はそれを認めませんでした。

③ 株式の時価については、純資産価額（相続税評価額）を参酌した価
額とされました。

④ 以下、裁決文（審判所判断部分）を一部抜粋したものを記載します。

> …ところで、所得税法第36条第1項に規定する経済的利益には、資産
> を低い対価で譲受けた場合におけるその資産のその時における価額、
> すなわち時価とその対価の額との差額に相当する利益が含まれると解
> される。また、時価とは、その時点における客観的交換価値を指すも
> のと解すべきであり、この交換価値とは、それぞれの財産の現況に応
> じ、不特定多数の当事者間において自由な取引が行われる場合に通常
> 成立すると認められる価額であって、いわゆる市場価格をいうものと
> 解される。

結果的に、審判所は取引価額を時価とは認めませんでした。

---

**（事例4）相続開始後の売買事例による価額を相続税評価額とはでき
ないとされた事例**

**平成12年6月27日裁決**
※平成6年6月相続開始

---

○ **事案の概要・結果**

① J社の業種が時代に合わないため、代表取締役であるE（請求人）
は、創業者である父（H6.6.27相続開始）の死亡後、営業停止を決め
た。

② Eは、平成6年8月に株主（同族株主以外）の中でも所有株数の多

いW社の代表Xと話し合い、Eが代表を務めるK社がJ社株式を買い取ることとなった。

③　J社の株式の買取価格は、J社の資産が1.9線円あり、役員及び従業員の退職金及び清算結了までの諸経費を差し引いた残りが約6,000万円と見込まれたため、1株当たり3万円と決定した。

④　K社は株主15名から、J社の株式600株を1株当たり3万円で買取りした。

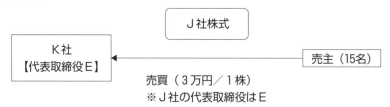

⑤　当事者の主張する評価額及び審判所の判断した評価額は下記のとおりである。

　　ⅰ）　請求人E（納税者）の主張する評価額は3万円（1株当たり・上記売買実例価額を主張）

　　ⅱ）　原処分庁（税務署）の主張する評価額は84,042円（財産評価基本通達に基づく評価額）

　　ⅲ）　審判所は原処分庁の主張する評価額を認めている。

⑥　以下裁決文（審判所判断部分）を一部抜粋したものを記載します。

> 　請求人らは、J社の株式の価額について売買実例価額をもって評価すべきであると主張するが、J社の株式の譲渡価額は、Eが概算によって算定した金額を、株主が承諾して決定したものにすぎず、相続開始日現在の客観的交換価値を表しているとは認められない。
>
> 　原処分庁がJ社を中会社に区分し併用方式により評価して同社の株式の1株当たりの価額を84,042円と算定したことは、当審判所の調査においても相当と認められる。

**（参考：増資の場合）**

　株式の売買と増資については、基本的に相違するものと考えられますが、例えば、相続税評価額より高い金額で増資が引き受けられたり、逆

に相続税評価額より低い金額で引き受けられたりするようなケースもあります。この場合、これらの事例が実際の相続の申告において、影響を及ぼすか否かの判断については、上記事例が参考となります。

## 2　ポイント整理

　非上場株式の相続税評価において、売買事例を基に時価評価することは、納税者、課税庁共にハードルが高いと考えられます。平成17年10月12日の東京地裁判決にもあるように、「当該取引事例が、取引相場による取引に匹敵する程の客観性を備えたものである場合等例外的な場合に限られる」とされています。

　そうすると、上記のような状況に無い場合は、評価通達に基づく評価になるものと考えられます。

## 株式売買の基本合意後に相続開始があった場合

　被相続人は、非上場会社Ｘ社の代表取締役で、Ｘ社の株式の多くを所有していましたが、後継者が不在だったため、株式を第三者に譲渡しようとしていました。

　相続開始の１月ほど前に某会社と株式譲渡に関する基本合意が締結されましたが、売買契約前に亡くなりました。なお、上記売買契約はその後、相続人が被相続人に代わって行われました。

　相続税の申告に当たり、Ｘ社の株式の評価については、どのように評価すべきでしょうか。

　なお、相続税評価額と実際の売買価額とには大きな差異があります。

### 回答

　判断は非常に難しいものがあります。

　令和２年７月８日の裁決では、ご相談のようなケースで、課税庁が時価評価を行い更正処分し、審判所はその内容を認めています。一方、令和４年４月19日の最高裁判決では、相続税評価額と時価とに乖離があることのみでは、時価評価をする事情には該当しないと判断しています。

　以下、解説及びポイント整理を参照ください。

## 解説

### 1 令和2年7月8日の裁決の内容

（概要）

H26.1.16　　H26.5.29　　H26.6.11　　H26.7.8

秘密保持契約　　基本合意　　相続開始　　売買契約　　相続税申告

※対象A社株式の相続税評価額 8,186円／1株（類似業種比準価額・相続人申告額）

基本合意及び売買契約価額 105,068円／1株

課税庁処分価額（鑑定価額）80,387円／1株（審判所は処分内容を支持）

(1) 被相続人は、平成26年6月11日に死亡

(2) 被相続人は、本件相続開始日現在、A社の株式21,400株を所有。
　　※被相続人はA社の代表取締役

(3) 相続人らは、平成26年7月8日、本件相続株式の遺産分割協議を成立させ、本件相続株式については、相続人Mが10,700株を、請求人が5,350株を、相続人X1が5,350株をそれぞれ取得。

(4) A社は評価通達178に定める「大会社」に該当。

(5) 本件相続開始日におけるA社の発行済株式の総数は60,000株。

(6) 本件相続開始前におけるA社の株式の譲渡の交渉は以下のとおり。

① 秘密保持契約及び意向表明

・被相続人は、平成26年1月16日、株式会社B（以下「B」という。）と、A社のBに対する売却・資本提携等を前提とする協議を進めるに当たり、相互に開示される情報の秘密保持に関し、秘密保持契約を締結した。

・平成26年4月3日付の「意向表明書」と題する書面には、B若しくは同社の親会社グループがA社の全ての株式を取得する意向があることが記載されていた。

② 基本合意の締結

被相続人及びBは、平成26年5月29日、A社の株式の譲渡に向け

て協議を行うことについて、基本合意書（以下「本件基本合意書」
といい、本件基本合意書に係る合意を「本件基本合意」という。）
を締結した。

本件基本合意書には、要旨、次の条項が定められている。

○第１条（譲渡対象株式）

　　(A)　本件被相続人は、Ｂに対し、別途締結する株式譲渡契約の定
　　　　めるところに従い、平成26年７月14日にＡ社の株式のうち本件
　　　　被相続人が保有するもの（21,400株）を譲渡する。

　　(B)　本件被相続人は、本件被相続人以外の株主が保有するＡ社の
　　　　株式〔これと上記(A)の株式を合わせると60,000株〕を平成26年
　　　　７月14日までに取りまとめ又は買い集めた上で、別途締結する
　　　　株式譲渡契約の定めるところに従い、Ｂに譲渡する。

○第２条（株式譲渡契約）

　本件被相続人及びＢは、平成26年７月８日を目途に、上記Ａの株
式譲渡の条件を定めた契約を書面にて締結する。

○第５条（譲渡価格）

　Ａ社の株式の譲渡価格は、6,304,080,000円（１株当たり105,068
円）（以下「本件基本合意価格」という。）とし、別途締結する株式
譲渡契約において定める。

　ただし、本件買収監査の結果によりＡ社の経営に極めて甚大な影
響を及ぼす事象が発見された場合のみに限り本件基本合意価格の修
正に関し本件被相続人とＢ間で協議することができる。

③　株式譲渡契約の締結及びその内容

　相続人Ｍ及びＢは、平成26年７月８日、相続人ＭがＢにＡ社の発
行済株式の全部（60,000株）を譲渡する契約（以下「本件株式譲渡
契約」という。）を締結した。

　本件株式譲渡契約において、譲渡価格は本件基本合意価格と同じ
く6,304,080,000円（１株当たり105,068円）（以下「本件株式譲渡
価格」という。）と定められた。

　なお、請求人は、本件株式譲渡契約を前提として、平成26年７月
８日、相続人Ｍとの間で、請求人の所有するＡ社の株式の全部

（8,950株）を、940,358,600円（1株当たり105,068円）で譲渡する契約を締結した。

〔裁決の要旨〕

1　本件は、審査請求人（X2）が、相続により取得した取引相場のない株式（本件株式）を財産評価基本通達（評価通達）に定める類似業種比準価額により評価して相続税の申告をしたところ、原処分庁が、当該類似業種比準価額により評価することが著しく不適当と認められるとして、国税庁長官の指示を受けて評価した価額（K算定報告額）により相続税の更正処分等を行ったことに対し、審査請求人が、原処分の全部の取消しを求めた事案である。

2　評価通達に定める評価方法を画一的に適用することによって、適正な時価を求めることができない結果となるなど著しく公平を欠くような特別な事情があるときは、個々の財産の態様に応じた適正な「時価」の評価方法によるべきであり、評価通達6《この通達の定めにより難い場合の評価》はこのような趣旨に基づくものである。

3　1株当たりの価額で比較すると、本件株式通達評価額（8,186円）は、K算定報告額（80,373円）の約10％にとどまり、また、株式譲渡価格及び基本合意価格（105,068円）の約8％にとどまり、株式譲渡価格及び基本合意価格が本件株式通達評価額からかい離する程度は、K算定報告額よりも更に大きいものであった。

4　本件株式通達評価額は、K算定報告額並びに株式譲渡価格及び基本合意価格と著しくかい離しており、相続開始時における本件株式の客観的な交換価値を示しているものとみることはできず、相続開始時における本件株式の客観的な交換価値を算定するにつき、評価通達の定める評価方法が合理性を有するものとみることはできない。

5　そうすると、本件相続における本件株式については、評価通達の定める評価方法を形式的に全ての納税者に係る全ての財産の価額の評価において用いるという形式的な平等を貫くと、かえって租税負担の実質的な公平を著しく害することが明らかというべきであり、評価通達の定める評価方法以外の評価方法によって評価すべき特別な事情があ

313

る。

6　そして、株式譲渡価格及び基本合意価格をもって、主観的事情を捨象した客観的な取引価格ということはできないのに対し、Ｋ社の算定報告は、適正に行われたものであり合理性があることから、本件株式の相続税法第22条に規定する時価は、Ｋ算定報告額であると認められる。したがって、評価通達6の適用は適法である。

7　審査請求人は、原処分庁が相続開始前に締結された基本合意書及び相続開始後に締結された株式譲渡契約の契約書をＫ社に提出したことにより、Ｋ社の算定報告において、不当に高額な評価が行われたから、Ｋ算定報告額に合理性がない旨主張する。しかしながら、株式の価額の算定に当たり、当該株式の取引事例に係る資料を用いることは適切であり、また、Ｋ社の算定報告において不当に高額な評価が行われたことはないから、審査請求人の主張には理由がない。

8　審査請求人は、Ａ社株式の譲渡に係る被相続人とＢ社との基本合意の事実は、Ａ社ののれん等の無形資産の価値が顕在化したことを示すものではなく、基本合意価格は、本件株式通達評価額との比較対象にならない旨主張する。しかしながら、基本合意については、市場価格と比較して特別に高額又は低額な価格で合意が行われた旨をうかがわせる事情等は見当たらず、取引事例の価格である基本合意価格を評価通達の定める評価方法以外の評価方法によって評価すべき特別な事情の判断に当たって比較対象から除外する理由はない。

9　審査請求人は、本件株式通達評価額と基本合意価格との間にかい離があることをもって、評価通達の定める評価方法によらないことが正当と是認される特別な事情があるとはいえない旨主張する。しかしながら、本件株式通達評価額と基本合意価格との間に著しいかい離があることは、上記のとおり、評価通達の定める評価方法以外の評価方法によって評価すべき特別な事情となる。

## 2　ポイント整理

1　令和2年7月8日の裁決の事案の株式については、売買契約中ではないので、売買価額そのもの（売買代金請求権）の評価にはなってい

ません。

2　売買の基本合意価額と相続税評価額とに大きな違いがあり、時価とに大きな乖離があると予想されたため、課税庁は時価算定を行い、その価額で課税したものと思われます。

3　令和4年4月19日の最高裁判決（P12参照）では、時価と相続税評価額との乖離があることのみで、時課税する事情には当たらない旨判断しており、それとの齟齬が気になるところです。

　　※上記最高裁判決では、時価課税するためには、「過看しがたい著しい不均衡を生じさせ、実質的な税負担の公平に反する」ことが必要としています（同事案では、多額の借入による相続財産（課税価格）の圧縮が行われています。）。

4　また、土地の評価についてですが、収用直前に贈与されたものについて相続税評価額とされた裁決があります（平成20年3月28日裁決P204参照）。

5　上記内容を勘案すると、判断は微妙ですが、令和2年7月8日の裁決の事案について相続税評価額が認められる余地もあったのではないかと思われます。

## 信託財産の複層化の留意点（問題になるケース）

　株式や債権、不動産等を信託し、その受益権を収益受益権と元本受益権に分けて（複層化して）、元本受益権を贈与するといったような話を聞いたのですが、どのようなことなのでしょうか。また、課税上、問題になるようなことがあるのでしょうか。

### 回答

　信託の受益権を収益受益権と元本受益権に分け、元本受益権を贈与することは可能です。税務上も、複層化した場合の、各受益権の評価が規定されています。

　課税上、問題になるようなケースは、解説を参照願います。

### 解説

### 1　財産評価基本通達での規定

　財産評価基本通達では、信託の受益権の評価を次のように規定しています（アンダーラインは筆者加筆）。

> **財産評価基本通達**
> **（信託受益権の評価）**
> **202**　信託の利益を受ける権利の評価は、次に掲げる区分に従い、それぞれ次に掲げるところによる。（平11課評2－12外・平12課評2－4外改正）
> (1)　元本と収益との受益者が同一人である場合においては、この通達に定めるところにより評価した課税時期における信託財産の価額によって評価する。
> (2)　元本と収益との受益者が元本及び収益の一部を受ける場合においては、この通達に定めるところにより評価した課税時期における信託財産の価額にその受益割合を乗じて計算した価額によって評価す

る。
（3）　<u>元本の受益者と収益の受益者とが異なる場合</u>においては、次に掲げる価額によって評価する。
　　イ　元本を受益する場合は、この通達に定めるところにより評価した課税時期における信託財産の価額から、ロにより評価した収益受益者に帰属する信託の利益を受ける権利の価額を控除した価額
　　ロ　<u>収益を受益する場合は、課税時期の現況において推算した受益者が将来受けるべき利益の価額ごとに課税時期からそれぞれの受益の時期までの期間に応ずる基準年利率による複利現価率を乗じて計算した金額の合計額</u>

同通達の（3）部分について、算式で示すと下記になります。

## ○　元本受益権の評価額（上記イ）＝信託財産の評価額－収益受益権の評価額（上記ロ）

## 2　相続税法基本通達逐条解説（9−13（信託が合意等により終了した場合））の内容

　相続税法基本通達逐条解説では、不動産の複層化後の信託契約期間途中で解約した説例が記載されています。これは、一般的な例と考えられます。

〔説　例〕

貸地を30年間信託し、収益受益権は父、元本受益権は子が取得した場合

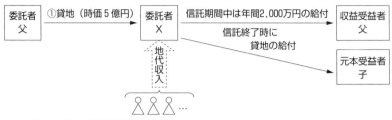

【受益権の価額（信託期間30年）】

②収益受益権の価額

| 《設　定　時》 | 《5年後に信託契約の解除》 |
|---|---|
| (2,000万円　×　22.396) | (2,000万円　×　19.523) |
| ＝　4.5億円 | ＝　3.9億円 |

③元本受益権の価額

| (①　－　②)　＝　0.5億円 | ＝　1.1億円 |
|---|---|

【課税関係】

《設　定　時》　　　父　⇒　子　　0.5億円の贈与
《5年後解除時》　　父　⇒　子　　3.9億円の贈与

（相続税法基本通達逐条解説(森田哲也編・大蔵財務協会)より一部抜粋)

## 3　租税回避と認められる例（参考：税大論叢）

以下、信託財産の複層化を利用した問題とされる例を記載します。

### <例>

①　Aは、所有している甲土地を、自己が主宰する同族会社（乙社）に資材置場として賃貸。賃料は相場より極めて高い。

②　AはC社を受託者とし、上記甲土地を信託する（収益受益者はA）。なお、信託の終了時の元本受益者は長男Bとする（信託期間30年）。

※賃料が高いと収益受益権の価額は高くなる。

…ここで、元本受益権を贈与する（下図300）。

③　3年経過後に、受託者であるC社は、当初の乙社との賃貸借契約を終了し、この土地について丙社に通常に比べて極めて安い賃貸料で資材置場として賃貸契約を締結した。

※賃料が低いと収益受益権の価額は低くなる。

④ その上で4年経過時に信託に関し関係者により合意解除を行った（信託契約終了）。

…収益受益権のみなし贈与(100)（1,000と900の差）

※相続税法基本通達9−13では、信託終了時に「…<u>当該元本受益者が、当該終了直前に当該受益者から有していた当該信託受益権の価額に相当する利益を当該収益受益権者から贈与によって取得したものとして取り扱う</u>」と規定しています。

## 【イメージ】

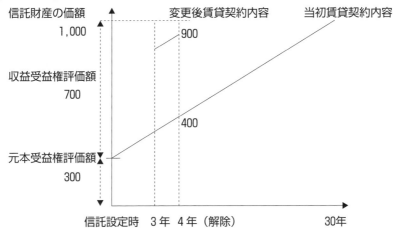

## （問題点：下記900と400との差額の発生）

○ **当初契約の場合の贈与総額**

贈与総額＝元本受益権の贈与　300＋収益受益権対応分贈与-600（1,000
　　　　と400の差）＝ 900

○ **契約変更後の贈与総額**

贈与総額＝元本受益権の贈与-　300＋収益受益権対応分贈与-100（1,000
　　　　と900の差）＝ 400

上記のように、契約変更後では、贈与総額（贈与税の対象となる額）が大幅に減額されており、租税回避との判断になると考えられます。そ

の場合、契約変更前の贈与額とされる等、何らかの課税処分が予想されます。

## 4　ポイント整理

　上述のとおり、信託受益権を収益受益権と元本受益権に分けて贈与したり相続することは可能です。その評価方法についても評価通達に規定されています。

　ここで、不動産や債券の場合は、賃料収入や利子等を見積り易いのですが、株式についての配当を見積もるのは難しい面があります。過去の配当実績、対象会社の財務面での安定性等を考慮し、複層化の是非を判断する必要があります。

　なお、租税回避事例とならないよう注意願います。

【著者紹介】

## 渡邉 正則 （わたなべ・まさのり）

昭和58年学習院大学経済学部卒業。
東京国税局税務相談室、同課税第一部調査部門（地価税担当）等の主に
資産課税に係る審理事務に従事。平成9年8月税理士登録、中小企業診
断士、CFP®、青山学院大学大学院（会計研究科）客員教授。
主な著書：平成16〜令和5年度「税制改正早わかり」（共著・大蔵財務協
会）、「広大地評価の実務」、「Q&A 相続税・贈与税 実務家必携ハンドブッ
ク」、「財産債務調書・国外財産調書・国外転出時課税の実務」、「Q&A
遺言・遺産分割の形態と課税関係」、「地積規模の大きな宅地の評価のポイ
ント」、「新訂版 オーナー社長のための税金と事業承継対策」、「不動
産・非上場株式の税務上の時価の考え方と実務への応用」（いずれも大蔵
財務協会）

## 関口 一男 （せきぐち・かずお）

中央大学法学部政治学科卒業。
税務署（荒川、杉並、葛飾、武蔵野、玉川）、東京国税局、東京国税不服
審判所において、主として資産課税（相続税、贈与税、財産評価、譲渡
所得、地価税など）事務に従事後、現在、税理士、不動産鑑定士補。
主な著書（共著）：「土地評価の実務」、「株式・公社債評価の実務」、「図
解財産評価」、「資産税質疑応答集」、「税務相談事例集」（いずれも大蔵財
務協会）、「図解相続税路線価100選」（かぎいずみ出版）

## 判断に迷う財産評価

### 法令・通達・情報・判決等の実務への応用

令和5年5月23日　初版発行
令和5年9月13日　再版発行

著　者　渡　邉　正　則
　　　　関　口　一　男

不　許
複　製

　　　　　　　（一財）大蔵財務協会　理事長
発行者　木　村　幸　俊

発行所　　一般財団法人　大　蔵　財　務　協　会

〔郵便番号 130-8585〕
東京都墨田区東駒形1丁目14番1号
（販　売　部）TEL03(3829)4141・FAX03(3829)4001
（出版編集部）TEL03(3829)4142・FAX03(3829)4005
https://www.zaikyo.or.jp

乱丁・落丁の場合は、お取替えいたします。　　　　印刷　三松堂㈱
ISBN978-4-7547-3093-2